Estética e Filosofia

Coleção Debates
Dirigida por J. Guinsburg

Equipe de Realização – Tradução: Roberto Figurelli; Revisão: Mary Amazonas Leite de Barros; Produção: Ricardo W. Neves e Sergio Kon.

mikel dufrenne
ESTÉTICA E FILOSOFIA

PERSPECTIVA

Título do original francês
Esthétique et Philosophie

© Editions Klincksieck

Dados Internacionais de Catalogação na Publicação (CIP)
(Câmara Brasileira do Livro, SP, Brasil)

Dufrenne, Mikel
   Estética e filosofia / Mikel Dufrenne ; [tradução Roberto Figurelli]. — São Paulo : Perspectiva, 2015. — (Debates ; 69 / dirigida por J. Guinsburg)

   Título original: Esthétique et philosophie
   5. reimpr. da 3. ed. de 2002.
   Bibliografia.
   ISBN 978-85-273-0136-7

   1. Arte - Filosofia 2. Arte - História 3. Estética 4. Filosofia francesa I. Guinsburg, J. II. Título. III. Série.

04-3143   CDD-111.85

Índices para catálogo sistemático:
1. Estética : Filosofia   111.85

3ª edição – 5ª reimpr.
[PPD]

Direitos reservados em língua portuguesa à

EDITORA PERSPECTIVA LTDA.

Av. Brigadeiro Luís Antônio, 3025
01401-000 São Paulo SP Brasil
Telefax: (11) 3885-8388
www.editoraperspectiva.com.br

2019

SUMÁRIO

Introdução à edição brasileira 7

Prefácio:

A Contribuição da Estética à Filosofia 23
Algemeen Nederlands Tijdschrift voor Wijsbegeerte
en Psychologie, Assen, 56-5, dez. 1962.

I. PROBLEMAS FILOSÓFICOS DA ESTÉTICA

O Belo 35
Nº especial da *Revue A. S. Fl. DE PHI.*, jun.-out.
1961

Os Valores Estéticos 48
  Encyclopédie française, tomo XIX: Filosofia. Religião.

A Experiência Estética da Natureza 60
  Revue internationale de Philosophie, Bruxelas, 1955. XXX, 1.

Intencionalidade e Estética 78
  Revue philosophique, P. U. F., Paris, 1954, 1-3.

A "Sensibilidade Generalizadora" 89
  Revue d'Esthétique, Paris, 1960, XIII, 2.

II. ARTE E SEMIOLOGIA

A Arte é Linguagem? 103
  Revue d'Esthétique, Paris, 1966, XIX, 1.

Formalismo Lógico e Formalismo Estético 150
  Annales d'Esthétique, Atenas, 1964.

A Crítica Literária: Estrutura e Sentido 169
  Revue d'Esthétique, Paris, 1967, XX, 1.

Crítica Literária e Fenomenologia 187
  Revue internationale de philosophie, Bruxelas, 1964, 68, 2-3.

A Propósito de Píndaro 204
  Revue d'Esthétique, Paris, 1957, X, 2.

III. A ARTE HODIERNA

Mal do Século? Morte da Arte? 215
  Revue d'Esthétique, Paris, 1964, XXII, 3-4.

Objeto Estético e Objeto Técnico 238
  The Journal of Aesthetics and Art criticism, Cleveland, 1964, XXIII, 1.

Da Expressividade do Abstrato. A propósito de uma exposição de Lapoujade 257
  Revue d'Esthétique, Paris, 1961, XIV, 2.

INTRODUÇÃO
À Edição Brasileira

1. Embora sem igualar a importância da fenomenologia no panorama da filosofia contemporânea, a estética fenomenológica é, hoje, uma das correntes de maior consistência no âmbito da estética. Sua história é recente. O ponto de partida, obviamente, deve ser procurado na obra de Edmund Husserl. Apesar de Husserl não ter escrito uma estética, sua vasta obra contém elementos suficientes para propiciar o surgimento de uma estética fenomenológica. Com efeito, a história da estética no século XX assinala várias tentativas no sentido de imprimir uma orientação fenomenológica à reflexão sobre problemas que, tradicionalmente, ocu-

pam a atenção dos estetas. Assim, por exemplo, devem ser lembrados os sutis estudos de M. Geiger e as pesquisas de índole fenomenológica de W. Conrad. Tanto Geiger quanto Conrad eram integrantes do círculo berlinense de Max Dessoir. Mas é em *Das literarische Kunstwerk*[1] do polonês Roman Ingarden — um dos primeiros discípulos de Husserl no tempo de Goettingen — que deparamos com uma obra organicamente articulada, empenhada em responder à exigência de superação do psicologismo, o qual caracterizava a filosofia no final do século XIX. Infelizmente a *Aesthetik* de N. Hartmann — filósofo que tanto contribuiu para a formulação dos princípios e problemas de uma fenomenologia da arte — só foi publicada após a morte do autor, ocorrida em 1953. Na Itália, é difícil avaliar a extensão da influência de A. Banfi como mentor de um grupo de estudiosos que ainda hoje continuam, no campo da fenomenologia, as pesquisas do mestre iniciadas na década de 30. Na França, J.-P. Sartre e M. Merleau-Ponty encarregaram-se da aclimação da fenomenologia husserliana. É através deles que surge a figura de Mikel Dufrenne[2].

2. A obra de Dufrenne pode ser dividida, por razões didáticas, em dois setores: filosofia e estética. Mas logo devemos observar que não existe uma separação nítida entre os dois campos. A estética, para Dufrenne, é filosofia. E não é difícil descobrir os traços do esteta no Dufrenne-filósofo. No setor da filosofia incluiríamos: *Karl Jaspers et la Philosophie de l'existence*[3], escrita em colaboração com P. Ricoeur, *La Personnalité de base. Un concept sociologique*[4], *Language and Philosophy*[5], *Jalons*[6] e *Pour l'homme*[7]. A simples enumeração dos títulos revela a amplitude de assuntos abor-

(1) Halle, 1931.
(2) Nascido em 1910, em Clermont, Mikel Dufrenne é professor efetivo de filosofia e doutor em letras. Exerceu o magistério em vários liceus e, atualmente, leciona estética e metafísica em Nanterre. É membro da *Société française d'esthétique* e dirige, com Etienne Souriau, a *Revue d'Esthétique*.
(3) Dufrenne, Mikel. *Karl Jaspers et la Philosophie de l'existence*, en collaboration avec P. Ricoeur. Paris, Éd. du Seuil, 1947.
(4) Dufrenne, Mikel. *La Personnalité de base. Un concept sociologique*. Paris, PUF, 1953.
(5) Dufrenne, Mikel. *Language and Philosophy*. Bloomington, Indiana University Press, 1963.
(6) Dufrenne, Mikel. *Jalons*. Haia, Martinus Nijhoff, 1966.
(7) Dufrenne, Mikel. *Pour l'homme*. Paris, Éd. du Seuil, 1968.

dados num arco que se estende desde o estudo sobre a filoscfia de Jaspers até o escrito polêmico *Pour l'homme*, cuja finalidade é "evocar o anti-humanismo próprio da filosofia contemporânea, e defender contra ela a idéia de uma filosofia que teria solicitude pelo homem"[8].

Na parte estética propriamente dita: o artigo "Philosophie et Littérature", na *Revue d'Esthétique* [9], *Phénoménologie de l'expérience esthétique*, em dois volumes[10], *La notion d'"a priori"*[11], *Le Poétique*[12] e *Esthétique et Philosophie*[13], cuja tradução a Editora Perspectiva ora oferece ao leitor de língua portuguesa com o título de *Estética e Filosofia*. É nosso intuito, nos limites de uma *introdução*, seguir o itinerário da reflexão estética de Dufrenne e situar *Estética e Filosofia* no conjunto de sua obra.

3. *Phénoménologie de l'expérience esthétique* foi a obra que projetou Dufrenne no cenário internacional da estética. O escopo da *Phénoménologie* é submeter a experiência estética à descrição fenomenológica, à análise transcendental e à apreensão da significação metafísica. São três etapas de um itinerário que não atingiu o término com a última página da *Phénoménologie*, mas continua até hoje, tendo passado por *La notion d'"a priori"* e *O Poético*. O leitor, acostumado a conclusões acabadas e definitivas, talvez se decepcione com a obra de Dufrenne. Seus livros são o fruto de um pensamento ágil e indagador, aberto ao contato vivificante com a experiência e disposto a repensar os dados do passado. Só através da leitura atenta de seus livros — — desde a *Phénoménologie* até *O Poético*, com o recurso constante da *Estética e Filosofia* — é possível acompanhar o itinerário da fecunda reflexão do esteta francês. Itinerário que não chegou ao fim visto que

(8) *Ibid.*, p. 9.
(9) "Philosophie et Littérature". *Revue d'Esthétique*, 1 (1948), pp. 289-305.
(10) Dufrenne, Mikel. *Phénoménologie de l'expérience esthétique*. Paris, PUF, 1953, 2v.
(11) Dufrenne, Mikel. *La notion d'"a priori"*. Paris, PUF, 1959.
(12) Dufrenne, Mikel. *Le Poétique*. Paris, PUF, 1963. Em português *O Poético*, tradução de Luiz Arthur Nunes e Reasylvia Kroeff de Souza. P. Alegre, Ed. Globo, 1969.
(13) Dufrenne, Mikel. *Esthétique et Philosophie*. Paris, Éd. Klincksieck, 1967.

ele, atualmente, trabalha no recenseamento dos *a priori*[14].

No início da *Phénoménologie*, Dufrenne observa: "Entendemos fenomenologia no sentido em que Sartre e Merleau-Ponty aclimaram este termo na França: descrição que visa a uma essência, a qual é definida como significação imanente ao fenômeno e dada com ele. A essência está para ser descoberta mas por um desvelamento, não por um salto do conhecido ao desconhecido"[15].

Sabemos quão difícil é o problema das diferentes interpretações suscitadas pela obra de Edmund Husserl. Dufrenne filia-se à corrente francesa liderada por Sartre e Merleau-Ponty. Ambos os autores, não obstante notórias divergências, têm influência reconhecida na obra de Dufrenne. Ele não esconde seus receios pela direção idealista do pensamento de Husserl. Daí a preferência pela interpretação de Merleau-Ponty, que salienta os aspectos existenciais da fenomenologia, e pela leitura de Sartre, que dá relevo à idéia de intencionalidade e à dimensão antropológica. Se acrescentarmos os nomes de Espinoza, Kant, Hegel, Wittgenstein, Heidegger, Bachelard e Alain, teremos o elenco dos filósofos que mais têm influenciado Dufrenne.

4. A *Phénoménologie* está circunscrita à experiência estética do espectador. Mas existe uma intercomunicação entre a experiência do espectador e a experiência do artista. Não é possível descrever a experiência do espectador sem ter presente, ao menos implicitamente, a experiência do artista. Trata-se, porém, do artista que a obra de arte revela. É na obra, portanto, que se realiza o encontro entre espectador e artista. E nesse ponto a *Phénoménologie* é completada por outros escritos do Autor. *O Poético* e *Estética e Filosofia* oferecem-nos valiosos subsídios para uma fenomenologia da criação artística.

A maior parte da *Phénoménologie* está dedicada à descrição fenomenológica seja do objeto estético, seja da percepção estética. É de fundamental importância a distinção entre obra de arte e objeto estético. Este é

(14) Dufrenne, Mikel. *"A priori" et Philosophie de la Nature*. *Filosofia*, 18 (1967), p. 723.
(15) Dufrenne, Mikel. *Phénoménologie*, op. cit., pp. 4-5, nota 1.

o objeto percebido esteticamente. É o objeto percebido enquanto estético. A obra de arte, através da percepção estética, se torna objeto estético. Obra de arte e objeto estético não se identificam. O campo do objeto estético é mais amplo. Abarca o mundo natural que, excluído da *Phénoménologie,* aparece em *Estética e Filosofia*[16].

Longa e exaustiva é a descrição do objeto estético. Faz-se mister situá-lo entre outros objetos: o objeto de uso e o objeto técnico, por exemplo. A descrição desenvolve-se através dos três planos noemáticos: o sensível, o objeto representado e o mundo expresso. O objeto estético é confrontado com os conceitos de natureza, forma e mundo. Dufrenne, então, submete ao crivo da crítica as doutrinas de inspiração fenomenológica de J.-P. Sartre, R. Ingarden, B. de Shloeser e W. Conrad. Tendo fundamentado seu empreendimento na realidade do objeto estético e afastado os perigos do subjetivismo e do psicologismo, ele situa ser e aparecer em forma de adequação. O ser do objeto estético depende da percepção e só se realiza na percepção. Por fim, o problema do estatuto do objeto estético. Visto que o objeto estético é não só um em-si, como também um para-si, Dufrenne recorre à fórmula *quase--sujeito* numa tentativa de definir o estatuto do objeto estético através da superação da alternativa do para-si e do em-si.

Aos três aspectos noemáticos — descobertos na descrição do objeto estético — correspondem os níveis da presença, representação e sentimento: três marcos do roteiro da fenomenologia da percepção estética. É a terceira parte da *Phénoménologie* e, com ela, Dufrenne completa a descrição da experiência estética, uma das finalidades de sua obra. No plano da presença, salienta-se o tratamento dado ao papel desempenhado pelo corpo na percepção, talvez um dos passos da *Phénoménologie* onde mais se percebe a influência de Merleau-Ponty. No nível da representação, Dufrenne aceita a distinção entre percepção e imaginação. Todo o seu empenho é demonstrar que a imaginação está na base da percepção e deve ser encarada como sua colaboradora. No terceiro momento noético, o Autor pro-

(16) No artigo: *A experiência estética da Natureza,* p. 54.

cura caracterizar a função do intelecto na percepção estética, função importante mas que não deve ser exagerada sob pena de transformar a experiência estética em mero exercício racional. O mesmo ocorre com o sentimento: sua posição, no ápice da percepção, não deve levar ao erro de tudo sacrificar em favor do sentimento. Na atitude estética há uma espécie de oscilação entre a atitude crítica e a atitude sentimental.

5. Terminada a descrição da experiência estética, é necessário dar um passo além e submetê-la à análise transcendental. Assim como Kant fala dos *a priori* da sensibilidade e do intelecto, Dufrenne procura demonstrar que a experiência estética — ao atingir o ponto culminante no sentimento como leitura da expressão — põe em ação autênticos *a priori* da afetividade. Tal é o escopo da quarta parte da *Phénoménologie*, intitulada: "Crítica da experiência estética". E aqui nos defrontamos com um exemplo típico da evolução do pensamento de Dufrenne. Após a *Phénoménologie*, ele volta ao tema em questão, opondo-se à tradição kantiana do *a priori* em *La notion d'"a priori"*, publicado em 1959. Sua finalidade é pensar o *a priori* como sentido imediato do objeto conhecido e não como condição lógica do conhecimento. Há, portanto, uma deslogicização do *a priori*. Além disso, o *a priori* é desdobrado no objeto e no sujeito: estrutura no objeto e saber virtual no sujeito. Em *La notion d'"a priori"*, Dufrenne parece afastar-se do contexto da experiência estética. Realmente, a maior parte do livro é ocupada pelo repensamento da noção de *a priori*, tanto do objetivo, quanto do subjetivo. Mas na terceira parte ("O homem e o mundo"), o leitor depara com algumas das mais profundas páginas do livro onde Dufrenne, após ter situado o homem e o mundo em termos de afinidade, efetua o salto do transcendental ao ontológico.

Já no final da *Phénoménologie*, o Autor tentara a apreensão da significação metafísica da experiência estética. Seu propósito, porém, ficou invalidado ao pôr em dúvida a necessidade da crítica se voltar para a ontologia. Mas em *La notion d'"a priori"*, após ter ordenado a dualidade do *a priori* numa unidade que abrange os dois termos, Dufrenne propõe a idéia de um ser anterior ao *a priori*: é o "*a priori* do *a priori*" É a solução para o salto do transcendental ao ontológico e para o exame da significação ontológica da experiência estética. E a busca do *a priori* do *a priori* leva-o a uma filosofia da natureza — em *O Poético* — onde a Natureza naturante é concebida como a fonte de todo o *a priori*. O fato de Dufrenne ter sido obrigado a efetuar a passagem do *a priori* ao ontológico, para não cair nas malhas do idealismo, situa sua obra na corrente das fenomenologias de inspiração ontológica.

6. Contam-se, no elenco das obras de Dufrenne, duas coletâneas: *Jalons* (1966) e *Estética e Filosofia* (1967). *Jalons*, que reúne artigos sobre os filósofos que mais o influenciaram, pertence às obras filosóficas propriamente ditas. Cabe-nos, agora, a tarefa de situar *Estética e Filosofia* no itinerário estético de Dufrenne.

Os artigos que compõem a obra foram agrupados pelo Autor em três grandes grupos: I. Problemas filosóficos da estética; II. Arte e Semiologia; III. A arte hodierna. Estendem-se de 1954 — portanto logo após a primeira edição da *Phénoménologie* — até 1967.

A justificativa do título dado à coletânea encontra-se na apresentação e no primeiro artigo do livro. Estética e Filosofia porque a estética só pode ser realizada no âmbito de uma filosofia e porque a estética é uma via privilegiada para a filosofia.

Assim como a *Phénoménologie*, também o artigo *A contribuição da estética à filosofia* tem o seu ponto de partida na descrição da experiência estética. O homem é um ser-no-mundo. E estar no mundo leva o homem a buscar o fundamento que consiste no acordo do homem com o mundo. Daí a importância da experiência estética. Ela reconcilia o homem consigo mesmo. Ela manifesta a aptidão do homem para a ciência e para a moralidade. E isso porque a experiência estética "se situa na origem, naquele ponto em que o homem, confundido inteiramente com as coisas, experimenta sua familiaridade com o mundo" [17]. O fato de a estética refletir sobre a experiência estética — uma experiência original, segundo Dufrenne — reconduz o pensamento

(17) Dufrenne, Mikel. *Estética e Filosofia, op. cit.*, pp. 8-9.

e a consciência à origem. Nisso reside a principal contribuição da Estética à Filosofia. São visíveis, aqui, as pegadas de Kant e de Merleau-Ponty.

7. Não passa despercebido ao leitor da *Phénoménologie* a recusa do Autor a utilizar o belo para descobrir a obra de arte e delimitar o campo do objeto estético. Mas se levarmos em conta três artigos de *Estética e Filosofia* — *O Belo, Os valores estéticos* e *Objeto estético e Objeto técnico* — veremos que, no cômputo geral, a noção do belo adquire consistência na estética de Dufrenne.

Há uma exigência de valor na vida. O valor não é só o que se procura. É aquilo que é encontrado. O valor é ser. O objeto — porque é valor — se afirma e persevera no seu ser. Há seis tipos diferentes de valores: o útil, o agradável, o amável, o verdadeiro, o bom e o belo. Cada qual corresponde a modos específicos da intencionalidade e o conjunto abarca o campo das relações do objeto com o sujeito.

Vimos que o objeto estético é a obra de arte enquanto percebida esteticamente. Se o objeto estético corresponder à sua vocação, realizar sua finalidade intrínseca, for — numa palavra — ele mesmo, então será um objeto de valor.

Ao sensível, primeiro plano noemático, deve estar imanente um sentido. Quanto mais perfeita for a adequação do sensível com o sentido, tanto maior será a perfeição do objeto estético. E o conceito de belo, segundo Dufrenne, se identifica com a perfeição do objeto estético. O belo é o perfeito, o acabado. O contrário do belo, por conseguinte, não é o feio. É o abortivo, no caso de uma obra criada com pretensões a objeto estético.

O homem é um ser-no-mundo. Ele tem necessidade de se sentir bem, no mundo, entre as coisas. E pelo fato de precisar se sentir no mundo, o homem tem necessidade do belo. Ele é capaz tanto de apreciar, quanto de criar beleza. Assim se justifica a divisão proposta: estética do artista (*fazer*) e estética do espectador (*aparecer*). A estética de Dufrenne reconhece o belo. Reabilita e enaltece o belo. Sua estética, porém, para evitar os perigos do relativismo e do subjetivismo, não apresenta uma teoria do belo.

8. Objeto estético e obra de arte não se identificam. O conceito de objeto estético é, como vimos, mais amplo: inclui a obra de arte e o objeto natural. É possível viver uma experiência estética tanto diante de uma obra de arte, quanto perante a natureza. Toda a *Phénoménologie,* por razões de método, está dedicada à experiência estética da obra de arte. Essa experiência é, sob o ponto de vista fenomenológico, a mais esclarecedora de todas. E Dufrenne afirma que a contemplação da obra de arte estabelece a norma da experiência estética. Mais uma vez *Estética e Filosofia* nos oferece a complementação necessária para termos uma visão de conjunto do pensamento do Autor.

Em primeiro lugar, deve ser mantida a distinção entre as duas experiências. Mas o lugar de relevo atribuído à experiência diante da obra de arte não pode reverter em detrimento da experiência estética da natureza. Assim como não há oposição entre natureza e arte, também não é possível forjar um antagonismo entre as duas experiências tanto mais que Dufrenne vem progressivamente elaborando uma filosofia da Natureza. Em *O Poético,* por exemplo, a noção de natureza é apresentada em referência ao mundo, ao homem e à arte. Nesse sentido, é de fundamental importância a distinção, de origem espinoziana, entre Natureza naturante e natureza naturada[18].

A Natureza naturante é espontânea, capaz de revelação e de expressão. É ela que inspira os artistas. O artista, ao criar a obra de arte, responde ao apelo da Natureza. A arte é, portanto, necessária à Natureza. Mas a Natureza naturante precisa da natureza naturada. Ela se revela e se exprime na natureza naturada. A natureza naturada testemunha em favor da Natureza naturante.

No artigo *A experiência estética da Natureza* o leitor encontrará ampla descrição da experiência perante a natureza: âmbito, condições de possibilidade, limites, vantagens. Entre essas, sobressai o sentimento de conaturalidade com a natureza. É o parentesco secreto que une o homem à natureza e o faz sentir-se "da mesma raça" com os entes e as forças que compõem o semblante da natureza.

(18) A grafia do termo "natureza", em maiúscula ou minúscula, indica a distinção entre os dois conceitos.

Embora não seja nosso intuito apresentar uma crítica à filosofia da Natureza elaborada por Dufrenne, não podemos deixar de chamar a atenção para a existência de certas dificuldades que envolvem o seu empreendimento. Tais dificuldades poderiam ser comprendidas na pergunta: será que o empenho de Dufrene em sublinhar a conaturalidade do homem com a natureza não o induziu, talvez inconscientemente, a favorecer a natureza em prejuízo do homem?

9. No artigo *Intencionalidade e estética*, o Autor retoma e continua a reflexão sobre certos temas básicos da *Phénoménologie*. A noção de intencionalidade está no âmago da reflexão filosófica. A. de Muralt visualiza duas dimensões na idéia de intencionalidade: fenomenológico-transcendental e fenomenológico-descritiva. Dufrenne, juntamente com Sartre e Merleau-Ponty, inclui-se na dimensão fenomenológico-descritiva. Para ele, a experiência estética do espectador pode servir para esclarecer a idéia de intencionalidade e dar peso à interpretação merleau-pontyana. Isto porque a percepção estética "procura a verdade *do* objeto, assim como ela é dada imediatamente *no* sensível"[19]. Do mesmo modo como o artista se aliena na criação da obra de arte, assim o espectador se aliena na percepção estética: entrega-se totalmente à manifestação do objeto. Efetua-se, então, a redução fenomenológica. Real e irreal são neutralizados. Tudo, com exceção do mundo do objeto estético, é posto entre parênteses a fim de que o sujeito possa apreender o fenômeno, isto é, o objeto, e viver uma experiência estética.

A obra de Dufrenne está sob o signo do binômio monismo-dualismo inserindo-se, destarte, na problemática da filosofia moderna que não evita a oposição entre sujeito e objeto e, ao interrogar o ser, põe em questão aquele que interroga. Não é o momento oportuno para verificar se Dufrenne pertence às fileiras do monismo ou do dualismo. Interessa-nos, porém, sublinhar a existência de um liame, tecido pela intencionalidade, entre sujeito e objeto na experiência estética. Ora, da constatação desse liame, ele passa à idéia de uma comuni-

(19) Dufrenne, Mikel. *Estética e Filosofia*, op. cit., p. 51.

cação originária entre sujeito e objeto. O objeto estético, aliás, está duplamente ligado ao sujeito. O artista cria a obra de arte. O espectador, através da percepção, é responsável pela epifania do objeto estético. O artista expressa seu mundo interior no objeto de modo que, na experiência estética, o espectador tem acesso ao mundo do artista. Daí ser correto nomear o mundo do objeto estético pelo nome do artista: mundo de Racine, Mozart ou Van Gogh.

Segundo Dufrenne, a comunicação originária entre sujeito e objeto — conseqüência da idéia de intencionalidade — encontra sua explicação última na noção de *a priori*. "A intencionalidade significa, portanto, que o homem e o mundo são da mesma raça: a comunicação que ela conota se funda numa comunidade"[20].

A fenomenologia é uma doutrina. Doutrina que propõe um método. Dentre as aplicações do método fenomenológico, sobressai — em *Estética e Filosofia* — a crítica. À crítica, Dufrenne dedica dois profundos artigos: *A crítica literária: Estrutura e Sentido* e *Crítica literária e fenomenologia*. Em ambos os artigos, além do que se refere especificamente à crítica literária, deparamos com o pensamento de Dufrenne a respeito da crítica de arte em geral. É o Dufrenne teórico da crítica e crítico penetrante das mais importantes teorias que norteiam a atividade dos críticos de hoje. Algumas idéias desses artigos, principalmente as restrições em face do estruturalismo, retornarão em *Pour l'homme*. O principal interesse, entretanto, reside na comprovação de que os princípios da fenomenologia encontram aplicação prática em setores de tanta atualidade, como é o caso da crítica literária.

10. Não nos é possível apresentar uma análise pormenorizada de *Estética e Filosofia*. Na perspectiva em que nos colocamos, o principal interesse do livro reside na primeira parte. Isso porque os artigos incluídos sob o título de "problemas filosóficos da estética" servem de aprofundamento e complementação a temas de importância decisiva no itinerário estético de Dufrenne. A ênfase que damos à primeira parte não deve levar o leitor a menosprezar as outras duas partes. Nelas se

(20) *Ibid.*, p. 58.

encontram dados de real valor que muito nos auxiliam a ter uma visão geral da obra de Dufrenne.

Além dos já mencionados artigos sobre crítica, merece ser citado o longo estudo *A arte é linguagem?*, onde Dufrenne, colocando-se na esteira de Husserl, Wittgenstein e Merleau-Ponty, aborda, sob diferentes pontos de vista, o problema da linguagem. Na *Phénoménologie*, a linguagem auxilia a compreensão do fenômeno da expressão. Em *O Poético*, ao confrontar a linguagem com a prosa e a poesia, aprofunda a idéia de expressão. Em *Estética e Filosofia* é visível a preocupação de Dufrenne em delimitar os campos da Semiologia e da Lingüística e em esclarecer a maneira pela qual deve ser entendida a asserção "a arte é linguagem"

Na última parte do livro, mais precisamente no artigo *Mal do século? Morte da arte?*, Dufrenne apresenta uma das mais lúcidas análises da arte contemporânea efetuadas na década de 60. O autor não se contenta com observações superficiais mas, fiel à vocação filosófica da Estética, procura as causas dos atuais fenômenos artísticos para melhor compreendê-los e interpretá-los. E no artigo *Da expressividade do abstrato* Dufrenne coloca-se, como espectador, diante da pintura figurativa e da pintura abstrata para, num segundo tempo, revelar-se um crítico exímio ao esclarecer e julgar a pintura de Lapoujade. Nesse artigo não passa despercebido ao crítico o engajamento do artista na problemática de nossa época, como também não passa despercebido ao leitor o entusiasmo de Dufrenne ao realçar os aspectos humanos e sociais da exposição de Lapoujade.

Como todas as coletâneas que reúnem estudos efetuados em momentos diversos, *Estética e Filosofia* é um livro desigual. Um juízo de valor não pode deixar de tomar em conta a diversidade de assuntos abordados, os motivos que suscitaram os artigos e o longo período que se estende de 1954 a 1967. Não obstante a inevitável desigualdade que transparece duma leitura atenta, cremos que é possível, com o auxílio desta *introdução*, ter uma visão de conjunto da obra de Dufrenne e do seu itinerário estético. Além de servir como complementação e aprofundamento aos temas básicos da estética de Dufrenne, *Estética e Filosofia* é um convite à leitura e estudo das demais obras de um dos vultos mais importantes da estética contemporânea. De fato, o empreendimento de Mikel Dufrenne ganha em força e consistência se tivermos presente que sua estética preenche uma lacuna da fenomenologia e afirma a possibilidade de uma estética fenomenológica.

ROBERTO FIGURELLI

Reuni aqui, com o gentil consentimento das revistas nas quais apareceram, artigos cuja redação se escalona por uma quinzena de anos. Deverei desculpar-me ou, ao menos, dar uma explicação? Para o autor é um modo de fazer uma revisão, de conseguir segurança a respeito de si mesmo, mantendo sob o olhar momentos diferentes de sua pesquisa: feliz se, na falta de um progresso certamente impossível num domínio onde sempre se está no começo, constata, ao menos em seu pensamento, através dos diversos problemas que aborda, certa continuidade. Quanto ao leitor, talvez ele observe que essa continuidade é posta em questão pelo modo de escrever a palavra natureza, ora com, ora sem maiúscula: sinal de que se elaborou progressivamente a idéia de uma filosofia da Natureza. Mas *se faz mister acrescentar que essa filosofia impõe o duplo modo de escrever, segundo se nomeia a natureza naturante ou a natureza naturada. Em todo caso espero que o leitor seja sensível à diversidade dos problemas suscitados nestes textos: tal tolerância somente pretende solicitar a reflexão e seu único mérito reside na multiplicidade de vias nas quais se engaja.*

É necessário também justificar o título desta coletânea. O primeiro artigo a isso se dedica, querendo dizer que a estética só pode se realizar no interior de uma filosofia e também que a estética é uma via privilegiada para a filosofia. Privilegiada para o autor, em todo o caso; mas talvez o leitor esteja pronto a segui-la por um momento.

M.D.

Prefácio

A CONTRIBUIÇÃO DA ESTÉTICA À FILOSOFIA

Antes de construir conceitos ou máquinas, enquanto fabricava as primeiras ferramentas, o homem criou mitos e pintou imagens. Mas essa prioridade não pode ser reivindicada tanto pela religião, quanto pela arte? Tal disputa, provavelmente, não tem sentido nesse primeiro momento da humanidade. Religião e arte só mais tarde se distinguirão verdadeiramente. Aqui é suficiente compreender que a arte espontânea exprime o liame do homem com a Natureza. E é nisto que a estética vai meditar: ao considerar uma experiência original, ela reconduz o pensamento e, talvez, a consciência à origem. Nisto consiste sua principal contribuição à filosofia.

Não se trata, porém, de remontar à noite dos tempos: a estética não é a história, e a pré-história que ela explora não é a das sociedades sem história mas, na história, a das iniciativas que em todas as épocas edificam a cultura e descortinam uma história. Sim. Cada uma dessas iniciativas — o olhar novo que um homem lança à paisagem, o gesto novo que cria uma nova forma — se inscreve na cultura. A estética, entretanto, dirige a atenção para o âmbito que se situa aquém do cultural. Em que é que ela se empenha? Mais do que em apreender o natural, enquanto se opõe e se liga ao cultural, em apreender o fundamental: o próprio sentido da experiência estética, ao mesmo tempo aquilo que a fundamenta e o que ela fundamenta. Para esta pesquisa será invocado o patrocínio de Kant: o que torna possível a experiência estética é sempre a questão crítica, a qual pode ser retomada se orientarmos a crítica para uma fenomenologia e, depois, para uma ontologia. Outro cuidado de Kant é determinar o que essa experiência torna possível e de que modo garante a busca do verdadeiro e atesta a vocação moral do homem. Retomemos, portanto, livremente a *Crítica do Juízo*.

Mas antes de abordar o problema crítico, é necessário descrever rapidamente a experiência estética. O primeiro problema colocado por essa descrição já integra a estética na filosofia: o que é o homem enquanto sensível ao belo, isto é, enquanto capaz de apreciar a beleza segundo a normatividade do gosto, e de produzi-la segundo os poderes da imaginação? O belo é um valor entre outros e abre caminho aos outros. Mas o que é um valor? Não é só o que é procurado, é aquilo que é encontrado: é o próprio de um bem, de um objeto que responde a algumas de nossas tendências e satisfaz algumas de nossas necessidades. A exigência de valor está enraizada na vida e o valor está enraizado em certos objetos. Aquilo que vale absolutamente não vale no absoluto, mas em relação a esse absoluto que é um sujeito, quando ele se sente ou se quer satisfeito por um objeto, real ou imaginário, que aplaca sua sede de bebida, de justiça ou de amor. Há uma sede de beleza no homem? É necessário dizer que sim, a não ser que se veja nisto uma necessidade artificial despertada ou, em todo o caso, orientada pela cultura; mas é sempre a natureza que inventa a cultura, mesmo que seja para nela se negar. Essa sede não é nem muito exigente, nem muito consciente (e isso explica que nossa civilização não a tenha sempre em muita consideração e tenda a privilegiar a funcionalidade, por exemplo, na arquitetura e na organização do ambiente de vida); ela se torna cônscia quando está satisfeita. Por quem? Por objetos que oferecem apenas sua presença, mas cuja plenitude se anuncia gloriosamente no sensível. O belo é esse valor que é experimentado nas coisas, bastando que apareça, na gratuidade exuberante das imagens, quando a percepção cessa de ser uma resposta prática ou quando a *praxis* cessa de ser utilitária. Se o homem na experiência estética, não realiza necessariamente sua vocação, ao menos manifesta melhor sua condição: essa experiência revela sua relação mais profunda e mais estreita com o mundo. Se ele tem necessidade do belo, é na medida em que precisa se sentir no mundo. Estar no mundo não é ser uma coisa entre as coisas, é sentir-se em casa entre as coisas, mesmo as mais surpreendentes e as mais terríveis, porque elas são expressivas. Ora, um sentido se desenha na própria carne do objeto estético, como o vento que anima a savana; um signo nos é feito, o qual nos remete a si mesmo: para significar, o objeto ilimita-se num mundo singular, e esse mundo é o que ele nos dá a sentir. Esse mundo que nos fala, nos diz o mundo: não uma idéia, um esquema abstrato, uma vista sem visão que viria se acrescentar à visão, mas um estilo que é um mundo, o princípio de um mundo na evidência sensível. A superfície do visível, o que "a duplica de uma reserva invisível", como diz Merleau-Ponty[1] é esse mundo do qual ela está grávida e que constitui o seu sentido. Um sentido que ressoa no mais profundo do corpo, mas que não solicita sua atividade como fazem uma presa, um obstáculo, uma ferramenta ou mesmo um discurso, um sentido que somente se dá a sentir e cuja idealidade é apenas algo imaginário. De modo que a fenomenologia da experiência estética enfrenta diretamente a questão fundamental do surgimento da representação na presença: do

(1) *Le visible et l'invisible*, p. 37. (*O Visível e o Invisível*. Tradução em português pela Editora Perspectiva, Col. "Debates", 1971.)

nascimento do sentido. E não nos admiramos que Merleau-Ponty tenha meditado sobre a linguagem indireta da arte e sobre as vozes do silêncio.

O sentido só pode aparecer nessa experiência se todas as potências da consciência nela já estão presentes. A percepção estética é a percepção aberta e feliz que atesta essas potências e solicita a reflexão sobre elas. Ao mesmo tempo, ela anuncia e prepara para a consciência o seu futuro, fundamenta-o, como dizíamos há pouco. Primeiro, o fato de o homem ser sensível ao belo indica, conforme Kant, sua aptidão para a moralidade. O acordo livre das faculdades, que desperta em nós um sentimento de prazer, se produz quando seu exercício é como que sublimado: o intelecto se supera rumo à razão quando os conceitos se ampliam em idéias estéticas e quando a brancura do lírio se torna símbolo da inocência; e a imaginação se liberta do domínio do intelecto refletindo a forma do objeto e "se divertindo na contemplação da figura"[2]. O acordo situa-se, portanto, em um ponto de concentração no supra-sensível, que atesta a vocação do homem para a racionalidade e, no domínio prático, para a moralidade. Não é necessário, para aceitar essa análise, conceber o supra-sensível como uma superação radical do sensível, e a moralidade como a submissão a uma forma pura transcendente a todo conteúdo. O que retemos de Kant é, em primeiro lugar, a idéia de uma harmonia espontânea e feliz das faculdades; a experiência estética reconcilia-nos conosco mesmo: ao abrir-nos à presença do objeto, não renegamos nosso poder de conhecer, deixamo-nos penetrar por um sentido, sem dúvida indeterminado, mas insistente, que pode ser o símbolo de um predicado moral, como os cumes o são da pureza ou as borrascas das paixões. Além disso, o belo não estimula como um estímulo qualquer, ele inspira, mobiliza a alma inteira e a torna disponível. É sobre esse fundo que se desenham as figuras da moralidade, na medida em que requerem simultaneamente um engajamento total da pessoa e o poder de superar o real rumo a um irreal que pode ser um ideal.

É também para o verdadeiro que o homem se dirige com toda a alma. O juízo que visa à verdade

(2) Kant. *Critique du Jugement*, § 16.

coloca em jogo esse acordo das faculdades, e o juízo determinante só pode manifestar a autoridade do intelecto legislador porque o juízo que reflete manifesta, primeiro, a possibilidade de um acordo de todas as Faculdades. A experiência estética, portanto, testemunha uma aptidão do homem para a ciência. A ciência é suscitada pela *praxis* e, sobretudo, pelos fracassos dessa *praxis*. A ciência, enquanto teoria, — é construção de conceitos e, depois, de máquinas que produzem objetos à medida dos conceitos — provém do pensamento que é juízo. Esse pensamento é delirante enquanto a imaginação exerce sua liberdade fora de todo controle do intelecto, como no sonho; mas o delírio se abranda e se torna promessa de razão quando a imagem se carrega de sentido ou quando se torna, pela operação do gênio, idéia estética. Indubiamente a poesia não é ciência, mas a prepara, não só ao provocar o pensamento positivo por meio de obstáculos epistemológicos, mas ao exercer o intelecto em objetos ainda imaginários. E ela também a confirma: a verdade de uma teoria sempre se recomenda por sua elegância, como se o belo fornecesse garantia ao verdadeiro. E, com efeito, toda teoria, mesmo quando não ainda formalizada, já é formal, e só é materialmente verdadeira com a condição de sê-lo formalmente, visto que as deduções que autoriza devem, em primeiro lugar, dar prova de validez segundo critérios formais. Ora, é a forma que se revela na experiência estética; e mesmo a imaginação material, segundo Bachelard, é a qualidade formal do verbo poético que a solicita, enquanto o sonhador de matérias é "um sonhador de palavras"[3]; e, finalmente, a matéria é sempre informada. Contudo, alguém dirá que a forma lógica, que se presta à necessidade lógica, não tem nada em comum com a *Gestalt* que se recomenda por uma necessidade sensível; a necessidade lógica supõe a linguagem — um simbolismo lógico —, e não há linguagem em arte, só há linguagem em poesia. Do mesmo modo, o formalismo estético que regula uma prática é totalmente diferente do formalismo lógico que constitui um objeto ideal. Certamente. Mas a forma lógica, ainda que só exista para um pensamento capaz de pureza e de rigor, tem certa "forma" que, sem ser sensível, apela para a sensibilidade: há nela como que

(3) *Poétique de la rêverie*, p. 10.

um estilo ideal de encadeamento dos objetos ideais. E, por outro lado, a prática artística, se o formalismo das normas nela não exaure a inspiração, cria um objeto — real e não ideal — que "dá o que pensar", e só agrada com essa condição, na falta da qual ele deixa indiferente ou só é agradável e vazio. Evidentemente esse pensamento não é ainda o pensamento formal de um universo do discurso nem o pensamento positivo do universo científico; é, antes, o sentimento de um mundo, de um possível do real. Mas as operações que constroem o possível lógico como trama do real talvez se preparem nos atos da imaginação que se abre às figuras irreais do mundo ao apreender formas ricas de sentido. Apreender essas qualidades formais que conferem a um monumento, a uma sonata ou a uma paisagem a virtude de se expandir sem limites num mundo possível, é imitar, na ordem do sentimento, o processo racional que construirá formalismos lógicos para explicar as aparências. Poder-se-á, assim, mostrar que a beleza apela para o saber: que as idéias fundamentais de invariável, de ordem, de lei, são sugeridas por certas propriedades dos objetos belos; e também que a criação de certos objetos da plástica ou da música requer atividades como contar, medir, ordenar, onde a imaginação já é esquematizante, e que imitam os processos da ciência. Depois, quando a operação da ciência tiver sido realizada, quando as aparências tiverem sido desarmadas e dominadas, o gosto das formas sensíveis virá reanimar o sentimento insubstituível de uma plenitude do ser e de nossa familiaridade nativa com ele.

Assim a experiência do belo convida a filosofia a meditar na unidade de sentido da palavra forma (ou também da palavra estrutura), isto é, na relação entre a forma sensível dada como *Gestalt* significante, própria ao objeto estético, e a forma racional elaborada pelos formalismos que, para compreendê-lo, substituem ao objeto real um objeto ideal. Em outras palavras, ela convida a meditar na unidade dessas duas atividades "complementares como contrários bem feitos", dizia Bachelard[4]: a poesia e a ciência.

(4) *Psychanalyse du feu*, p. 10.

Ora, a mesma experiência talvez nos sugira que essa unidade não tem sua origem no *logos* humano, numa atividade constituinte, mas na própria Natureza. Pois se pode dizer, contanto que se evite qualquer inflexão teológica, que ela sugere à filosofia que vá do transcendental à transcendência, da fenomenologia à ontologia. E ainda é Kant quem nos ensina, que privilegia a beleza natural e que, após ter evidenciado, no juízo estético, o livre acordo das faculdades, considera o acordo contingente da Natureza com nossas faculdades. Sim, a estética contemporânea, tão atenta a descobrir no artista a atividade de um *ego* transcendental análogo àquele que constrói a ciência, tende a esquecer que a Natureza produz a beleza. Muitas vezes o artista deve lembrar ao esteta que ele é inspirado pela Natureza, quanto à sua vocação e ao seu ato, e que ele exprime a Natureza mesmo quando dela parece se apartar: assim como o abstrato, na operação do saber, visa ao real do qual provém, o abstrato, na produção da arte, diz ainda um mundo que é proposto ao artista pelo mundo. E, sobretudo, o artista é provocado pela beleza do mundo a produzir algo de belo onde a Natureza se exprime. Ora, pela beleza, a Natureza manifesta sua complacência em atenção a nós. Indubiamente, como lembra Kant, a finalidade implicada pelo juízo estético é uma finalidade sem fim, subjetiva e formal cuja realidade reside "na finalidade interna da relação de nossas faculdades subjetivas"[5]. Mas resta que a Natureza se ajusta a nós: parece que imita a arte cujas produções estão deliberadamente ordenadas para a felicidade da percepção. Será necessário dizer que esse acordo é apenas contingente? Sim, tanto que se concebe a natureza só sob o aspecto crítico, como o diverso empírico, essa matéria-prima que o intelecto informa. Mas o fenômeno da beleza convida a repensar a idéia de natureza. A Natureza capaz de bondade é, através do diverso empírico que nunca é propriamente natural porque sempre já leva a marca da mão e do intelecto humano, uma potência escondida, Gaia, a Mãe, e também a esposa que chama o esposo, não como a matéria deseja a forma, pois ela já se revela por formas ou por imagens, mas como o inconsciente deseja a consciência, como a noite deseja o dia. O homem só

(5) *Critique du Jugement*, § 58.

é o correlato dessa Natureza porque é o seu produto, o filho; ela fala ao homem ao lhe prodigalizar imagens nas quais se revela, para que ele a diga; sua complacência não é nem fingida nem fortuita. Isso não significa, evidentemente, que ela seja premeditada: só o homem põe fins, mas porque ele mesmo é produzido como fim por uma força que só nele se conhece. Assim a arte responde a esse apelo da Natureza: ela a exprime ao exprimir os mundos dos quais está grávida. E a arte celebra a Natureza.

Mas o sábio e o agente moral também respondem a seu modo. Pois o mesmo apelo lhes é dirigido, a mesma inspiração lhes é dada: também a ciência, ao elaborar teorias que regem certos domínios e tendem a convergir numa figura do universo, diz, mas de outro modo, a Natureza. E é necessário, de fato, que a Natureza se preste a isto, que o cinábrio seja constante em sua natureza e que os corpos simples não sejam por demais numerosos: a inteligibilidade do dado, a conveniência quase miraculosa da verdade formal e da verdade material, se podem ser explicadas por uma gênese recíproca do *a priori* e do *a posteriori*, é na Natureza, na aspiração da Natureza à luz, que talvez tenham sua origem. E o mesmo vale da *praxis* técnica que, longe de fazer, em sua essência, violência à natureza, trava amizade com ela, conhece-a e a aperfeiçoa; e como ela não desnatura a Natureza, também não aliena necessariamente o homem. Enfim, a ação moral que procura realizar no mundo o conceito de liberdade, que trabalha na promoção, através das vicissitudes terríveis da história, de uma República dos fins, visa a uma relação final da Natureza e do homem: a constituição civil deve ser instaurada pelo homem conforme sua própria razão, mas não contra a Natureza; e se algum progresso é possível, é porque a Natureza quer a cultura, no homem, e no mundo, como aquilo que a desenvolve. De modo que o supra-sensível que tende a se realizar no jogo cego das forças sensíveis talvez seja o desejo do infra-sensível, da Natureza como fundo.

Assim a experiência estética pode ser descoberta na partida de todas as rotas que a humanidade percorre: ela abre o seu caminho à ciência e à ação. E é claro por que: ela se situa na origem, naquele ponto em que o homem, confundido inteiramente com as coisas, experimenta sua familiaridade com o mundo; a Natureza se desvenda para ele, e ele pode ler as grandes imagens que ela lhe oferece. O porvir do *logos* prepara-se no encontro anterior à linguagem onde é o Natureza que fala. Natureza naturante, que produz o homem e o inspira a ter acesso a consciência. Compreende-se, portanto, que certas filosofias optem por privilegiar a estética: com isso remontam à fonte, e todas as suas análises nela se encontram orientadas e esclarecidas.

I
PROBLEMAS FILOSÓFICOS
DA ESTÉTICA

O BELO

Como nos referimos ao Belo? Essa palavra, que tem função de adjetivo na linguagem cotidiana, torna-se substantivo na linguagem erudita da filosofia ou da estética: o predicado torna-se sujeito e pode, por sua vez, ser predicado, como diriam os lógicos; assim, quando nós dizemos "o Belo é um conceito", ou "o Belo é o denominador comum de todas as coisas belas". O que significa, portanto, essa dualidade de emprego?

Consideremos, em primeiro lugar, o juízo em que o belo é um atributo: "esta escultura é bela". É um juízo de valor; reconhece a qualidade de certo objeto quando esse objeto é apreendido segundo certa atitude que é a contemplação estética. Se o modo de intencionalidade ou a atitude são diferentes, outros valores são invocados; se se trata de agir, poder-se-á dizer: "este objeto é útil"; de saber: "este objeto é verdadeiro"; de amar: "este objeto é amável". O juízo de valor estético, aliás, pode ser emitido a propósito de objetos que não parecem solicitar a atitude estética; dir-se-á, por exemplo, de um ato de coragem que é belo, ou de um raciocínio lógico, ou até mesmo de um feliz acaso. Isso poderia induzir-nos a pensar que a noção de beleza é bastante elástica; mas isso também significa que muitas coisas podem se prestar, por algum flanco, à atitude estética. Também acontece, de modo inverso, que nosso juízo se exprime timidamente num vocabulário menos categórico e que, em lugar de dizer que um objeto é belo, dizemos que é bom, valioso, autêntico, interessante etc.

Mas é sua pretensão à universalidade o que especifica, em todos os casos, o juízo de valor estético. Observou-o Kant e é, de fato, o ponto de partida de sua reflexão: quando emito determinado juízo, não posso deixar de reivindicar para ele a objetividade e deixar de pensar que deve ser por todos subscrito. Por certo, também posso pronunciar juízos subjetivos, em primeira pessoa, ao dizer, por exemplo, "gosto desta obra" ou "prefiro isto àquilo"; mas, nessas circunstâncias, tenho consciência de exprimir apenas meus gostos e, afinal, de julgar a partir de mim mesmo mais do que do objeto. Portanto, distingo claramente entre juízo objetivo e juízo subjetivo; e talvez seja necessário estar de má-fé ou ser ingênuo por excesso de sutileza para sustentar um relativismo total e afirmar que todo juízo estético é irredutivelmente subjetivo.

Contudo, esse relativismo, encorajado de bom grado pela história e pela sociologia, pode ser primeiramente uma santa reação contra certo dogmatismo que prevaleceu por muito tempo e ao qual nos conduz a substantivação do adjetivo belo. Com efeito, se o juízo estético aspira à universalidade, ele é tentado a justificar essa aspiração recorrendo a um conceito que também é universal: objeto belo é aquele que realiza e manifesta o belo. Reconhece-se aqui o movimento platônico de pensamento que vai ser retomado, talvez com alterações, pelo racionalismo clássico.

Para Platão, realmente, saber e sabedoria exigem que o homem se liberte do mundo sensível e deixe de viver no nível do percebido para ter acesso às idéias, donde ele retornará ao mundo sensível no qual se decide o destino de seus companheiros. E essas idéias, provavelmente, apenas miticamente são realidades num mundo inteligível. Pois, por si mesmas, nada mais são que uma luz para aclarar o dado ou para inspirar a conduta. As idéias constituem os elementos de um discurso lógico e não possuem ser fora da contextura dialética que elas compõem, como as palavras não têm ser significante — a não ser abstratamente, nos dicionários — fora da frase e da totalidade da linguagem. Mas entre essas idéias cujo ser é necessariamente indeterminável, porque consiste em se abolir no sentido por elas engendrado, uma faz exceção: é a Beleza. Pois ela é a única que resplandece; "ela é a única — diz *Fedro* — que tem o privilégio de poder ser aquilo que está mais em evidência e cujo encanto é o mais atraente"; enquanto as outras idéias, "justiça, sabedoria, não possuem nenhuma luminosidade nas imagens deste mundo". É verdade, isto apenas significa que o objeto belo nos envolve e emociona mais imediatamente do que qualquer outro objeto, porque ele é, ao mesmo tempo, sensível e significante: nessa experiência incomparável o sensível revela em lugar de ocultar. Mas é tentador supor que aquilo que nos arrebata nos transporta fora daqui, num outro mundo, e que o seu poder lhe vem da imitação da Beleza em si.

É assim que o classicismo se escuda no platonismo para conceber uma estética normativa, fundada sobre a idéia de que há, de fato, uma idéia ou uma essência do Belo. Essa idéia justifica, então, uma dupla normatividade. Por um lado, confere autoridade ao juízo crítico exercido pelas "academias", por outro lado, estabelece uma concepção didática da arte que se exprime nas "artes poéticas". Assim a idéia do Belo não conserva sua transcendência: ela se concretiza e se especifica em modelos determinados, dos quais os cânones da arquitetura ou a regra das três unidades figuram entre os mais célebres. Esses modelos impõem-se tanto ao crítico que julga as obras em seu nome, quanto ao artista que deve criar conforme eles, assim como o demiurgo do Timeu cria o mundo contemplando as idéias. Os julgamentos proferidos pela Academia Real no século XVII seriam um excelente exemplo do dogmatismo espontâneo que assim se exerce na crítica e na pedagogia. Para prová-lo basta a seguinte passagem de um discurso de M. de Champaigne "contra o discurso feito por M. Blanchard sobre o valor da cor": "Eu não sei, senhores, se podemos crer que o pintor se deve propor outro objeto a não ser a imitação da bela e perfeita natureza. Deverá propor-se algo de quimérico e de invisível? Consta, entretanto, que a mais bela qualidade do pintor é ser imitador da perfeita natureza, sendo impossível ao homem ir mais além"[1].

Esse dogmatismo é, no fundo, a expressão da prática e dos gostos estéticos de uma época; mas não tem disso consciência e, por isso, absolutiza uma idéia do belo que é relativa. Justifica a promoção da idéia ao absoluto dizendo que essa idéia é imposta pela natureza (e não: proposta pela cultura). Em primeiro lugar, pela natureza das coisas: é por isso que certas formas são invocadas (a perfeição do círculo — idéia aristotélica —, ou do pentágono como imagem do microcosmo — idéia medieval) ou certas proporções (o número de ouro), como absolutamente belas, e já presentes na natureza que a arte deve imitar, suposto que se descarte dos aspectos feios. Em segundo lugar, pela natureza do homem: pois o prazer estético permanece o juiz ao qual é mister consultar; mas se tem a convicção, precisamente, que esse prazer é determinado por uma estrutura imutável da sensorialidade e da razão humana de modo que as consonâncias, as homofonias, as formas belas ou os enunciados claros merecerão, sempre e em toda a parte, ser chamados belos porque agradam, enquanto as dissonâncias, os hiatos, as formas equívocas ou os enunciados confusos serão feios porque desagradam. Apenas se olvida que o que parece um fato da natureza é, realmente, um fato de cultura, que certas harmonias agradam ao ouvido ou certas formas plásticas à vista porque esses órgãos foram condicionados desde cedo por certo ambiente artístico e, portanto, que o artista tem direito a fazer violência a gostos que, no mais das vezes, não passam de hábitos lançando-nos em

(1) Citado por Lhote, *De la Palette à l'Écritoire*, p. 78.

novas aventuras. O fruto desse esquecimento é a manutenção da tradição: o ensino de certo número de receitas que devem garantir a beleza da obra.

Essa idéia, por certo, não é insensata. O que a história contesta é que uma tradição possa reivindicar o segredo do Belo como um monopólio, como se a idéia do Belo se reduzisse a um sistema determinado de modelos e a prática artística a um sistema determinado de regras. Mas a verdade é que a arte recusa a improvisação, ela exige sempre a aprendizagem e o contacto com uma tradição. Somente que essa aprendizagem, que põe o artista de posse de uma técnica e de meios de expressão, deve libertá-lo e não escravizá-lo; e, com efeito, todo artista autêntico, quando toma consciência de sua vocação, exerce sua liberdade criadora e aparece como revolucionário aos olhos do público ou das academias. Há, é certo, grandes obras anônimas que se prendem mais a uma escola do que a um indivíduo; provavelmente elas só foram possíveis porque o artista se identificou, com profundidade suficiente, com o gênio do seu tempo para ser verdadeiramente inspirado por ele ao invés de aplicar mecanicamente processos recomendados pela escola.

Este seria o momento de evocar a inspiração e unir à imagem do artista-artesão a imagem do artista inspirado. A idéia dessa loucura maravilhosa que se apodera do artista e o lança para fora de si mesmo também já se encontra em Platão. Essa idéia significa, em primeiro lugar, — interpretada por um racionalismo que dela desconfia — que a criação de uma obra bela é imprevisível e que à habilidade se deve acrescentar a sorte ou, como às vezes se diz, a felicidade. Mas se a idéia for tomada com mais rigor, será necessário perguntar quem inspira a criação: se for a idéia do Belo, então não pode ser essa idéia enquanto ela se referir a um sistema de preceitos ou receitas, pois a regra força e não inspira. Mas poder-se-á dizer que uma idéia seja inspiradora? Sim, pois os homens vivem e morrem por idéias: pela liberdade ou pela justiça; contanto que a própria idéia seja bela, isto é capaz de seduzir, porque ela provém da natureza. É necessário, portanto, que a idéia do Belo deixe de ser idéia, que não nos fale e não nos estimule como uma noção abstrata, mas que esteja encarnada em objetos belos.

Platão, por este desvio, conduz-nos a Kant. Kant, com efeito, propõe primeiramente uma teoria do juízo estético: com que direito posso julgar que uma coisa é bela? O critério é o prazer que ela desperta em mim: prazer desinteressado, ligado só à forma do objeto e não, como no assentimento, ao seu conteúdo. O belo é, portanto, aquilo que agrada. Mas Kant acrescenta: universalmente, sem conceito. "Sem conceito" quer dizer que não há idéia do belo, isto é, um modelo que possa orientar meu juízo e servir de padrão. O belo só se encontra em objetos sensíveis, e só a sensibilidade é o juiz. "Procurar um princípio do gosto que dê, através de conceitos determinados, um conceito universal do gosto, é um trabalho estéril, visto que aquilo que se procura é impossível e contraditório em si"[2]: contraditório, porque o princípio do juízo estético é o sentimento do sujeito e não o conceito de um objeto. De certo modo, o objeto belo, aqui, é apenas ocasião de prazer; a causa do prazer reside em mim, no acordo da imaginação com o intelecto; isto é, das duas faculdades que todo encontro do objeto põe em jogo; mas, enquanto no juízo de conhecimento o intelecto governa a imaginação, na experiência estética a imaginação é livre, e o que experimentamos é o livre jogo das faculdades e da sua harmonia mais do que a sua hierarquia.

O paradoxo permanece na reivindicação da universalidade pelo juízo de gosto: sem o que não falaríamos de beleza, mas de agrado pois, quando julgamos que uma coisa é agradável, nós não esperamos, nem exigimos de outrem que esteja de acordo conosco. A universalidade, portanto, tem aqui seu princípio no sujeito e não no objeto: é uma universalidade subjetiva. Mas como então justificar essa pretensão? É suficiente supor: "que em todos os homens as condições subjetivas da faculdade de julgar são as mesmas... o que deve ser verdade pois, caso contrário, os homens não poderiam comunicar suas representações e conhecimentos"[3].

Vê-se que essa análise, conforme ao espírito do idealismo transcendental, inclina Kant para a negação de toda objetividade do belo; o belo não é nem uma idéia em si, nem uma idéia no objeto, nem um conceito objetivamente definível, nem uma propriedade objetiva

(2) *Critique du Jugement*, § 17.
(3) *Ibid.*, § 38.

do objeto; é uma qualidade que atribuímos ao objeto para exprimir a experiência que fazemos de certo estado de nossa subjetividade atestada pelo nosso prazer: "como se, ao chamarmos uma coisa bela, se tratasse de uma propriedade do objeto nele determinada por conceitos e, contudo, a beleza, separada do sentimento do sujeito, não é nada em si"[4].

Será essa a última palavra de Kant? E por ser o belo sem conceito será necessário concluir que ele é desprovido de toda objetividade? Afinal o prazer estético nos é dado. E é o objeto que o desperta. Se — longe dos indivíduos se pautarem pelo objeto para julgarem sua beleza — "o juízo de gosto consiste precisamente em chamar uma coisa bela somente através da qualidade pela qual ela se acomoda ao nosso modo de tomá-la"[5], contudo é a coisa que manifesta essa qualidade: o juízo é objetivo registrando-a, mesmo se ele se refere à subjetividade. O fato de o belo não ser experimentado sem que haja essa relação não significa que ele não seja dado numa experiência irrecusável. Há um fato do belo, mesmo se esse fato é sempre um fato para nós.

É esse fato, precisamente, que interessa a Kant e inspira o seu empreendimento. Mas o que o interessa em primeiro lugar é, sem dúvida, o apoio que a experiência estética pode dar à experiência moral. Há uma afinidade entre essas duas experiências, testemunhada pela linguagem comum, visto que "designamos objetos belos com nomes que parecem fundados numa apreciação moral"[6]: falamos de um edifício majestoso, de uma campina ridente, de uma cor inocente ou modesta. É assim que as idéias estéticas que a poesia sugere, "estas representações da imaginação que dão muito a pensar sem que nenhum conceito lhes seja adequado" e sem que tradução alguma seja possível na linguagem da prosa, têm algum parentesco com as idéias racionais suscitadas pela prática moral: o belo é o símbolo do bem; ele não nos ensina o que é o bem, pois o bem, como absoluto, só pode ser realizado e não concebido. Mas ele no-lo sugere. E, sobretudo, o belo insinua que somos capazes de realizar o bem; pois o desinteresse,

(4) *Ibid.*, § 9.
(5) *Ibid.*, § 32.
(6) *Ibid.*, § 58.

próprio do prazer estético, é o índice de nossa vocação moral. O sentimento estético anuncia e prepara o sentimento moral: "Eu concordo, de bom grado, que o interesse que se atribui ao *belo na arte* não seja prova de um espírito vinculado ao bem moral. Mas, ao contrário, eu sustento que ter um *interesse imediato* pela beleza da *natureza*, é sempre o sinal duma alma boa..."[7]

Observamos que Kant, aqui, exalta o belo da natureza. E sendo isso constante em sua reflexão, reconduz-nos à objetividade do belo: encontramos objetos na natureza que estimulam, em nós, a experiência estética. E essa experiência não interessa à filosofia transcendental só porque nos instrui sobre o sujeito, sobre o jogo de suas faculdades e, indiretamente, sobre sua aptidão para a moralidade mas também porque nos esclarece sobre a natureza, sobre aquilo que Kant chama de "a possibilidade externa de uma natureza concordante", isto é, sobre o fato de a natureza se prestar à atividade intelectual do sujeito. Entre o diverso da intuição e a unidade do conceito, é possível o acordo requerido pelo conhecimento: o mundo é pensado porque é pensável. Isso no-lo prova a experiência do belo.

Assim a filosofia transcendental pode se completar graças a uma filosofia da natureza ou, ao menos, graças a um tema que esboça uma filosofia da natureza. E o privilégio concedido à natureza repercute, ao mesmo tempo, na teoria da arte: "a arte deve ter a aparência da natureza, ainda que se tenha consciência de que se trata de arte"[8]; e, sobretudo, na teoria do artista: se a obra de arte deve ter a aparente liberdade de um produto da natureza é porque a regra que preside à sua produção é dada pela natureza, a qual se manifesta através do homem como gênio, pois o gênio é esta espontaneidade cega "dada pela regra enquanto natureza"; o que se chama, algumas vezes, de uma força da natureza. Assim, junto com as obras de gênio, também é a natureza que testemunha e que nos torna participantes de sua disponibilidade.

Não há, portanto, idéia do belo como não há regra definitiva para produzir o objeto belo. O objeto natural

(7) *Ibid.*, § 42.
(8) *Ibid.*, § 45.

ou a obra de gênio é que são belos, modelos ao mesmo tempo exemplares e inimitáveis. Poderá Hegel ajudar-nos a ir mais longe? Para dizer a verdade, nós já nos aventuramos em suas paragens. É em Hegel que se explicita a idéia — apenas esboçada por Kant — de uma reconciliação entre a natureza e o espírito. Hegel, sem dúvida, se interessa antes de tudo pela arte. Ele não elabora, como Kant, uma teoria do juízo estético mas uma teoria da arte e do seu devir. Do seu devir, porque, com Hegel, uma nova idéia conquistou direito de cidadania em filosofia: a idéia de história. Ficamos sabendo que os semblantes do belo são múltiplos e sua diversidade é irredutível através do tempo. Mas isso não nos deve conduzir a um relativismo ou a um ceticismo superficiais, pois o devir é pensado por Hegel sob os auspícios da dialética: obedece a uma necessidade lógica, que o orienta e o racionaliza (a tal ponto que quase deixa de ser devir: é um problema momentoso — que não será por nós aqui abordado — saber em que medida a dialética pode recuperar a história e se o lógico não corre o risco de suprimir, de alguma forma, o cronológico por ele suscitado e ilustrado).

Mas se esse devir é um devir lógico, é, por acaso, um devir da idéia? Não. Não há mais idéia do Belo em Hegel; mas o belo é a idéia mesma, encarnada. Enquanto o belo era, em Kant, ao mesmo tempo que símbolo da moralidade, promessa de verdade, aqui ele é a própria verdade sob uma forma sensível. O que é, com efeito, a idéia em Hegel?[9] "Um objeto absoluto da consciência", isto é, a verdade suprema em que são superadas todas as contradições; essa verdade não é a verdade de qualquer objeto, é a identidade da verdade e do objeto, da idéia e da natureza: o movimento do verdadeiro revela-se como realidade última. Ora, essa verdade que a filosofia deve laboriosamente conquistar é, de algum modo, imediatamente dada na experiência estética: a idéia nela está presente sob uma forma sensível. É assim que "entre os gregos a arte foi a forma mais elevada sob a qual o povo se representava os deuses e tomava consciência da verdade". E toda a história da arte mostra o desenvolvimento da idéia sob o seu véu sensível, a tal ponto que "o espírito que olha mais para

(9) Hegel. *Esthétique*, I. 124. As citações que seguem são extraídas do tomo I, que é a "parte geral" da "filosofia da arte".

longe se afasta desta forma objetiva, a rejeita, reentra em si mesmo".

Assim o belo é a manifestação do "ideal"; o ideal não é abstrato, é a idéia presente e transparente no objeto idealizado; sejam os humildes objetos cotidianos de uma natureza morta holandesa, seja o semblante de uma madona de Rafael. A arte não imita. Idealiza. A arte exprime o universal no particular; "e a obra é tanto mais bela quanto seu conteúdo espiritual possui uma verdade mais profunda: se os chineses, os hindus, os egípcios não puderam se tornar mestres da verdadeira beleza é porque suas concepções mitológicas, as idéias contidas em suas obras eram ainda indeterminadas ou mal determinadas, em lugar de serem acabadas e verdadeiras". Essa é, em Hegel, a conseqüência da introdução de uma perspectiva histórica: há graus do Belo, segundo a idéia é mais ou menos rica, ou encarnada com mais ou menos felicidade. Hegel, ao menos, não cede à tentação do dogmatismo que aprova ou condena absolutamente em nome de certo modelo intemporal: admite um devir do belo mas condicionado ao devir da idéia; a arte, dir-se-ia hoje, recebe seu movimento mais da cultura e da visão do mundo, do qual é expressão, do que de si mesma, de uma exigência intrínseca.

Julga nossa época o Belo de um modo diferente? Por certo, ela se acautela, mais do que nunca, contra todo dogmatismo: ela se esforça em fazer justiça a todos os estilos reunidos no museu imaginário, ela condescende com a extraordinária renovação das formas plásticas e sonoras que tanto o gênio da invenção, quanto o contacto com as artes dos selvagens suscitam nos artistas. Por causa disso deve ser ela interditada de julgar? Alguns pensam assim e, com o pretexto de reprimir a expressão de preferências subjetivas, se aplicam em dar uma acolhida igual a todas as obras sem jamais escolher dentre elas: a palavra belo desapareceu de seu vocabulário. Atitude hipócrita ou preguiçosa. Em primeiro lugar, porque a arte não renunciou à beleza. As buscas mais desconcertantes — aquelas que, às vezes, escandalizam um gosto esclerosado pelos hábitos ou preconceitos — visam à beleza. Nós só as podemos apreciar se tomarmos em conta que elas obedecem à lógica criadora dessa busca do belo e da perpétua exigência de renovação que ela comporta na medida em que o Belo se inventa mas não se imita. Em segundo lugar, porque, entre nós, se opera o discernimento de valores com mais rigor do que nunca: há, no mundo, uma Bolsa das obras plásticas e das obras literárias que domina o mercado da arte. Valores puramente econômicos e totalmente provisórios, dir-se-á; mas essa cotação pesa sobre o destino dos artistas e da arte tão duramente quanto o gosto dos mecenas de outrora e ela exprime, à sua maneira, os gostos de certo público. Será necessário, portanto, deixar que esse juízo prático tome o lugar de um juízo teórico?

Não. Somente que esse juízo, se ainda reivindica a universalidade, evita todo dogmatismo. Ele não confronta o objeto com um cânone preestabelecido. Deixa o objeto realizar-se e julgar-se por si mesmo. Ter o gosto bem formado, a atenção assaz dócil, o espírito muito aberto — eis o que se requer do espectador — para fazer justiça ao objeto que se propõe à sua percepção. Certamente, ele não será jamais assaz prudente em seu juízo, visto que nunca está seguro de estar de boa fé, de ser suficientemente cultivado e disponível: sempre é possível que, em conseqüência de um defeito de preparação ou de um excesso de preconceitos, sejamos literalmente cegos ou surdos a certos objetos. Em tal caso, a sabedoria exige que suspendamos nosso juízo porque seria um juízo sem objeto: o objeto ainda não existe para nós. Mas se não estamos perturbados, predispostos ou impacientes, então a beleza se manifesta por si mesma e, simultaneamente, se denunciam os objetos falhos e inautênticos.

Mas o que é, então, o Belo? Não é uma idéia ou um modelo. É uma qualidade presente em certos objetos — sempre singulares — que nos são dados à percepção. É a plenitude, experimentada imediatamente pela percepção do ser percebido (mesmo se essa percepção requer longa aprendizagem e longa familiaridade com o objeto). Perfeição do sensível, antes de tudo, que se impõe com uma espécie de necessidade e logo desencoraja qualquer idéia de retoque. Mas é também imanência total de um sentido ao sensível, sem o que o objeto seria insignificante: agradável, decorativo ou deleitável, quando muito. O objeto belo me fala e ele só é belo se for verdadeiro. Mas o que me diz? Ele não se dirige à inteligência, como o objeto conceitual — algoritmo lógico ou raciocínio —, nem à vontade prática como o objeto de uso — sinal ou ferramenta —, nem à afetividade como o objeto agradável ou amável: primeiramente ele solicita a sensibilidade para arrebatá-la. E o sentido que ele propõe também não pode ser justificado nem por uma verificação lógica nem por uma verificação prática; é suficiente que ele seja experimentado, como presente e urgente, pelo sentimento. Esse sentido é a sugestão de um mundo. Um mundo que não pode ser definido nem em termos de coisa, nem em termos de estado de alma, mas promessa de ambos; e que só pode ser nomeado pelo nome do seu autor: o mundo de Mozart ou de Cézanne.

Esse mundo singular, entretanto, não é subjetivo. A autenticidade é o critério da veracidade estética. Parece ser o mundo como Natureza naturante, através do autor da obra — quando inspirado —, que nos faz sinal e nos dá para decifrar um de seus semblantes. Cada mundo singular é um possível do mundo real. E esse mundo real é, também o mundo vivido pelos homens. Sartre, prefaciando uma recente exposição de pinturas de Lapoujade, cujo tema era a tortura e os tumultos, escrevia que "a arte intima o artista para instalar o reino humano em toda a sua verdade sobre as telas e a verdade desse reino, hoje, é que a espécie humana abrange carrascos, seus cúmplices e mártires". Essa verdade, infelizmente, é a mais urgente para nós, hoje, no plano ético e político. Daí ser oportuno que a arte também a assuma. Mas há outras verdades — inclusive a da compoteira na obra de Cézanne ou dos cavalos na obra de Lapique — que podem ser ditas sem traição pela arte e que podem, também, se ampliar nas dimensões de um mundo. Pois, como Carnap diz da lógica, não há moral na arte: nada de assunto imposto. A única tarefa, e Sartre também o dizia, é "restituir o mundo". E o mundo é o inesgotável: ele sempre excede aquilo que vivem — como sua principal solicitude e principal tarefa — os homens de uma época. Não se pode fazer justiça ao Belo sem lhe reconhecer o direito de atualizar o não-atual, de dizer os possíveis vividos ou capazes de serem vividos dos quais o mundo está pleno, pois não se daria à Natureza — e isso no artista mesmo — a parte que lhe corresponde.

De resto, é o positivismo, mais do que o existencialismo, que pode contestar à arte sua liberdade criadora. Ele tem a liberdade para recusar os possíveis que a arte propõe: para rejeitar a poesia em favor da prosa, a pintura em favor da fotografia, a música em favor dos ruídos; ele tem a liberdade para conhecer somente um mundo de uma dimensão. Mas se dizemos que uma coisa é bela, atestamos a presença de um signo cuja significação é irredutível ao conceito e que, entretanto, nos atrai e nos empenha, falando-nos de uma Natureza que nos fala. O gosto dá ouvidos a essa voz: é suficiente que ela o ouça, qualquer que seja a mensagem, para que julgue que o objeto estético é belo: belo porque realiza o seu destino, porque *é* verdadeiramente, segundo o modo de ser que convém a um objeto sensível e significante. É, então, baseado num justo título que meu juízo aspira à universalidade, pois a universalidade indica a objetividade e essa objetividade está assegurada pelo fato de ser o próprio objeto que se julga em mim desde que se impõe a mim com toda a força de sua presença radiosa.

OS VALORES ESTÉTICOS

Como pode a arte revelar-se portadora e criadora de valores? E de que valores? O chefe de tribo que ordena um fetiche, o príncipe que encomenda o seu retrato, o arcebispo de Salzburgo que solicita a *petite musique de nuit* não pensam em termos de valor estético: eles obedecem a ritos que dizem respeito à salvação, glória ou prazer. A arte ainda não foi inventada ou, ao menos, eles não a reconheceram: eles não encomendam obras de arte, mas os instrumentos do culto ou da cerimônia cujo valor reside na eficácia; como a pólvora ao explodir mas também como um monumento ao regular a cerimônia, assim a obra de arte se abole ao cumprir sua missão, honrando o ancestral ou o soberano, dando mais sabor ao festim. Valor de uso que se experimenta na consumação: mas a consumação, aqui, não é estética.

Acaso será necessário, para afirmar um valor mais autêntico, colocar a obra de arte fora do alcance, no empíreo, onde reina a beleza? Mas se a idéia do belo não é conduzida pelo pensamento metafísico, que a eleva ao impensável e a separa da estética, o céu metafísico corre o risco de ser um céu acadêmico e o valor não mais se manifesta a não ser pela afirmação de normas exteriores ao propor um modelo objetivo como finalidade. Tal valor só serve para instituir um valor de permuta que medirá e sancionará a diferença entre obra e modelo, a docilidade do artista às normas socialmente aprovadas. Mas os especuladores só jogam em valores seguros; a história não tarda em lhes ensinar que as normas têm o seu tempo. E haveria, por acaso, uma história se o artista lhes fosse constantemente dócil e se, afinal, a obra não criasse suas próprias normas?

É necessário, portanto, retornar à idéia de um valor imanente à obra e que seja propriamente estético: em que condições pode sê-lo? É suficiente que a obra seja considerada propriamente como obra, isto é, como objeto estético e não como objeto útil. Nem é preciso acrescentar qualquer especificação à idéia de valor: o valor é sempre o valor de uso, mas tudo depende do gênero do uso: o sócio dos concertos não usa de Mozart como o convidado do arcebispo. Provavelmente não é necessário, para obter essa conversão da atenção, que a obra seja arrancada de seu contexto cultural, embora isso, hoje em dia, aconteça freqüentemente com as artes antigas ou selvagens que enchem nossos museus: uma igreja pode ser bela sem prejuízo de sua funcionalidade, um retrato sem que seja esquecido o modelo. E talvez mesmo tenha sido necessário que o ato criador fosse inspirado por esse contexto para ter toda sua densidade, toda sua veracidade. Além disso, talvez seja necessário que esta cultura, de alguma forma, nos esteja presente também através da obra, contanto que a obra, aqui, seja a verdade da cultura e não a cultura a verdade da obra. Por conseguinte, com a condição de nosso olhar fixar a própria obra e fruí-la de modo desinteressado, isto é, sem ser impulsionado por nenhum outro interesse senão o estético, sem dela fazer nenhum outro uso a não ser o estético.

A relação do valor ao uso não condena, em nenhum caso, o valor a ser subjetivo. O uso, ao contrário, revela a objetividade do valor, como certas propriedades pertencem ao objeto e se manifestam quando experimentadas. Mas somos ainda tentados a acusar o valor de subjetividade porque ele implica uma valorização: não há valor que não seja apreciado, isto é, que não se confronte o objeto a um determinado critério, e, por acaso, a escolha do critério não é uma decisão subjetiva? Mas o critério pode ser escolhido precisamente por manifestar o ser do objeto: p.ex., a robustez ou o rendimento de uma máquina de preferência à elegância ou preço; o sabor de um fruto de preferência ao brilho. Por outro lado, a valorização pode ser empregada na comparação de objetos para classificá-los em função desse critério, como os alunos são classificados conforme as diversas disciplinas que lhes são ensinadas. Mas o valor relativo não é o valor absoluto: em terra de cego quem tem um olho é rei. E a valorização verdadeira ou primeira é aquela que, anteriormente a toda comparação, reconhece o valor intrínseco do incomparável, o valor que não se mede, que não está subordinado a um critério exterior porque o objeto é a si mesmo, para o juiz, o seu próprio critério, e requer ser julgado em si mesmo, requer julgar, ele mesmo, a si: *index sui*. Não é, por acaso, lá em cima que se fundam os juízos de comparação? Os pontos de referência mais firmes, numa escala de valores, são aqueles nos quais o valor parece se manifestar — presente ou ausente — num objeto incomparável e requerer o que chamamos uma valorização verdadeira como fundamento de todo juízo de valor, na medida em que esses juízos estejam fundados.

Assim, o valor é ser, plenitude de ser: ser verdadeiramente, isto é, segundo sua verdade; e, sem dúvida, é necessário que essa verdade seja reconhecida ou realizada, que o fruto verdadeiramente saboroso se derreta em degustação na boca do homem sequioso, ou que o ato verdadeiramente moral se proponha como comovente e irrefutável aos olhos do moralista; mas o sujeito apenas reconhece um valor que está no objeto e pelo qual o objeto se afirma e persevera em seu ser, sendo, precisamente, o seu ser a permissão de certo uso e, se quisermos, a proposta para certos fins. Mas ele só pode responder a esta finalidade externa porque responde a uma finalidade interna; ele só pode estar submetido a normas — da utilidade, do deleite ou do valor estético — no caso de serem suas próprias normas.

O valor é, portanto, aquilo pelo qual o objeto é objeto de valor; o valor não é nada de exterior ao objeto, é o objeto mesmo enquanto responde ao seu conceito e satisfaz à sua vocação. Mas qual é a vocação do objeto estético? Se dissermos que sua vocação é agradar, além de não ser verdade a respeito do sublime (e há, talvez sempre, algo de sublime no belo) excedemo-nos: pois medimos o valor por aquilo que pode ser o despotismo de uma subjetividade. Indubiamente a obra de arte existe para alguém, mas ela só espera ser reconhecida — apreciada, se quisermos — mas não julgada; a obra de arte espera a percepção que lhe faça justiça. Isso quer dizer que ela é, essencialmente, um objeto a ser percebido: ela encontra a plenitude do seu ser e o princípio mesmo do seu valor na plenitude do sensível. Agradar não é afagar a sensualidade, é, principalmente, satisfazer a sensibilidade.

Mas isto é suficiente para suscitar o prazer estético e especificar o valor estético? É suficiente que a obra de arte ofereça o semblante de uma necessidade sensível e que esteja plena de um acordo perfeito? Não. Pois não é possível que o sensível não seja significante; não lhe basta ser soberanamente exaltado e ordenado, é necessário que ele assuma sua função de linguagem e que, nele, o *splendor ordinis* provenha de um sentido: sendo a diferença entre a linguagem da prosa e a da poesia, precisamente, a imanência do sentido ao signo. O objeto belo é aquele que realiza, no apogeu do sensível, a adequação total do sensível e do sentido e que, assim, suscita o livre acordo da sensibilidade e do intelecto.

Mas, com isso definimos apenas a beleza, que é a perfeição do objeto estético enquanto estético: valor geral ou, antes, canônico, cujo lugar, ao lado de cinco outros valores, se poderia justificar por uma espécie de dedução transcendental: o útil, o agradável, o amável, o verdadeiro, o bem. Todos esses respondem a modos específicos da intencionalidade e o conjunto talvez cubra o campo das relações fundamentais do objeto com o sujeito. Cada um desses valores, incomparáveis entre si, circunscreve um domínio próprio, ordenado para uma exigência que diz respeito, ao mesmo tempo, ao objeto e ao sujeito: nisso esses valores são formais. Mas o problema da criação dos valores estéticos só se põe sob a condição de pluralizar o valor. De fato, não podemos permanecer na idéia de um valor formal: é o próprio objeto — cada objeto desde que seja belo — que é valor e segundo o seu ser singular. É necessário, portanto, para diferençar os valores estéticos, com o inconveniente de multiplicá-los infinitamente, passar do formal ao material e considerar mais de perto cada essência singular, ou seja, retornar ao sentido que cada objeto estético propõe.

Esse sentido inseparável do signo define o estilo, pois o estilo, longe de ser uma coletânea de receitas técnicas impessoais e inexpressivas, define uma maneira de fazer como maneira de dizer. Mas o que é dito? O que a sonata pode dizer e dizer tão bem quanto um poema, uma tela ou um monumento? Não pode ser um sentido conceitualizável ao qual a qualidade sensível da linguagem seria indiferente: a mensagem do belo é sem conceito. Aqui a linguagem remonta à sua origem: ela não é um meio anônimo, e transportável para a comunicação, de um sentido que se poderia dizer de outra maneira, como se traduz a geometria euclidiana em geometria riemaniana, ou o falado em morse: a linguagem inventa e carrega em si o seu sentido. Sentido implícito conseqüentemente ou, ao menos, todo envolvido no sensível, sentido nascente, claro e indistinto, irrefutável e, contudo, sem prova: um pré-sentido, de certo modo. Visto que o sentido não comporta nenhuma determinação explícita, ele figura a possibilidade luminosa de uma multiplicidade indefinida de sentidos, o anúncio feito ao intelecto por uma razão que ainda não se conhece como razão. É por isso que o objeto estético não fala de uma coisa nem sequer quando a representa: ele fala do mundo que é uma idéia da razão. A cadeira de Van Gogh não me conta uma história de cadeiras, ela me oferece o mundo de Van Gogh, mundo no qual as paixões têm uma cor porque as cores são paixões, porque todas as coisas padecem a insuportável necessidade de uma justiça impossível. O objeto estético significa — ele é belo com a condição de significar — certa relação do mundo com a subjetividade, uma dimensão do mundo; ele não me propõe uma verdade a respeito do mundo, ele me descortina o mundo como fonte de verdade. Pois o mundo não é, para mim, um objeto de saber antes de ser um objeto de deslumbramento e de reconhecimento. O objeto estético tem um sentido porque ele é um sentido — sexto ou nono sentido — cuja aquisição logo me é facultada, se eu me dedico a esse objeto, e cuja especificidade é propriamente espiritual: pois é a faculdade de ressentir o afetivo e não o visível, o táctil ou o auditivo. O objeto estético resume e exprime numa qualidade afetiva inexprimível a totalidade sintética do mundo: ele me faz compreender o mundo ao compreendê-lo em si mesmo, e é através de sua mediação que eu o reconheço antes de conhecê-lo e que eu nele me reencontro antes de me ter encontrado.

Detenhamo-nos por um instante, pois, agora, estamos capacitados para definir os valores estéticos no plural. Recusando fazer deles modelos exteriores ao objeto, dizíamos: os valores são os objetos mesmos enquanto são verdadeiramente aquilo que pretendem ser, enquanto são verdadeiros. Digamos agora: enquanto são focos de verdade. E o que neles especifica o valor é a verdade que revelam sob as espécies de uma qualidade afetiva. Acaso pode ser chamado valor o grotesco, o trágico ou o elegíaco ou, antes, o matiz de sentimento próprio a tal ou qual obra, a alegria de Bach, a serenidade de Matisse, a intensidade de Rembrandt e aquela atmosfera indefinível onde nos mergulham um mosaico bizantino, uma máscara sudanesa ou um jardim à la francesa? Por que dizer valor e não essência? Porque a essência não designa sempre o essencial e o essencial aqui não é explicitável e reduzível à idéia geral, mas deve ser sentido como se sente o perfume de uma flor ou de uma virtude; e também porque esse essencial aparece num domínio que está ordenado para um valor e sob a condição de adotar a atitude que esse valor solicita. Contudo, para justificar esse termo, é suficiente renunciar a fazer do valor o meio de uma hierarquização. Indubiamente o homem consagra boa parte de sua atividade a exprimir preferências ou estabelecer classificações. E essas preferências não são todas subjetivas pois o valor, considerado formalmente, lhes empresta autoridade: o belo opõe-se ao feio e parece estar sujeito a graus; pode-se discutir indefinidamente sobre o mais ou menos belo. Mas o valor talvez seja, primeiramente, uma exigência mais para a ação do que para o juízo; na medida em que é formal, o valor apela para o ato que o realiza e tanto pior se esse ato destina a ação a uma dialética que fará, com sua desgraça, a felicidade da reflexão. A afirmação do belo significa: age de modo que produzas obras que, longe de serem malogradas, sejam obras verdadeiras e capazes de solicitar a contemplação. E implica também um imperativo para o espectador: age de modo que faças justiça às coisas belas; sê tu mesmo para deixá-las ser em ti e por ti mas, ao mesmo tempo, cala-te a fim de deixá-las falar. Ora, se o valor se nos manifesta como exigência — fazer ser ou deixar ser — é porque o valor reside no ser do objeto e, singularmente, naquilo que o informa e lhe dá um estilo: no sentido que o anima, pelo qual ele é o que é e dá provas do seu acabamento. O valor é o objeto porque está no coração do objeto como seu princípio e seu fim. Criar valores será criar objetos. Criar valores estéticos será produzir obras novas carregadas de um novo sentido, iniciadoras de um novo estilo, mensageiras de um novo mundo.

Contudo, essa identificação entre valor e obra pode ser posta em questão se se contesta que o valor possa ser criado. Qual é, portanto, a parte do criador? Talvez seja necessário, ao mesmo tempo, lhe conceder o poder e lhe recusar a iniciativa; pois o valor, com efeito, não é simplesmente um sentido subjetivo, *homo additus naturae*, produto de uma invenção arbitrária; é necessário que o valor seja expresso e essa expressão é, realmente, invenção; mas antes de o ser, ela preexiste de algum modo como a essência leibniziana que aspira à existência; o valor é um possível que espera sua realização, mas que é, ele mesmo, uma figura do real. Isso será visto mais claramente ao aprofundarmos a análise da objetividade própria à significação estética.

O valor que o objeto estético revela — e que ele vale ao revelar — é uma qualidade afetiva pela qual se desvela um mundo. Que mundo? Nós evocamos o mundo de Van Gogh, como também o mundo de Mozart, de Michelangelo ou de Valéry. Trata-se, portanto, de um ser do mundo para um ser no mundo: não para uma subjetividade transcendental, e sim para uma pessoa singular. É nisso que a revelação estética difere da evidência racional: o mundo sugerido pela idéia kantiana é um mundo impessoal e objetivo como a própria razão, é a promessa ou o voto de uma totalidade inteligível afinal conquistada pelo intelecto. O mundo sugerido pelo objeto estético é a irradiação de uma qualidade afetiva, a experiência urgente e precária na qual o homem descobre num instante o sentido de seu destino, quando ele está totalmente engajado nessa prova. O artista está sempre presente em sua obra e tanto mais presente, quanto mais discreto: nós reconhecemos melhor sua voz quando ela profere uma palavra que não é a sua.

Com efeito, se o que a obra exprime é o mundo em certa relação com uma pessoa — e poderemos algum dia nos libertar dessa correlação? — não é preciso crer que a pessoa seja, aqui, constituinte ou mesmo intérprete do mundo. É possível que o tema da constituição deva presidir a uma teoria do conhecimento, a uma teoria da arte: é o tema da inspiração. Essa alienação do artista em sua obra preserva-nos de acreditar na subjetividade do mundo estético. O mundo que a obra significa tem, por certo, necessidade de uma consciência para aparecer como também requer a consciência do espectador para ser reativado; pois só existe ao aparecer à luz natural de uma consciência. É por isso que podemos designar esse mundo pelo nome do artista, como as terras desconhecidas pelo nome do primeiro que nelas desembarca. O artista é o viajante feliz que, após ter longamente navegado sobre as águas da dúvida, nas trevas do esforço, pode, enfim, bradar: terra! A obra está pronta! Por que pronta? Porque se diz alguma coisa que não podia se dizer de outro modo.

Porque o mundo foi dito. Sim, é o mundo, eterna personagem em busca de autor, que solicita e sustenta o artista em seu paciente empreendimento. Quando o autor revela um mundo através da obra, é o mundo que se revela, pátria de toda verdade. Quer dizer que o mundo é a soma de todos os mundos singulares propostos pela arte? Não a soma, mas a fonte. Como o universo se reflete em cada mônada, assim o mundo se reflete no espelho dos mundos estéticos. Mas a verdade não é um jogo de espelhos, o aparecer não é o ser, é o aparecer do ser: são semblantes do mundo que aparecem nesses espelhos como tantos possíveis autenticados pelo real. O possível aqui — o imaginário — atesta a força silenciosa do real, a potência do ·mundo.

Vê-se aqui o destino da subjetividade. Estar no mundo é fazer parte do mundo. O mundo não é mundo sem mim mais eu e eu não sou o outro do mundo; eu existo no interior da correlação da qual sou um dos termos: só há mundo para mim, mas eu não sou o mundo; o que parecia nascer de mim me faz nascer, a idéia kantiana retorna à natureza, *natura naturans*; entretanto, eu continuo sendo sua testemunha indispensável e formal. Mas o meu testemunho diz respeito ao possível: esse mundo que é meu — o mundo de Van Gogh ou de Mozart como também o mundo do verão opressivo ou da leve primavera, o mundo do abandono ou da inocência — é um mundo possível, e a possível testemunha em favor do real: o possível que eu projeto é uma verdade do real que me conduz e me justifica.

Tal é também — e é nosso propósito — o destino do artista, subjetividade por excelência. Podemos, agora, tentar medir sua criatividade. Criar é um modo eminente de realizar o destino da subjetividade: ser necessário ao mundo sendo necessitado por ele. Esse apelo, que o artista ouviu — na inquietude ou na inocência, pouco importa — é o mundo que o profere. Talvez o artista não o saiba: o mundo assume a voz da obra esboçada, desse possível irritante e fascinante que exige seu acabamento. Mas é o mundo que fala: ele é, precisamente, essa potência do possível interior ao real. Ele é, em primeiro lugar, essa promoção do porvir, porque ele é o tempo. É por isso que o artista que o ouve é chamado a criar duas vezes: criar uma obra e uma obra que seja nova; pois o tempo recusa a repetição: quem o assume não pode refazer o que foi feito; era necessário que Giotto renunciasse a Masaccio, El Greco a Tintoretto; a única fidelidade que devemos a um mestre é aprender dele a tornarmo-nos nós mesmos, a uma tradição, ser revolucionários: viver uma duração criadora. Mas o tempo que é o mundo é o tempo do mundo; ele é a realidade do real. Que real? Todas as coisas: o céu por cima do telhado, a palmeira sobre o fundo do deserto, o sorriso da amante. O mundo não está escondido em alguma parte: ele está aí, infinito sem cessar anunciado no finito, coisa em si cintilante em cada aparência, saber presente em cada sonho. É por isso que Espinoza contempla uma mosca singular, Van Gogh pinta uma cadeira e Ravel um jardim sob a chuva; mas os monstros imaginados por Goya também são do mundo, e os deuses da epopéia, desde que a arte os fixou, porque o imaginário é uma imagem possível, refletida na consciência estética, desse real cuja significação é inesgotável.

Talvez o artista não seja sensível a essa necessidade que o mundo tem dele para se verificar; então ele mesmo se procura, procura seu estilo sem saber que ele mesmo é procurado; crê realizar-se enquanto realiza o mundo. Mas é preciso, com efeito, que ele se realize: criar é, antes de tudo, criar em si — ou deixar ser — um órgão assaz sensível para experimentar e dizer um novo semblante do mundo; só os generosos são suficientemente ricos para acolher e neles deixar desabrochar esse semblante. O artista, ao se procurar, procura aquilo que pode encontrar o mundo: toda obra é subjetiva para ser objetiva, visto ser esta sua maneira de ser veraz.

Mas é necessário, ainda, criar a obra na qual o valor se deponha e o mundo revele um dos seus sentidos sob a forma de uma qualidade afetiva. Ora, o próprio da arte — nós o assinalamos suficientemente — é que o sentido nela está totalmente engajado no sensível; e o sensível, longe de se enfraquecer e apagar ao entregar o sentido, exalta-se e brilha. O artista, portanto, trabalha para a epifania do sensível e não para o advento do valor: entretanto, o sentido que o dirige é dado por acréscimo. Artesão, em primeiro lugar, como Alain o repete: um estilo e uma técnica perpassados por um sentido, eis o que ele inventa ao se engalfinhar com a matéria. A invenção da espiritualidade gótica foi, primeiramente, a invenção de uma nova técnica de andaime; a invenção do mundo de Bach, a assinalação da gama moderada. Estaríamos, com isso, sendo injustos para com o gênio do inventor? Absolutamente. Para que a invenção técnica tenha propriedade de um estilo é necessário que o processo apareça como a obra e a expressão de uma personalidade capaz, mesmo se ela o ignora, de entrar em uma nova relação com o mundo, de apreender e fixar um novo aspecto real. Não inventa um valor quem quer e não basta querer; mas o querer e o agir só podem se referir ao objeto e não ao sujeito, à matéria e não ao sentido. O artista não quer inventar um valor, ele quer fazer uma obra. Como o sentido, na obra de arte, está totalmente imanente ao sensível, assim a invenção do sentido, no artista, é totalmente imanente à manipulação do sensível, a espiritualidade totalmente imanente à tecnicidade. Visto que jamais há possibilidade para desqualificar a tecnicidade: o fazer não é somente a prova do pensar, é já certa maneira de pensar e de viver conforme o pensamento. O trabalho do artista como o do sábio moderno num outro plano, reconcilia ação e contemplação. Feliz quem pensa com as mãos.

Talvez não haja também possibilidade para superestimar o artista. Um estilo pode ser coletivo: a arquitetura romana, os primitivos flamengos, a música francesa do século XVII criam valores anônimos, ainda que claramente reconhecíveis, e compete aos peritos, quando eles o conseguem, o cuidado de promover processos de paternidade que interessam à história das artes mas não à história dos valores. E, portanto, o estilo que manifesta o valor, mas não é necessário que seja o estilo de um indivíduo. Ou, antes, é suficiente que o indivíduo tenha assumido esse estilo e tenha preferido estar em sua obra a estar em sua biografia; que ele se tenha feito, sem o saber, o instrumento do valor fazendo-se ingenuamente o herdeiro de uma tradição e, talvez — eu penso no homem gótico, no escultor dogão, no mosaísta bizantino — o campeão de uma fé.

E isso, enfim, nos sugere que o espectador também é necessário para o advento dos valores estéticos: é ele quem separa o estético do religioso, do mágico ou do utilitário, quem apreende o valor em sua pureza e que, no museu imaginário, compõe o cosmos sempre inacabado. O espectador também tem uma tarefa: o apelo que da obra a ser feita se eleva ao artista, eleva-se da obra feita ao espectador: pois essa obra também quer ser percebida e que, na glória do sensível, pelo ato comum daquele que sente e do sentido, brilhe o valor estético. Assim o espectador colabora com o advento do valor não porque o cria, mas porque sempre pode lhe recusar audiência; todavia, sabemos muito bem o que o público dá à obra pela força da admiração.

Através disso se entrevê o estatuto dos valores estéticos. Estatuto duplamente precário porque os valores têm, ao mesmo tempo, de ser criados pelo trabalho artístico e reativados pela experiência estética do espectador. Eles têm a precariedade daquilo que é sentido e, contudo, não são nem vãos nem arbitrários. Pois os valores exprimem o mundo, do qual vislumbram os semblantes possíveis sob qualidades afetivas; mas o mundo só é mundo em relação a uma subjetividade que ele compreende e que a compreende: parodiando uma célebre fórmula de Kant sobre o tempo, diríamos: eu estou no mundo e o mundo está em mim. O valor estético atesta essa reciprocidade paradoxal: criado pela iniciativa da fantasia e, contudo, imperioso; contingente e, contudo, necessário; submetido à percepção e, contudo, irrefutável; imaginário e, contudo, verídico. Mas talvez seja esse o caráter de todo valor: se o homem é o ser das distâncias, o valor é o ser de nenhures e, contudo, presente e ativo em toda a parte; pois o valor não exprime nem o ser do homem nem o ser do mundo, mas o liame irrompível do homem e do mundo, segundo o qual o homem cria ao se criar porque é criado: levando o mundo e, no entanto, a ele consagrado até se alienar na experiência estética.

A EXPERIÊNCIA ESTÉTICA DA NATUREZA

A reflexão sobre o objeto estético sempre privilegia a arte. É sobre a arte que ela melhor se pode exercer porque é a arte que melhor exercita o gosto e provoca a percepção estética mais pura. A obra de arte solicita o olhar que a converte em objeto estético; olhar que se verifica constituinte ao se dedicar a ela para realizá-la. Essa experiência é a mais esclarecedora sob o prisma fenomenológico, mas indecisa sob o prisma ontológico. O fato de o espectador, ao realizar o objeto estético, ser capaz de compreender sua expressão que é, aqui, um sentido afetivo, a revelação de um sentimento através de uma forma e que, assim, o objeto se comporta como um quase-sujeito, não permite assegurar que haja uma afinidade fundamental entre o sujeito e o objeto, porque o objeto é aqui um objeto fabricado e que retém em si a intenção de seu criador. De modo que se pode pensar que, pelo objeto estético, é ainda o homem que se faz signo para si mesmo e não o mundo que faz signo para o homem.

Daí decorre o interesse que pode apresentar uma reflexão sobre o objeto estético proposto, não mais pela obra de arte, mas por um objeto natural, no sentido em que o natural se opõe ao artificial, tal como uma paisagem ou um vivente. Não é seguro, de resto, que essa indagação responda à pergunta que a reflexão sobre a arte deixava em suspenso mas, talvez, a própria indecisão apareça como significativa.

Em todo o caso, essa indecisão provém de diversas causas que devem ser registradas. Ela depende, em primeiro lugar, do sujeito, mas nós não insistiremos nisso, porque toda experiência estética dele exige que seja capaz daquela atenção desinteressada, cuja necessidade foi suficientemente assinalada por Kant. A diversidade das opções ou, se se prefere, a relatividade do juízo estético aí tem a sua razão: se determinadas épocas, culturas ou indivíduos são indiferentes a certos objetos que outros enaltecem, como a época do classicismo parece ter sido em relação ao campo ou à montanha, é que eles, na verdade, não perceberam esses objetos, como não os percebem ou, ao menos, nem sempre os percebem os que mantêm com eles um trato demasiado íntimo. Mas também é necessário que o objeto se preste a essa estetização pois, embora seja verdade que o objeto só é objeto estético para e por uma consciência, nós nos recusamos a reduzir essa dualidade a um monismo que aqui seria inevitavelmente idealista. Ora, se diante da natureza a experiência estética não tem o caráter de pureza e rigor que pode ter diante da obra de arte, se a contemplação não é mais distraída, ao menos é mais embaraçada por elementos estranhos, menos bem fixada do que por um objeto preciso, isso também depende do objeto que a ela se propõe. Esse objeto não é delimitado exatamente como o quadro é delimitado pela sua moldura, a sinfonia pelo silêncio que a prepara, o poema pela página na qual eu leio e pelo tempo de minha leitura. Sua forma não é plena e isso não só porque o seu contorno não é nítido mas porque, em si mesmo, ele não está fixado e imutável: a luz muda, as nuvens passam, cobre-se o horizonte, sem tomar em consideração, à diferença das artes de movimento, o efeito estético: a natureza não cessa de improvisar.

Pois aqui é o próprio mundo como real que é espetáculo: presente e não representado. Ele é visto, por exemplo, na apreensão do espaço. O quadro descortina o espaço à sua maneira pela perspectiva ou pelo jogo das cores, como a música mais discretamente pelo volume dos sons ou o movimento do ritmo, mas é um espaço de idéia, dominado, como também o espaço da cena onde se desenrola a ação teatral, o qual não é o mesmo para o ensaiador, sujeito às dimensões do palco, e para o espectador diante do qual a "cena se passa". O mesmo ocorre com as dimensões da tela: reais para o pintor, por elas constrangido a certo assunto ou a certo modo de composição, mas não para o espectador para quem elas se tornam as dimensões do objeto representado. Entretanto, o espaço da paisagem permanece um espaço real que solicita o corpo, uma promessa ou um desafio, um espaço que os ventos e os pássaros percorrem e onde as rotas são um convite à viagem. Outra diferença aparece ainda na qualidade do sensível recolhida pela percepção. Toda percepção estética, na medida em que é desinteressada, realiza a apoteose do sensível que é a própria substância do objeto estético. Mas a obra de arte exalta um sensível gratuito, que tem sua estrutura e sua lógica próprias, mais imperiosas que as do objeto representado, o qual logo é reduzido ao papel de pretexto, como se vê na arte contemporânea. Entretanto, o objeto natural exalta os aspectos sensíveis do mundo, cuja imprevisibilidade e prodigalidade são então as virtudes dominantes, sem que se seja tentado a procurar nele o rigor de uma organização premeditada. É por isso que admiramos a glória do acaso que nos parece infame no calendário dos correios; e sentimos prazer com o murmúrio da floresta, mas somos reconhecidos a Wagner por dele ter escrito um equivalente perfeitamente irreconhecível. Aceitamos uma espontaneidade e exuberância no sensível natural que não toleramos no sensível artístico.

Por outro lado, diante do espetáculo natural, somos envolvidos e integrados no devir natural do mundo. No prazer que eu sinto numa paisagem, do alto do cume de uma montanha, acaso posso dizer que parte cabe ao frescor do ar, ao perfume das flores silvestres, à satisfação de ter galgado a montanha e afirmado, nessa jornada, minha vontade de domínio?[1] Há, nisto, uma proximidade com o objeto estético diferente da exigida pela obra de arte. Pois se estamos presentes e como que aderimos à obra de arte é, de algum modo, em profundidade: nós nos recolhemos para deixar desabrochar, em nós, o sensível visual ou auditivo, ou dois ao mesmo tempo, excluindo todo o contexto que está neutralizado. É, porém, mais na superfície que nós nos comunicamos com o objeto natural e que estamos como que misturados com ele. Não há dúvida que a estetização sempre implica certo desinteresse: a "place de la Concorde" não é um objeto estético para o motorista de táxi, nem o campo para o agricultor e muito menos o quadro para a empregada que o espana. Mas esse desinteresse, aqui, não é tão completo. O espectador não opera totalmente essa redução natural que constitui a atitude estética, ele não pode colocar inteiramente entre parênteses a crença espontânea no mundo. Mesmo se ele se quer como puro olhar, ele não é insensível às solicitações que lhe vêm das coisas e de seu próprio corpo misturado com elas. Sua presença no objeto estético não é, portanto, sem plenitude, e isso é o essencial; mas essa plenitude é mais carnal, de modo que a comunicação com o objeto tem um estilo diferente da atenção à obra de arte. Estar na obra de arte é instalar-se naquele plano de consciência, como diria Bergson, onde nós somos profundamente nós mesmos, lastrados pelo nosso passado, e tanto mais completamente engajados no presente da contemplação, quanto assumimos esse passado sem contudo o evocar. Estar no objeto natural é como estar no mundo; dirigidos para o objeto e, também, investidos e comprometidos por ele. A intencionalidade estética é, portanto, menos pura, mais natural; pertence à natureza o objeto por ela visado.

(1) Igualmente, qual a parte de sensualidade no prazer que sinto ao ver uma mulher bonita, qual a parte de vaidade que sinto em sua companhia? Limitaremos, porém, nossa reflexão, aos objetos estéticos pedidos de empréstimo à natureza que não são, em primeiro lugar, sujeitos.

Contudo, isso não autoriza a fazer dessa experiência estética um parente pobre da experiência da arte e subordiná-la a ela. Nós não poderíamos subscrever a opinião segundo a qual veríamos a natureza, quando a estetizamos, através da arte; pois, então, esperaríamos da natureza o que a arte nos acostumou a dela esperar. A percepção estética, é verdade, pode enveredar por um falso caminho: o conceito às vezes se substitui ao objeto visto, como Valéry, em *Eupalinos*, mostrou a respeito da casa; às vezes também a imagem mítica, como o atesta a etnologia; então a percepção procura sua verdade seja no útil, seja no onírico; ela não se preocupa em ser percepção estética, em se dedicar e em agradar à aparência como tal. Mas não é uma reminiscência da obra de arte que pode restituí-la a si mesma. O que essa opinião tem de verdadeiro é que a convivência com obras de arte forma o gosto, isto é, ensina não só a julgar corretamente as obras mas, sobretudo, a assumir a atitude estética: pode, portanto, servir de propedêutica à experiência do belo natural. Mas, com isso, ela não ensina o que é belo na natureza: ela afina a sensibilidade, não a orienta. A não ser que se trate daqueles objetos estéticos que, como veremos, são intermediários entre a arte e a natureza, como uma paisagem urbana ou um parque em torno de um castelo. Mas, como regra geral, a obra de arte não substitui, na percepção, ao objeto natural ou se desenha em filigrana atrás dele. Como a arte não é a natureza vista através de um temperamento — segundo uma fórmula ironizada, com razão, por Malraux — assim a natureza não é a arte vista através de uma cultura. Quem escuta os pássaros através da Pastoral? E, no mais das vezes, onde encontrar os modelos artísticos? Se os pintores de Auvers-sur-Oise ou de Ville d'Avray nos ensinam a ver a Ile-de-France, quem nos ensina a ver o mar? As marinhas, com algumas exceções como, p. ex., em Turner, só representam portos, navios, embarques. E a montanha? A montanha Sainte-Victoire não passa de uma colina e as montanhas de Breughel ou de Patimir são imagens mágicas ou rimas plásticas. E compreende-se que o objeto representado na tela deva ser reduzido às dimensões do espetáculo e, assim, não possa tentar demasiado vivamente a imaginação pelo seu aspecto grandioso ou selvagem. À natureza demasiadamente viva e eloqüente, o pintor opõe, de bom grado, e mesmo quando faz retratos, a natureza morta e muda. Então afluem os modelos, mas eles são impotentes para forçar nossa percepção natural e converter em objetos estéticos o pão, a garrafa ou as frutas que estão sobre nossa mesa. Quanto aos modelos literários oferecidos pelas descrições, bem sabemos o que valem: a poesia descritiva só existe para os manuais de literatura[2].

Além disso, se a arte forma o gosto de preferência a lhe propor objetos determinados, isso se deve a uma razão mais forte posta em relevo pela arte moderna: é que a arte pouco se preocupa com o objeto que representa quando ele é representativo. Isso não significa que ele seja sem verdade; mas a verdade do objeto representado não deve ser procurada na exatidão da representação e sim na qualidade do sentimento que o sensível exprime. É por isso que o *Mar* de Debussy é mais verdadeiro do que tal marinha, como a *Dormeuse* de Valéry.

O biche, avec langueur longue auprès d'une grappe

é mais verdadeira do que tal nu. Provavelmente, se o real encontra assim sua verdade ou, ao menos, uma verdade, no estético, se podemos descobrir o real no estético, podemos, em rigor, relembrar o estético no real; basta que o real seja expressivo e reanime a expressão da obra de arte. Mas nós veremos que ele não o pode; ele se impõe demasiado fortemente com suas virtudes próprias para que essa recordação comande nossa percepção; ela só se pode propor tarde demais, como uma consagração da experiência estética, uma confirmação da leitura que espontaneamente fizemos da expressão do mundo. Essa leitura revela-nos um sentido próprio à natureza, o qual, como se verá, não é exatamente comparável ao sentido da arte.

Mas, em primeiro lugar, de que natureza se trata? Visto que a experiência estética não é, aqui, suscitada

(2) Os romanos, é verdade, não se deixam despedir tão facilmente: haja vista o caso de Balzac. Eles nos ajudam a conhecer, a compreender e não a contemplar esteticamente o mundo humano ou natural.

por uma obra elaborada com essa finalidade e que dela espera sua realização, pode-se perguntar quais objetos são estetizáveis na natureza. À primeira vista é infinita sua variedade: paisagens, árvores, flores, bairros de uma cidade, vegetação que cresce nas matas, pátio de uma herdade, meandros de um rio: não existe aqui, como para a arte, uma especificidade e uma hierarquia dos objetos. Mas surge uma questão: será tudo estetizável? É necessário dizer que não. E certamente seria interessante discernir que objetos são rebeldes à estetização. Além disso, essa discriminação não é mais fácil do que a propósito dos objetos artificiais: em que medida uma ferramenta, uma máquina, as obras de uma rodovia são susceptíveis de beleza? E mesmo em relação às obras de arte: a tela de um pintor de domingo, o romance do *Petit Echo de la Mode,* a mobília *modern style?* Pois, com que direito se pode recusar a experiência estética que tem Margot ao chorar no melodrama ou ao se extasiar diante de uma Sagrada Família sulpiciana? Acaso não é uma experiência autêntica mesmo se a obra não me parece autêntica? Mas, por outro lado, não podemos nos acomodar com um relativismo demasiado fácil, e é precisamente porque a atitude estética — condição necessária para a realização do objeto estético — não é garantia suficiente de sua autenticidade. Podemos encontrar essa garantia no julgamento dos séculos e dos peritos que retomam ou antecipam o julgamento da história: se a história — que deve ser invocada quando se trata do humano — inclina-se para o ceticismo ao propor uma diversidade desconcertante de obras e de julgamentos, traz em si mesma o seu próprio antídoto: a história consagra os valores, funda um universal através do particular; memória da humanidade, ela essencializa e funda na verdade como a memória bergsoniana; a história é para o nosso saber, por ela inspirado, o que a vida, que nos conduz, é para o nosso comportamento.

Infelizmente, no que se refere ao caráter estético da natureza, não há peritos nem tradições. Mas podemos arriscar algumas observações sobre o que não é nem estético nem estetizável. Em primeiro lugar, o insignificante: seja o trivial, seja o plano. Importa ver que aqui se trata já de uma dimensão espiritual ou da significação espiritual de uma dimensão física. Sem dúvida, o primeiro traço do trivial em oposição ao grandioso é ser pequeno em oposição ao grande. Mas onde começa a pequenez? Uma árvore é pequena em relação a uma floresta e o ácaro é pequeno para a formiga. Livramo-nos, contudo, da tentação do relativismo porque, se o objeto estético se oferece aos sentidos, os sentidos são soberanamente juízes: é pequeno o que o olho sem dificuldade julga pequeno, e esse juízo não tem de apelar para uma instância mais alta, ele define a verdade sensível do objeto enquanto objeto para uma percepção, sem que seja preciso introduzir a distinção entre grandeza real e grandeza aparente. O real, aqui, é o aparente, e com razão, visto que já a percepção ordinária — como Merleau-Ponty muito bem demonstrou na *Phénoménologie de la perception* — apreende o real através do aparente: mesmo vista de longe, a montanha aparece grande, mesmo visto de perto, um talo de erva aparece pequeno; e se há diante de cada espetáculo natural certos pontos privilegiados para a visão como os há diante de um quadro, ou como há uma distância ótima em relação à orquestra, isso não é em vista do conhecimento do objeto, mas de sua epifania. Mas se a pequenez é absoluta na experiência estética é, ainda, porque ela de algum modo se significa a si mesma: ela exprime a pequenez, isto é, o caráter daquilo que é trivial e, por isso, nos deixa indiferentes[3]. O trivial, de resto, não deve ser tomado num sentido pejorativo; ele é precisamente aquilo que exprime que não há nada para exprimir: o insignificante.

O mesmo ocorre com o plano quando é sem grandeza. Seria, talvez, o caso da Beauce sem a flecha de Chartres, é o caso de um lago cujas margens não são escarpadas e talvez mesmo do mar quando está cinzento e calmo e suas costas também são planas. Plano, sem brilho ou monótono: tudo o que se opõe ao profundo como o pequeno, há pouco, se opunha ao grandioso. E o exemplo do mar assegura-nos que se trata ainda de dimensões espirituais, de qualidades que fa-

---

(3) E que deixa o destino indiferente; pois eu não me posso explicar de outro modo a não ser por um cuidado de acautelar-me contra o extraordinário encarquilhando-se o recurso à palavra "pequeno": *au Petit Café; au Petit Cordonnier*. Eu concordo que o acento é diferente quando se trata do vocabulário da ternura: *mon petit chou;* mas se trata, sempre, de proteger o outro.

lam ao corpo porque falam ao espírito. O objeto inestético é aquele que não chega a ser metafórico, a pronunciar as "confusas palavras" que possam ser recolhidas sob os auspícios do sentimento. Pois o espírito, aqui, não é outra coisa que o poder de sentir, de entrar em comunicação com as coisas conforme elas aparecem no imediato de sua presença sensível. E "o espírito é mais do que o corpo", como diz um Oratório de Claudel, porque essa comunicação é mais do que uma simbiose instintiva e cega, mas o espírito é ainda o corpo, porque a comunicação não requer a mediação do intelecto e se opera imediatamente por intermédio dos sentidos.

E compreende-se que o insignificante seja o pequeno e o plano: as primeiras significações que o sentimento pode ler na natureza são, com efeito, o grandioso e o profundo. Em primeiro lugar, as mais eloqüentes porque a natureza demasiado próxima de nós, demasiado instável e indecisa, não oferece expressões tão diversas e tão matizadas quanto a obra de arte. Em segundo lugar, porque é aí sobretudo que o espírito se reconhece nas coisas ou, antes, é aí que ele se sente provocado e arrostado por elas: as coisas são o outro e, entretanto, o mesmo; um parentesco secreto revela-se na alteridade: grandeza e profundidade são suas próprias virtudes e eis que ele as conhece na natureza, é pela natureza que ele se sente restituído a si mesmo. Assim comentaríamos livremente a analítica kantiana do sublime: é porque há um absoluto da percepção que "isso é sublime em comparação com o qual todo o resto é pequeno"[4]. Mas não é "de algum modo por subrepção" que testemunhamos, portanto, "respeito" a um objeto da natureza; em lugar de dizer que "o verdadeiro sublime só se encontra no espírito de quem julga e não no objeto natural que faz nascer esta disposição"[5], diríamos que ele se encontra ao mesmo tempo nos dois. É com essa condição que a natureza me reenvia minha própria imagem; que seus abismos me significam meus próprios infernos; suas tempestades, minhas paixões; seus céus, minha nobreza; suas flores, minha inocência. Contudo, a verdade dessas metáforas ainda não aparece na experiência estética, aparece, an-

(4) *Critique du Jugement*, trad. Gibelin, p. 79.
(5) *Ibid.*, p. 84.

tes, quando eu penso em mim mesmo e a natureza é uma linguagem pela qual eu procuro me dizer; ao menos é preciso que a experiência estética me tenha dado a idéia dessa linguagem.

Talvez o sublime seja, como disse Alain, um elemento de toda experiência estética e, em todo o caso, é o momento principal da experiência que se realiza perante a natureza. E é precisamente quando a natureza parece sublime que ela se impõe como natureza. "Natureza imensa, impenetrável e altiva", canta o Fausto de Berlioz. Tal é o paradoxo; a natureza só é expressiva, só se assemelha ao homem quando é inumana. Inversamente, não é mais só o insignificante que não pode ser estetizado, também o artificial, o caprichoso, o arbitrário, tudo aquilo que na natureza não tem ar natural. E isso orienta nossa reflexão em um novo caminho. Acaso o artificial não é arte? E a interferência da arte e da natureza sempre tem como efeito danificar a paisagem, alterar a experiência estética?

É necessário, portanto, precisar primeiramente como o natural se opõe ao artificial. Não é dessa maneira que o produto da arte, que é artifício, aparece como artificial. Pois a obra de arte autêntica conserva sempre uma aparência de natureza. O artista, longe de apagar todos os sinais de seu trabalho, às vezes os exalta, como se vê no empastamento de Cézanne ou de Van Gogh, contanto que sejam as marcas de um movimento propriamente natural, que emanem das profundezas do corpo como um belo verso parece jorrar das profundezas da garganta que o profere, uma bela frase musical das profundezas do sistema motor que comanda o movimento das mãos sobre o teclado. E mesmo se não aparece essa necessidade artesanal, a obra de arte tem, de outra maneira, o semblante da necessidade natural; não só por ser acabada e perfeita, mas por ser plena, compacta e, de certo modo, violenta: ela espraia o sensível em sua insondável e desconcertante alteridade. Assim, seja pelo modo com o qual o gesto criador se propõe ou pelo modo do qual o sensível se compõe e impõe, a necessidade é um outro nome da espontaneidade, mas da espontaneidade de uma natureza que realiza o seu próprio devir e nisso atesta a única liberdade que

Espinoza reconhece: "o poder de existir e de agir seguindo as leis de sua natureza"[6]. É por isso que a obra de arte autêntica se inscreve na natureza: assim como ela se submete à estrutura fisiológica do corpo humano, também se sujeita à força das coisas. A abóbada romana manifesta a gravidade e o edifício inteiro se ajusta à paisagem. Que diferença entre Biarritz, onde todas as vilas *mon caprice* parecem ter entrado de acordo para inspirar o horror da sofisticação arquitetural, e Hossegor onde se desdobra discretamente um estilo que une o Pays Basque às Landes!

Ora, se a obra de arte pode ser natural quando é natureza e se conforma à natureza, imaginamos que ela possa se misturar com a natureza sem a desornar. E, de fato, uma paisagem humana (a ponta de Manhattan, a "place de la Concorde", os telhados de Paris) ou semi-humana (um parque, uma vereda de montanha, uma aldeia à maneira de ninho de águia) se oferece à experiência estética tão instantemente, quanto uma paisagem totalmente inumana, montanha ou deserto. Surge, então, o problema de saber a quem deve ser imputado o efeito estético: à arte ou à natureza. Como, há pouco, éramos tentados a dizer que a natureza só é vista esteticamente porque é vista culturalmente, assim nos inclinamos a dizer que a natureza só é estética na medida em que é estetizada pela presença irradiante de uma obra de arte. E isso, de fato, é verdade quando a natureza se ordena à obra como as redondezas ao seu centro: o parque ao castelo, a planície da Beauce à flecha de Chartres, a parede ao quadro, como também, no interior da obra, o cenário à peça de teatro ou a música à dança, mesmo que a dança se inspire na música e a siga. Mas há casos em que a relação de subordinação se inverte, como pode se inverter entre a dança e a música numa ópera, entre o poema e a música num oratório. Então é a arte que, para a própria vista, se ordena à natureza, como já se submetia a ela no ato criador, e é a natureza que estetiza, que converte o trabalho de arte numa obra de arte; uma estrada, indiferente quando a seguimos, pode ser bela vista de longe se esposa felizmente as inflexões do terreno e comensura a espacialidade do espaço na-

(6) *Traité Politique*, trad. Appuhn, p. 8.

tural; um quebra-mar, se prolonga espontaneamente a costa; uma aldeia, se se adapta ao solo; um jardim, se corresponde tanto ao céu, quanto à terra.

Assim a natureza pode ter a iniciativa da solicitação estética; a verdadeira oposição, sob esse ponto de vista, existe entre o natural e o artificial e não entre a natureza e a arte, visto que também todo objeto estético é, de algum modo, natureza e a natureza pode se tornar objeto estético. A natureza torna-se objeto estético quando, humanizada ou não, é ao mesmo tempo expressiva e natural, e ela só é plenamente expressiva quando é natural. Pois é necessário também que o natural nela apareça. Ele aparece onde a solidez das coisas e a necessidade mecânica são sensíveis. Aquilo que tem um ar de acaso não é belo: as curiosidades naturais, como o jogo dos estalactites numa gruta ou a sugestão de silhuetas pelos rochedos, são apenas surpreendentes. Surpreendente também tudo o que tem um ar de artifício, como os teixos talhados em pássaro ou as sofisticadas flores de estufa. Surpreendente ainda o que tem um ar de gratuidade: a natureza, se é estética, não faz atos gratuitos, como não os faz o artista, mesmo o bailarino, que não deixa de obedecer à gravidade no momento em que a desafia. O próprio gracioso deve ter o ar de necessidade; todavia, pode-se dizer que uma flor seja bela, a não ser num vaso em que ela possa formar, de acordo com a mobília, uma obra de arte, arte menor, e se recomende da mesma necessidade que preside à harmonia das cores numa tela ou dos sons numa sinfonia?

E, provavelmente, essa necessidade não é mais a necessidade bruta que se manifesta no peso das coisas ou no peso dos anos; é uma necessidade já racional que manifesta, ao menos, uma lógica própria ao sensível, do qual o gosto é juiz. De uma à outra, nós o dissemos, mede-se a diferença do natural ao artístico: o esplendor do ocaso não obedece às leis que o pintor impõe à sua palheta, nem o sussurro do vento nos álamos aos preceitos da harmonia. E, todavia, é tão grande a distância entre uma e outra? Acaso a necessidade premeditada não volta a figurar, por meios humanos, uma necessidade natural? E não é porque a arte, por seu turno, inventa uma necessidade que o sensível recebe uma forma imanente e que o objeto estético é, à sua maneira, natureza? Inversamente, é a necessidade natural que dá forma ao objeto natural, que compõe sobre o mar cada "diamante de imperceptível espuma", que burila os flancos da montanha, que dá aos telhados seus materiais e sua inclinação, aos caminhos seu traçado, às casas de aldeia sua orientação e distribuição (pois a necessidade social da ecologia é também, sob certos aspectos, uma necessidade natural).

Contudo, forma significa aqui menos a organização do sensível como tal que a configuração do objeto. Esteticamente, a natureza é mais arquitetônica do que pictórica ou musical (e talvez seja por isso que a arquitetura, como observaram Hegel e Alain, é historicamente a primeira das artes, a mais natural). É necessário todo o artifício da arte e toda a cultura do gosto para levar, enfim, o sensível ao seu apogeu, para inventar o som e a cor e opô-los vitoriosamente à palavra e ao desenho. A natureza somente propõe os ruídos ou a luz; ao menos ela compõe as cores a partir da luz, enquanto a pintura compõe a luz a partir da cor — dourada nos venezianos, alaranjada nos impressionistas —, e também a sombra, mesmo nos pintores fiéis aos valores onde o dia só reina pela noite[7]. Assim, no objeto estético natural, as cores não são preponderantes, a menos que ele, precisamente, não seja visto através de uma obra de arte e que seja ele mesmo, em parte, uma obra de arte, como um jardim florido. A apoteose das cores ao nascer do sol ou ao ocaso constitui um objeto assaz excepcional e, talvez, esteticamente impuro, mais surpreendente ou deslumbrante do que belo, porque a necessidade física não aparece mais nesta orgia colorida do que uma necessidade lógica. No mais das vezes, ao contrário, as cores naturais testemunham, à sua maneira, em favor da necessidade física: assim a pátina das pedras, o verde do musgo sobre as velhas telhas, o verde-turquesa da água-marinha sobre um fundo de areia; e até mesmo o ocre vermelho do Estérel ou do *painted desert* do Arizona ao menos aparece como não-arbitrário, embora se ignore o processo químico que

---

(7) De resto, é necessário notar que, na percepção ordinária da natureza, nem a iluminação nem as cores são apreendidas por si mesmas: a iluminação "conduz o olhar" e tende a se tornar "neutra", as cores são "constantes" através de iluminações diferentes e tendem a se tornar funções de preferência a *qualia;* tanto a iluminação, quanto a cor se imolam, de algum modo, à organização do campo visual. (Cf. Merleau-Ponty, *Phénoménologie de la perception*, p. 356 e ss.)

o produziu. Todavia, não quero dizer que a natureza não possa nos ensinar a fruir a cor por si mesma e experimentar diante dela um prazer quase físico: é que então a cor, sendo natural, tem em sua pureza mesma e em seu brilho um ar de necessidade. Parece-me, porém, que essa necessidade, enquanto é natural, encontra sua melhor maneira de expressão no contorno dos objetos, naquilo que manifesta o peso e o mecanismo, concebidos não como teoria física, mas como ser imediato do objeto. Imediato, razão pela qual essa necessidade, no esmagamento da vaga, a espessura da montanha ou o desdobramento da vida vegetal tem qualquer coisa de espontâneo: a natureza se afirma em sua identidade consigo e na exclusão de todo arbitrário, como o homem em sua diferença e seu livre-arbítrio; é através disso que há, em sua própria oposição, um parentesco secreto — não dizemos um liame dialético — entre o homem e a natureza: o termo espontâneo pode aplicar-se do mesmo modo à necessidade, mas no que ela tem de mais mecânico, e à liberdade, mas no que ela tem de mais imprevisível.

A natureza é, portanto, natural quando exprime a necessidade que a governa ou, antes, que ela é. E com essa condição é que ela é expressiva. Pois a expressão autêntica não é aquela que provém de uma vontade de se exprimir, que comete excessos de zelo e que falha na sua finalidade[8]. Ela não é mais aquilo que, no aspecto do objeto, serve de sinal ao intelecto e nos convida seja a compreender, seja a utilizar esse objeto: um utensílio não pode ser estetizado como não o pode também um objeto insignificante ou trivial. A verdadeira expressão brota das profundezas do objeto quando essas profundezas ascendem à superfície e se expõem, todas, no sensível, para despertar no espectador o sentimento singular de uma qualidade afetiva que pode ser enquadrada numa categoria afetiva.

E é aí que se mede melhor a diferença entre o objeto natural e a obra de arte. Visto que a natureza é mais limitada em sua expressão, ela não pode solicitar outro tanto de categorias afetivas: se nos referimos à

---

(8) Isso também é verdade a respeito da obra de arte: como o ornamento soa falso e constitui uma falta quando não obedece a alguma necessidade, assim a busca da expressividade quando solicita antes a emoção do que o sentimento: o mesmo ocorre com a pintura demasiado sensual, o teatro ou o lirismo demasiado patético.

"tabela de valores artísticos" mui engenhosamente elaborada por E. Souriau[9], constatamos que, por exemplo, o extravagante, o cômico, o grotesco, o dramático, o patético, o nobre não são expressos pela natureza. As categorias que a natureza manifesta com mais boa vontade são, evidentemente, aquelas pelas quais ela se exprime à maneira de uma subjetividade sem sugerir que ela é, como a arte, a obra de uma subjetividade: assim, em primeiro lugar, o gracioso, o ameno, o sereno[10]: tudo o que, de algum modo, diz a paz, porque a natureza, que "não tem história" mesmo sendo mutável, é identidade consigo e não ruptura ou recusa de si; mesmo quando ela traz os estigmas do tempo, é de um tempo que a confirma no seu ser e não que a dilacera entre o irrevogável e o incerto; e quando a natureza é violenta como na tempestade, ela não é trágica, mesmo que os seus efeitos possam sê-lo, porque ela não entra em guerra contra o destino ou contra si, ela é sublime. Todavia, o que diz a paz é também, no mais das vezes, pitoresco; esta palavra que reintroduz a arte na natureza significa que a natureza se exprime por meios que a arte pode reproduzir porque são naturais: jogo das cores, das linhas, dos equilíbrios e desequilíbrios, das harmonias e desarmonias. Nisso é sempre a alma de um objeto ajustado à necessidade que se exprime, e não a alma de um sujeito provado pela necessidade. Mas esses aspectos pertencem, sobretudo, à natureza já humanizada, impregnada pelo trabalho ou pela arte, e já suscetível de ser percebida através de uma tradição estética. Os aspectos que a natureza no mais das vezes oferece quando é virgem são, provavelmente, aqueles que se ligam ao grandioso e ao sublime; é neles que a necessidade se manifesta sem equívocos. O pitoresco é um sublime rebaixado, uma expressão diminuída do sublime. Dizíamos: é a necessidade que é expressiva; é necessário acrescentar: ela mesma se exprime. Aquilo que aparece, na ordem mesma do sensível, denso e pleno, acabado e imutável, significa-nos a necessidade.

(9) *Art et Vérité* (*Revue philosophique*, março 1933).
(10) O problema não é dar uma lista exaustiva das categorias afetivas; aliás, já tentamos mostrar que nenhum inventário delas é possível, ainda que elas sejam *a priori* para o sentimento estético; não conheço a tábua das categorias que carrego em mim como minha aptidão essencial para conhecer a humanidade, a não ser de um conhecimento sempre provisório, segundo as experiências que faço dos objetos estéticos.

Mas o ser não é, por acaso, incompleto? E o pensamento não é sempre interrogativo, como o demonstrou um livro recente de Jeanne Delhomme cujo título é precisamente *La pensée interrogative?* Certamente. Mas nós é que somos incompletos e não a natureza. E a natureza também é temporal, não é como nós: ela está sempre no presente, ela não vive estaticamente. O mesmo ocorre com a arte: se ela não detém o tempo, domina-o, é por isso que o tempo tem um sentido e manifesta o sentido: ele não é mais a dimensão do não-ser ou do não-sentido, o tempo é aquilo no qual o ser se completa, se desenvolve e, propriamente, é o que ele se torna. Além do mais, em nós é o pensamento que é interrogativo e não o sentimento; o sentimento sempre pode, e com toda a razão, ser questionado pelo pensamento, em si mesmo ele não é questão, é revelação. Na experiência estética da natureza, revela-nos a plenitude do ser e que o nada, nada que nós somos, é — como diz Sartre na introdução de *L'être et le néant* — "posterior ao ser". Se o tempo parece, enfim, suspender o seu vôo e se o presente parece imóvel, é na medida da intensidade da presença, em relação à qual o tempo não é alteração ou distensão porque haveria de se referir a um intemporal como em Plotino, mas repetição e confirmação. A necessidade é esta existência irrefutável, esta plenitude da natureza que se impõe a mim tanto mais imperiosamente, quanto parece mais mecânica: na medida em que não dá atenção aos meus projetos, minhas dúvidas ou questões. Se os céus e a terra cantam a glória de Deus, é de um Deus espinozista, e a prova que eles representam não é *a contingentia mundi,* mas *a necessitate mundi.* A *Natura naturans,* em sua espontaneidade, só se pode revelar através da *Natura naturata* em sua necessidade. E vê-se, pelo exemplo de Simone Weil ao celebrar "o amor da beleza do mundo", o que essa revelação pode significar para uma alma mística: "nós estamos na irrealidade, no sonho. Renunciar à nossa situação central imaginária, renunciar não somente pela inteligência mas também na parte imaginativa da alma, é despertar para o real, o eterno, ver a verdadeira luz, ouvir o verdadeiro silêncio"[11]. Mas essa experiência só é possível se nada esperamos do objeto a não ser ele mesmo. Finalidade

(11) *Attente de Dieu,* p. 163.

sem fim. E Simone Weil assim comenta a idéia kantiana: "Uma coisa bela não contém bem algum senão ela mesma em sua totalidade tal qual nos aparece. Nós nos dirigimos a ela sem saber o que lhe pedir. Ela nos oferece sua própria existência". Mas nós não acrescentaríamos, como ela, que a beleza do mundo é uma promessa que anima em nós um desejo de infinito: "Nós não desejamos outra coisa, nós possuímos isto e, contudo, nós desejamos ainda... A beleza é como um espelho que nos devolve nosso próprio desejo do bem"[12].

Se existe aqui, ainda que sem fim, uma finalidade é no sentido em que a natureza não nos traz somente sua presença, ela nos ensina que estamos presentes nessa presença. A experiência estética que ela suscita nos dá uma lição de estar no mundo. Sem dúvida isto já é verdade a respeito da percepção ordinária, a qual é "em si aberta para um mundo", como mostrou Merleau-Ponty. E, precisamente, não é indiferente que a experiência estética seja aqui, como observamos, menos pura do que perante a obra de arte, mais próxima da percepção ordinária naquilo em que ela nos mistura mais às coisas e não autoriza uma redução tão completa. Tudo o que a redução pode é proclamar sua própria impossibilidade, fazer aparecer a crença no mundo e não a suprimir. Existir não é somente um destino comum ao homem e às coisas, o homem existe *com* as coisas e tanto mais profundamente, quanto mais profundamente ele está junto com elas. Mas o que a percepção estética aduz, por acréscimo, é a garantia de uma conaturalidade do homem com a natureza. Pois então a natureza me fala e eu a escuto. Ela me diz menos do que a arte, mas ela me diz ao menos sua própria necessidade. Essa necessidade que, de resto, eu experimento ou utilizo ou tento pensar através de meus conceitos, ela se revela a mim. É assim que a natureza me fala não somente "na medida em que nós mesmos permanecemos mudos", como diz Schelling[13], mas na medida mesma em que ela é muda, selvagemente: "Eu sou bela, ó mortais, como um sonho de pedra". E ao me falar de si, ela me fala de mim; não que ela me restitua a mim mesmo, à minha história ou à minha singularidade; nem mesmo que ela me ensine explicitamente minha humanidade: a expe-

(12) *Ibid.*, p. 168.
(13) *L'âme du monde*, in *Essais*, trad. Jankélévitch. p. 22.

riência do céu estrelado é análoga, mas não solidária, à experiência da lei moral; o céu estrelado não me diz que eu seja razão ou capaz de razão. Mas ele me diz, ao menos, que essa presença imensa é uma presença para mim, que eu estou, portanto, secretamente ajustado a essa imensidade.

Eu estou no mundo como em minha pátria. É por isso que eu posso dar o meu consentimento ao mundo: *"Hiersein ist herrlich"*, diz Rilke, novo Orfeu: essa *Herrlichkeit* é a dominante do sentimento estético experimentado na natureza. Ela é o que há de religioso na experiência estética. E poderíamos nos perguntar — mas este não é mais nosso propósito — se o religioso é a verdade do estético; na medida, contudo, em que a religião manifesta a alma pítica na qual a natureza fala, mas não demasiado eloqüentemente, modulando conforme o tom da imaginação de preferência ao tom do sentimento, diríamos, ao contrário, que o estético é a verdade do religioso porque é necessário reprimir a inquietude da imaginação e romper a miragem das hierofanias[14] para ter acesso ao sentimento e obter a epifania do objeto estético: para que a linguagem da natureza, enfim silenciosa, seja expressão e não fabulação. Compete ao filósofo refletir sobre essa expressão, cuja fenomenologia acabamos de esboçar, ao pensar o pensamento como relação ao mundo. E ele veria, talvez, que todo pensamento, desde que supera o delírio, supõe o sentimento; e toda relação ao mundo supõe esse sentimento do mundo em que o homem, sob os auspícios do belo, experimenta sua consubstancialidade com a natureza e como o efeito de uma harmonia preestabelecida que não tem necessidade de um Deus para a preestabelecer porque ela é Deus: *Deus, sive Natura.*

---

(14) O termo é de Mircea Eliade.

INTENCIONALIDADE E ESTÉTICA[1]

Husserl colocou a noção de intencionalidade no centro da reflexão filosófica renovando, através dela, o tradicional problema das relações entre objeto e sujeito. A análise do *cogito* revela, por um lado, que o sujeito é transcendência, isto é, projeto do objeto; a análise intencional revela, por outro lado, que o aparecer do objeto é sempre solidário com a intenção que visa a esse objeto. A relação do objeto ao sujeito parece, portanto, ser primeira em referência aos seus termos e é essa relação como totalidade e na totalidade, com suas estruturas noético-noemáticas, que se torna

(1) As reflexões aqui propostas retomam e prolongam certos temas de *La Phénoménologie de l'Expérience esthétique*.

o tema próprio da fenomenologia husserliana; é desse modo que a fenomenologia se justifica da suspeita de ressuscitar o idealismo e tem o direito de afirmar a identidade do constituir e do ver. Ora, parece-nos que a experiência estética — do espectador, não a do criador — pode ser evocada para esclarecer essa difícil noção ou, ao menos, uma de suas interpretações.

Existem diversas interpretações possíveis da idéia de intencionalidade. Segundo uma delas, a fenomenologia tende à ontologia: a redução aparece como uma operação, análoga àquela pela qual Hegel promove o saber absoluto[2], para passar do empírico ao especulativo, proibindo ao sujeito, mesmo que seja o eu do *cogito*, de se ter por uma origem radical como também de ter o objeto por um absoluto. A intencionalidade significa, no fundo, a intenção do Ser que se revela — a qual não é outra coisa que sua revelação — e suscita o sujeito e o objeto para se revelar. O objeto e o sujeito, que só existem no seio da mediação que os une, são, destarte, as condições do advento de um sentido, os instrumentos de um *Logos*. Heidegger, embora sem integrar a dialética na ontologia, identifica o *Logos* com o Ser. Ele sublinha a referência do objeto — definido como ente e não, à maneira da *Analytique transcendentale*, como centro da objetividade — ao Ser, manifestado pelo ente porque o Ser é o desvelamento que permite essa manifestação. Ele sublinha o poder do sujeito — definido como *Dasein* e não mais como consciência — de se abrir ao Ser, mas determinando essa transcendência ao próprio Ser que convida o sujeito para lhe servir de testemunha, para se fazer o lugar de uma presença, de modo que o seu projeto é um projeto do Ser sobre ele. Assim, objeto e sujeito são destituídos de suas prerrogativas; é o Ser como luz que comanda tanto o olhar, quanto a coisa olhada, que tem a iniciativa da relação entre o sujeito e o objeto.

Mas se a redução fenomenológica culmina na nomeação do Ser, pôde-se dizer também que "o maior ensinamento da redução é a impossibilidade de uma redução completa"[3]. Então a intencionalidade não tem mais caução no Ser; ela exprime sempre a solidariedade

---

(2) Como J. Hyppolite o indica num empolgante apanhado (*Logique et Existence*, p. 177).

(3) Merleau-Ponty. *Phénoménologie de la perception*, p. VIII.

entre o objeto e o sujeito, mas sem que sujeito e objeto estejam subordinados a uma instância superior nem sejam reabsorvidos na relação que os une. A exterioridade do objeto é irredutível, se bem que só haja objeto para um sujeito; é irredutível também a asseidade do sujeito, a ipseidade do *cogito* que, mesmo numa filosofia transcendental, se pronuncia em primeira pessoa. A transcendência não é outra coisa que o movimento pelo qual o sujeito se constitui como sujeito ao se voltar para o objeto. O único problema é descrever o pacto que se estabelece entre o sujeito e o mundo, aquém de toda reflexão, como a própria vida do sujeito. Aquém da reflexão, isto é, no nível da percepção, a qual já em Husserl é, como observcu Fink, um "modo originário" da intencionalidade[4]: é a análise da percepção que esclarece, melhor do que qualquer outra análise, a reciprocidade específica entre sujeito e objeto implicada na noção de intencionalidade; é por ali que, voltando ao exame do sujeito concreto, a fenomenologia reúne, para integrá-los e não para se subordinar a eles, os estudos empíricos da antropologia e os ensinamentos da epistemologia. Tal é, como se sabe, a direção tomada pelos trabalhos de Merleau-Ponty, e já sugerida por Husserl, se dermos fé à notável exposição de Tran-Duc--Thao[5].

É aqui que a experiência estética pode entrar com alguma luz. A percepção estética é, de fato, a percepção real, aquela que só quer ser percepção, sem se deixar seduzir pela imaginação que convida a vaguear em torno do objeto presente, ou pelo intelecto que, para dominar o objeto, procura reduzi-lo a determinações conceituais; enquanto a percepção ordinária — sempre tentada pela intelecção desde que tem acesso à representação — procura uma verdade *sobre* o objeto, que eventualmente dá um arrimo à *praxis*, e a procura *em torno* do objeto, nas relações que o unem aos outros objetos; a percepção estética procura a verdade *do* objeto, assim como ela é dada imediatamente *no* sensível. O espectador, que é todo olhos e todo ouvidos, entrega--se sem reservas à epifania do objeto e a intenção per-

---

(4) *Problèmes actuels de la Phénoménologie*, p. 83.
(5) Cf. *Phénoménologie et Matérialisme dialectique*. Restaria saber, e não cabe debatê-lo aqui, se essa interpretação antropológica da intencionalidade exclui ou, ao contrário, prepara a interpretação ontológica propugnada por Fink e praticada por Heidegger.

ceptiva culmina numa espécie de alienação comparável à alienação do criador que se sacrifica às exigências da criação. E ousaríamos dizer que a experiência estética realiza a redução fenomenológica no instante em que é pura. Suspende-se a crença no mundo, assim como são suspensos quaisquer interesses práticos ou intelectuais; mais precisamente: o único mundo que ainda está presente no sujeito é, não o mundo *em torno* do objeto ou *atrás* da aparência mas — voltaremos a isso — o mundo *do* objeto estético, imanente à aparência enquanto ela é expressiva, e esse mundo não se torna o objeto de nenhuma tese. Pois a percepção estética opera a neutralização tanto do irreal, quanto do real: quando estou no teatro, o real — atores, cenário, sala — não é mais o verdadeiro real para mim, e o irreal — a estória que é representada diante de mim — não é verdadeiramente irreal, visto que, da mesma maneira, posso participar e por ela me deixar envolver sem ser enganado, mas o que é real e o que "me envolve" é, justamente, o "fenômeno" que a redução fenomenológica quer atingir: o objeto estético dado na presença e reduzido ao sensível como, p.ex., a sonoridade da palavra ajustada aos gestos dos atores e aos encantos do cenário dos quais a atenção se empenha toda em preservar a pureza e a integridade, sem jamais evocar a dualidade do percebido e do real; o objeto estético é apreendido como real sem remeter ao real, isto é, a uma causa do seu aparecer, ao quadro como tela, à música como ruído de instrumentos, ao corpo do dançarino como organismo: ele não é outra coisa que o sensível em sua glória, do qual a forma que o ordena manifesta a plenitude e a necessidade, que traz em si e imediatamente entrega o sentido que o anima[6].

Esta identificação do fenômeno com o objeto estético talvez permita aclarar o liame que a intencionalidade forja entre o objeto e o sujeito. Realmente, é preciso se interrogar sobre o estatuto do objeto estético.

(6) Provavelmente, essa exegese da redução seria recusada como "psicologista" por aqueles que inclinam a fenomenologia para a ontologia. Mas não é necessário sempre voltar a compreender a redução como uma operação da subjetividade, mesmo se é indicado com exatidão que "ela não é de forma alguma uma possibilidade do nosso *Dasein* humano", porque ela consiste em "romper a atitude natural" para entrar no elemento da filosofia? (Fink. *Kantstudien*, 1933. p. 364.) E esta ruptura é, por acaso, tão diferente daquela realizada pela experiência estética?

Defini-lo como algo do sensível, será dizer que ele é produzido pela consciência que o apreende? Sim e não: o sensível é o ato comum daquele que sente e do que é sentido. Isto significa, em primeiro lugar, que o objeto estético só se realiza na percepção, uma percepção que esteja atenta a lhe fazer justiça: diante do beócio que só lhe concede um olhar indiferente, a obra de arte ainda não existe como objeto estético. O espectador não é somente a testemunha que consagra a obra, ele é, à sua maneira, o executante que a realiza; o objeto estético tem necessidade do espectador para aparecer. Sem dúvida, isso é verdade de todo objeto percebido; mas a percepção ordinária não se detém no fenômeno como tal: na medida em que se orienta para a intelecção, ela interroga a aparência como um signo que, por certo, oferece outras aparências e não a coisa em si, mas que, em todo o caso, convida a distinguir um ser-real do ser-percebido e a procurar a verdade disso fora do dado imediato; é o objeto mesmo, e não o seu simulacro, que aparece, mas é preciso transpassar a aparência para pensar o objeto conforme a idéia e apreendê-lo na relação ao mundo exterior que o constitui como objeto. A percepção estética, ao contrário, expande a aparência para tornar idênticos o aparecer e o ser: o ser do objeto estético é aparecer — graças ao espectador; a obra de arte, diferentemente do simples objeto que apela tanto para o gesto, quanto para o conceito, somente solicita — imperiosamente, se é válida — a percepção. Quer isso dizer que não há ser do fenômeno e que o quadro cessa de existir quando a porta do museu se fecha após o último visitante? De forma alguma: o seu *esse* não é um *percipi*, não mais que para um objeto qualquer; é necessário dizer apenas que ele então cessa de existir como objeto estético e só existe como coisa, como obra se quisermos, isto é, como objeto estético simplesmente possível.

Entretanto se, num sentido, esse objeto só existe por nós e para nós, há, da mesma maneira, no momento em que ele aparece no ato comum daquele que sente e do que é sentido, um em-si desse objeto, o qual se manifesta de diversos modos: em primeiro lugar, no fato desse objeto não cessar de exercer em quem o executa ou percebe uma exigência pela qual ele revela um querer-ser que é como que o penhor de seu ser:

o espectador sabe muito bem que ele deve se igualar, pelo fervor e domínio de sua percepção, por vezes à custa de uma longa aprendizagem, ao objeto que o solicita. Em segundo lugar, no fato de a percepção, se ela lhe faz justiça, descobrir no sensível mesmo uma necessidade interior que, de algum modo, lhe confere um ser de natureza. Por fim, no fato de que essa forma que o ordena se verifica ser um sentido que o anima: um sentido imanente ao sensível que se altera ou se esfuma desde que a reflexão dele se apodera e pretende traduzi-lo numa outra linguagem, mas que não é menos evidente e prenhe para o sentimento que o recolhe no próprio ato da percepção. Esse sentido não é outra coisa que o mundo singular do objeto estético, para o qual a leitura da expressão nos dá imediatamente acesso. Mundo que não é uma totalidade circunscrita e povoada de objetos catalogáveis mas, antes, a possibilidade desses objetos, o *a priori* graças ao qual o *a posteriori* pode aparecer. É por isso que as artes não-representativas apesar de tudo descortinam um mundo; e o que é representado, nas artes representativas, serve mais para ilustrar o mundo da obra do que para o constituir: o representado não tem por si mesmo o poder de se ilimitar nas dimensões de um mundo, ele só pode enquanto é expressivo e a expressão pertence propriamente ao sensível. É por isso que a expressão faz um apelo ao sentimento para sua leitura.

Todavia, o exame da significação estética conduzir-nos-á um pouco mais longe. Antes de tudo, notemos que o objeto estético, ao exprimir esse mundo próprio, se transcende para o seu sentido e se afirma como autônomo. Destarte, ele é, ao mesmo tempo, para-nós e em-si, constituído e visto, em termos husserlianos. Isso resume o paradoxo da intencionalidade: o ser ambíguo mas irrefutável do fenômeno atesta que o sujeito como objetivado e o objeto como fenômeno são, ao mesmo tempo, distintos e correlativos[7], visto que o objeto existe tanto *pelo* sujeito, quanto *diante* do sujeito. Mas

---

(7) Isso, ainda uma vez, ao encontro da interpretação ontológica que faz do sujeito e do objeto os momentos dialéticos de um movimento de mediação, ou os instrumentos da "verdade do Ser"; assim, em Heidegger, o qual descobre a presença e, dir-se-ia, quase o ato do Ser no coração da subjetividade, sob as espécies seja da temporalidade na ipseidade (como no seu *Kant*...), seja de uma liberdade absoluta na liberdade do *Dasein* (como em *Vom Wesen des Grundes*), seja de um apelo no destino vivido pela existência autêntica (como em *Sein und Zeit*).

se, num sentido, a objetividade do objeto é tão irredutível quanto a subjetividade do sujeito, em que se funda o liame que as une e que é explicitado pela noção de intencionalidade? Por acaso não é necessário que seja, no seio da percepção, numa espécie de consubstancialidade? Por acaso a idéia de intencionalidade não conduz à idéia de uma comunicação originária entre o sujeito e o objeto, um pouco como a doutrina do transcendental elaborada na *Crítica da Razão Pura* e, segundo a qual, "somos nós mesmos que introduzimos a ordem e a regularidade nos fenômenos que chamamos de Natureza", conduz à doutrina da finalidade enunciada na *Crítica do Juízo,* segundo a qual a subsunção pressupõe "um acordo da natureza com a nossa faculdade de conhecer"?

Também aqui o objeto estético constitui um caso privilegiado porque está duplamente ligado à subjetividade: à subjetividade do espectador, da qual solicita a percepção para sua epifania; à subjetividade do criador, da qual solicitou a atividade para sua criação e que nele se exprime, mesmo — e sobretudo — se ele não o quis expressamente: a tal ponto que nomeamos o mundo do objeto estético pelo nome do seu autor, falando de um mundo de Bach, de Van Gogh ou de Giraudoux para designar o que a obra exprime. Ora, precisamente isso indica uma ligação mais profunda do objeto com a subjetividade: se o objeto é capaz de expressão, se ele traz em si um mundo próprio, completamente diferente do mundo objetivo no qual está situado, é necessário dizer que ele manifesta, então, a propriedade de um para-si, que ele é um quase-sujeito. O sentido que ele exprime é para ele a forma de seu corpo: uma alma que responde à nossa e que a solicita, "que se aferra à nossa alma e a força ao amor". É provável que isso possa ser dito facilmente do objeto estético porque ele é o resultado de um fazer e que algo da subjetividade que o criou — como a marca do operário no seu trabalho — pode destarte se depositar nele. E talvez seja necessário dizê-lo de qualquer objeto, na medida em que é capaz de beleza e suscetível de inteligibilidade, quando ele não é radicalmente o *outro* da idéia — embora aqui apenas se trate, evidentemente, de uma afinidade, e não de um parentesco, entre o sujeito e o objeto.

É, porém, sobre o aspecto complementar dessa afinidade, sobre a afinidade do sujeito com o objeto, que a experiência estética pode nos instruir da melhor maneira possível. Escutar a linguagem do objeto estético, ler a expressão que o informa, é entrar mais profundamente em sua intimidade do que através do conhecimento do intelecto, quando o sujeito toma distância em relação a um objeto neutro e inerte, reduzido a algo de pensável ou maneável[8]. Conhecer (*connaître*), aqui, é verdadeiramente co-nascer (*co-naître*). Ora, essa proximidade do sujeito e do objeto vivida na experiência estética obriga a modificar a idéia de sujeito que não mais pode se identificar inteiramente com o sujeito transcendental. Essa exigência já aparece no exame da percepção ordinária: o comércio que nela eu mantenho com o percebido só é possível porque vou ao encontro do real, equipado com saberes adquiridos, os quais são reanimados pela imaginação em contato com o objeto; mas para que essa experiência se constituísse foi necessária uma antecipação absoluta, um poder de estar em ligação com o objeto. Tal é a função do próprio corpo: os sentidos não são tanto aparelhos destinados a captar uma imagem do mundo, quanto meios para o sujeito ser sensível ao objeto, harmonizar-se com ele como se harmonizam dois instrumentos de música; o que o corpo compreende, isto é, experimenta e toma a seus cuidados é, de algum modo, a intenção mesma que está na coisa, sua "única maneira de existir", como diz M. Merleau-Ponty. O sujeito como corpo não é um evento ou uma parte do mundo, uma coisa entre as coisas; ele conduz o mundo em si como o mundo o conduz, ele conhece o mundo no ato pelo qual ele é corpo e o mundo se conhece nele. E esse pacto da intencionalidade vital só é rompido quando a dialética da percepção leva à representação, na qual o sujeito toma consciência de sua relação ao objeto, põe em questão a aparência e distingue o percebido do real.

O pacto, porém, é renovado na experiência estética. Essa experiência, por certo, comporta o momento da reflexão e da aprendizagem, pois a verdade do objeto

---

(8) A atitude da ciência aqui se esclarece pela atitude da técnica e, precisamente, da técnica não-artística: da indústria que faz violência à natureza para lhe impor a forma e a função pretendidas pelo espírito, em vez de seguir as sugestões da matéria e de se entregar à espontaneidade do gesto.

estético nos aparece como uma exigência, e nos é necessário aprender a perceber corretamente para lhe fazer justiça, como o executante aprende a técnica de seu instrumento. Mas, por um lado, os hábitos que assim adquirimos se corporalizam e, por outro lado, só nos separamos por um momento do objeto para nos unirmos mais estreitamente a ele. É então que estamos capacitados para penetrar a expressão do objeto e para compreender — pelo dom do sentimento — o sentido que está além da linguagem. Mas sob que condição? O sujeito só é capaz de sentimento por ser um sujeito concreto, verdadeiramente humano: em primeiro lugar, acabamos de dizer, corporalmente presente no objeto, em segundo lugar, totalmente presente, com todo o seu passado imanente ao presente da contemplação, oferecendo ao objeto toda a sua substância para que nela ressoe[9]; presente, por fim, se se pode dizer, como sensibilizado no sensível, isto é, com um conhecimento virtual das significações afetivas que o objeto estético propõe. Pois, se a qualidade afetiva que informa ao objeto como a sua alma não é, de algum modo, já conhecida por ele, o espectador é incapaz de reconhecê-la e permanece indiferente ou cego ao objeto: certas obras, de fato, jamais são aceitas por determinado público.

É nisso que, para finalizar, gostaríamos de insistir. Essas qualidades afetivas descobertas pela experiência estética constituem *a priori* específicos. Em primeiro lugar, e conforme o sentido mais tradicional, porque elas são objeto de um conhecimento virtual que se explicita na experiência e sem a qual esta experiência não seria possível: aqueles que podem sentir o trágico de Racine, o patético de Beethoven ou a serenidade de Bach é porque têm alguma idéia, anterior a todo sentimento, do trágico, do patético ou do sereno; mas esse saber virtual não existe neles como uma essência depositada no intelecto, é antes como um gosto *a priori*, uma atitude e, finalmente, certo estilo existencial da pessoa: por acaso a pessoa não se reconhece por ser

---

(9) Aqui seria oportuno retomar, para uma teoria do sujeito, a distinção bergsoniana entre o eu superficial e o eu profundo, e a noção bergsoniana de uma memória que, antes de ser representação do passado, é, primeiramente, imanência do passado ao presente e, por ali, medida de uma densidade ontológica: essa densidade que, em Bergson, dá seu sentido ao ato livre, também pode dá-lo à contemplação, em particular à contemplação estética.

capaz de sentir?[10] Por outro lado, esse *a priori* também tem uma significação cosmológica: a qualidade afetiva não é somente esse pré-conhecimento que a experiência atualiza no espectador, ela é também o que dá forma e sentido ao objeto estético, o que o constitui como capaz de um mundo: a serenidade — certa serenidade — é o *a priori* constituinte das obras de Bach pela mesma razão que a espacialidade é um *a priori* constituinte dos objetos da experiência externa como tais — e, ao mesmo tempo, igualmente, um modo de ser do sujeito como capaz de espacialização.

Assim o *a priori* — e, particularmente, o *a priori* afetivo na experiência estética — qualifica tanto o sujeito, quanto o objeto. É por isso que ele está implicado na noção de intencionalidade: a relação entre o sujeito e o objeto, denotada por essa noção, pressupõe não somente que o sujeito se abre ao objeto ou se transcende para ele, mas também que algo do objeto está presente no sujeito antes de toda experiência e que, em troca, algo do sujeito pertence à estrutura do objeto anteriormente a qualquer projeto do sujeito. O *a priori* é esse algo de comum e, através disso, o instrumento de uma comunicação: é nisso que o empenha a teoria da intencionalidade. Mas, em troca, essa concepção do *a priori* aclara a intencionalidade. Ao explicitar a afinidade entre o sujeito e o objeto, ela se põe em guarda tanto contra o naturalismo, segundo o qual o sujeito seria um produto do mundo, visto que o sujeito é capaz de antecipar o mundo, quanto contra o idealismo, segundo o qual o mundo seria um produto do sujeito, visto que o objeto traz em si o seu sentido. Ela aclara, portanto, a difícil idéia de constituição que, em Husserl, acompanha a teoria da intencionalidade, e ela proíbe conceber essa idéia como o último avatar do idealismo: constituir o objeto, como a experiência estética no-lo mostra, é estar à disposição do objeto para reanimar a significação que nele está implícita, é conhecê-lo como o homem conhece a mulher, na intimidade de um ato comum onde se experimentam as fronteiras da individualidade.

(10) Os *a priori* assim definidos podem ser aproximados daquilo que Heidegger chama de a pré-compreensão do ser e, pela qual, o homem, a seus olhos, se define fundamentalmente como sendo chamado pelo ser para revelá-lo. Mas essa compreensão, em Heidegger, diz respeito ao ser do ente de preferência à sua natureza, manifesta a relação do *Dasein* ao *Sein* de preferência ao parentesco entre o homem e o mundo.

A intencionalidade, portanto, significa que o homem e o mundo são da mesma raça: a comunicação que ela conota se funda numa comunidade. Ela também tem um sentido ontológico sem, com isso, autorizar uma ontologia, pois ela não implica necessariamente a idéia do Ser como de uma instância transcendente, de um sentido do qual o objeto e o sujeito seriam os fenômenos; ela sugere, antes, que o sujeito e o objeto — porque permanecem distintos no próprio núcleo de sua relação e para a poder contratar — não podem estar subordinados a um princípio superior: a totalidade, que eles formam em virtude de sua afinidade, não os engendra, o dualismo não pode ser reabsorvido num monismo, dialético ou não. O homem está no mundo como em sua pátria, mas ele não está como um objeto entre outros; como o objeto estético é, ao mesmo tempo, em-si e para-nós, assim o mundo está para o homem e o homem está para o mundo: é por ser, de algum modo, igual ao mundo que ele está também na verdade e que a verdade se define fundamentalmente como adequação.

A "SENSIBILIDADE GENERALIZADORA"

Há no *Traité d'Esthétique*[1] um capítulo no qual encontro particularmente Raymond Bayer, o entusiasmo e o calor que o animavam, que dão ao seu pensamento e aos seus escritos um estilo, ao mesmo tempo, arrebatado e incisivo. Trata-se da *sensibilité généralisatrice,* tema desenvolvido e esclarecido nos capítulos seguintes sobre os "fenômenos do esquematismo" e a "abstração qualitativa". Esse é o tema que eu gostaria de retomar, aqui, por meu turno, após Raymond Bayer e com ele. Mas o que é, afinal, essa sensibilidade que parece reivindicar as funções da inteligência?

(1) A. Colin, 1956.

Ninguém põe em dúvida que a experiência estética diga respeito primariamente à sensibilidade. A análise de Bayer inscreve-se numa seção sobre "o sentido do belo" e se esboça numa reflexão sobre o prazer do belo. Nós nos confiamos sempre ao veredicto da sensibilidade: o criador para julgar a obra acabada; o espectador para julgá-la bela. Destarte já a sensibilidade parece exercer a função do juízo. Todavia, o juízo não tem, aqui, a forma do juízo tradicional: ele não se exerce no próprio objeto, ele é, antes, o reconhecimento de uma expectativa satisfeita, de uma experiência feliz. O conceito husserliano de realização poderia ser evocado aqui[2]: se todo ato é busca e expectativa, se, de um modo geral, a evidência é a realização do objetivo pela presença do objeto visado, no nível do sensível a realização pode ser, se ousamos dizer, quantitativa ou qualitativa: a presença do sensível atesta a realidade do objeto, a plenitude do sensível atesta sua beleza. A beleza provém de Poros e não de Penia, o amor estético é um amor feliz. Julgar que a obra é bela é, simplesmente, manifestar o prazer, experimentar a plenitude, a perfeição do acordo: sentir de preferência a pensar; e não parece que a sensibilidade também possa reivindicar as prerrogativas da inteligência.

Contudo, se tivermos presente certas meditações de Heidegger, seremos tentados a dizer que o sentir estético já tem a forma do pensar: o ser do objeto está inteiramente no seu aparecer e é diante desse aparecer que eu me espanto, junto dele que eu habito, por ele que eu me deixo conduzir enquanto deixo o objeto se realizar e se dizer em mim. É preciso, portanto, que esclareçamos os *caractères pensifs*, como diz Bayer, do sentir estético, dessa "sensibilidade-sentimento". Se esse sentimento situa-nos aquém da inteligência e de sua função judicativa, ao menos através dele estamos de conivência com a obra; experimentamos a obra em sua verdade. É aqui, parece, que a verdade pode ser definida pelo deixar-ser do ente: como o virtuose se dedica à execução da obra, assim eu devo me dedicar a escutá-la e emprestar-lhe, sem reservas, o ouvido em que o seu ser é a verdade da obra que se mede pela plenitude de sua obra. Por acaso não estamos longe,

(2) Esse conceito está em toda a parte em Husserl; cf. particularmente *Idées*, trad. Ricoeur, índice analítico.

então, da definição da verdade pela adequação? E no entanto...

Em primeiro lugar, a própria noção de desvelamento que se pretende que substitua a noção de adequação também deve ser questionada. Pois se a experiência estética é a experiência de um aparecer é porque o ser do objeto reside nesse aparecer, porque o objeto é inteiramente sensível, oferecido inteiramente à sensibilidade: o desvelamento não é o ato do Ser, é a vocação de um ser e é por isso que esse ser apela para a minha sensibilidade, assim como apelara para a sensibilidade do criador para quem cada esboço deve aparecer a fim de comparecer diante do seu juízo. A experiência estética não é a experiência da presença. É a experiência da realidade de um objeto que exige que nele eu esteja presente para ser. Ora, importa que a presença não seja indiferente ou vazia: que eu seja igual ao objeto para que ele seja igual a si mesmo. Através desse rodeio reencontramos duas vezes a noção de adequação. A primeira: em lugar de determinar a relação da idéia ao ideado, a adequação determina a relação mais existencial do sentimento ao objeto a que ele visa: ninguém sente se não se torna digno de sentir. A segunda: se minha presença importa ao objeto estético é porque fora dessa presença ele ainda existe verdadeiramente: ele só existe como uma proposição que me é feita, como o texto se propõe ao ator ou também como o fruto se oferece à boca sedenta onde sua forma morre para que viva o seu sabor. Essa verdade, que é autenticidade, se define ainda pela adequação. Adequação desta vez, do objeto ao seu conceito, da existência à essência.

Pois há uma essência do objeto, uma essência singular e sensível. Singular porque ela pertence a um indivíduo. O indivíduo é a obra. Mas é também o autor. Pois essa ligação da obra com o autor, essa presença do autor na obra que define o estilo, ao mesmo tempo justifica a singularidade e ilustra a universalidade da essência. Só há singularidade humana se a singularidade implica a imanência do universal ao particular; só o homem vive e quer sua diferença como um meio de assumir a humanidade. Mas, por outro lado, essa essência singular pode se espalhar em diversas obras: a pluralidade das obras, numa retrospectiva ou numa edição completa, melhora o acesso à singularidade, se é verdade que se lê o permanente no diverso.

Essa essência também é sensível, pois o sentido não é uma significação abstrata que seria preciso extrair ou produzir por um trabalho de pensamento. Eu posso, certamente, me perguntar pelo sentido de *Macbeth*, ou dos demônios de Bosch, ou de um poema de Mallarmé; e posso dizer que uma pintura não-figurativa é um não-sentido porque não comporta assunto e, muito menos, moral, como as telas de Greuze. Mas será necessário dizer que a música só tem sentido quando é música de programa, ou que um *pas-de-deux* clássico tem menos sentido que uma pantomima? Não. O primeiro sentido do objeto estético, e que é comum ao objeto musical e ao objeto literário ou pictórico, não é um sentido que apela para o discurso e que exercita a inteligência como o objeto ideal que é o sentido de um algoritmo lógico. É um sentido totalmente imanente ao sensível que, portanto, deve ser experimentado no nível da sensibilidade e que, contudo, cumpre bem a função do sentido, a saber: unificar e esclarecer. Esse sentido, de resto, tem dois semblantes cuja unidade é necessário compreender.

Primeiramente, ele é a própria organização do sensível, o seu princípio de unidade, na falta do qual o percebido se espalharia numa poeira de sensações insignificantes, como a melodia pode se fundir num nevoeiro de sons. Mas essa unidade ainda é precária e o seu princípio ainda é múltiplo; a música, por exemplo, pode ser analisada sob o tríplice ponto de vista: do ritmo, da harmonia e da melodia (sem contar os timbres da orquestração); e, do mesmo modo, a pintura segundo o desenho ou a cor, a arquitetura segundo o volume ou o desenho. Indubiamente esses pontos de vista são artificiais e não rompem a unidade do objeto estético: a análise é logo levada a dizer que o desenho é dado pela cor ou que o ritmo adquire uma cor melódica ou que a cor amplia os volumes. Mas se a unidade se impõe às perspectivas analíticas é, precisamente, porque já foi dada de algum modo: ela o foi na expressão do objeto. E essa unidade constitui mais propriamente o sentido do que a organização do sensível, se bem que ainda seja imanente ao sensível. Esse sentido é o objeto de um discurso, um discurso que é proferido pelo sensível e adere totalmente a ele sem que nenhuma transposição ou variação (como na idealização segundo Husserl) sejam possíveis.

É, portanto, a sensibilidade que apreende esse sentido e podemos chamá-la de generalizadora porque ela apreende um universal concreto. Ela também pode ser chamada, com Bayer, de "capaz de abstração". Ela o é sem sair do sensível e, pelo contrário, com a condição de nele mergulhar, de sempre retornar àquela espontaneidade de antes do conhecimento, segundo a qual ela apreende o *eidos*[3] do objeto. Nisso reside a diferença específica, sutil e considerável, da percepção estética. A percepção ordinária visa ao objeto como *telos* ideal de seu objetivo intencional; mas esse *telos* é inacessível, o objeto, como diz Husserl, é um "*x* determinável no sentido noemático"; eu posso multiplicar os objetivos, somente terei esboços, jamais alcançarei o pólo unificador, o denominador comum de todos esses esboços, minha percepção jamais será a verdadeira percepção e eu acabarei por procurar a verdade alhures, no conceito. Ora, eu também posso experimentar o mesmo fracasso diante do objeto estético: talvez eu jamais tenha visto tal quadro ou parque como eles deviam ser vistos; mas não posso procurar a verdade de minha visão no conceito: não é a biologia que me dará a verdade das oliveiras de Van Gogh, nem a anatomia que me dará a verdade de um retrato; o *telos* de meu objetivo só pode ser algo percebido, o *eidos* só pode ser sensível. Além disso, serei eu impotente para realizar o *telos*? Após tudo isso, o objeto estético me é entregue com o modo de emprego: não há tantas maneiras de ver um quadro ou um parque: as alamedas conduzem-me, elas me ensinam onde e o que tenho para ver. Em resumo: não há tantos sentidos noemáticos possíveis e o *x* determinável neles não é tão inacessível. A percepção estética é uma percepção que pode ser satisfeita e feliz.

Mas é a imaginação que está para a obra nessa percepção, é a imaginação que estimula a sensibilidade estética. Não a imaginação arrebatada e delirante que a percepção sempre reprime, mas a imaginação regu-

---

(3) Isto é: a essência enquanto apreensível. Sobre esse conceito ver também o índice das *Idées*.

ladora e exaltante. "Um dos caracteres principais da sensibilidade generalizadora é ser uma sensibilidade imaginativa", escreve Bayer, e passa, então, a estudar os fenômenos do esquematismo. Por acaso, a noção de esquema não se impõe, de fato, para definir esse sentido que não é uma essência distinta e conceitualizável? O esquema é, propriamente, princípio de organização do sensível: numa figura simples, como aquelas que propõem as psicologias da *Gestalt,* o esquema é aquilo que apreendemos por uma espécie de truque do corpo, um modo de nos colocar em contato com o dado: é um cubo, uma escada, um antílope... O importante é que essa estruturação do campo é imediata, espontânea; a interpretação faz corpo exatamente com a visão. O conceito ainda não está presente como discurso, ele está presente como esquema, isto é, no corpo, no movimento que liga no real e faz surgir o sentido. O diverso sensível, que poderia aparecer como um enigma diante de certas figuras, organiza-se bruscamente e se cristaliza: o esquema é o precipitado que se forma e que eu apreendo imediatamente, mesmo se não é no primeiro momento (quanto a isto, as figuras da *Gestaltpsychologie*[4] devem ser distinguidas do Rorschach onde, justamente, eu não chego a organizar a figura em torno de um esquema e onde não tenho de solicitar e interpretar as aparências para experimentar esquemas: são essas apalpadelas que podem instruir o psicólogo; eu me entrego porque o objeto não se entrega ou se entrega como enigma). Contudo, o esquema aqui é antes esquema: ele vai demasiado depressa ao conceito e não explicita uma essência singular.

O objeto estético não é nem tão complicado quanto essas figuras que se propõem como um enigma, nem tão simples, visto que ele mobiliza toda a riqueza do sensível. Daí vem que eu possa discernir vários esquemas; mas é digno de nota que esses princípios de organização sejam descobertos demasiado tarde, na análise crítica, e como explicação de uma impressão que fora experimentada em primeiro lugar. Afinal, qual é o imediato, o esquema dos esquemas, o pólo unificador que facilitará a análise? É a expressão. A expressão permite-me identificar o objeto, apreendê-lo como idêntico

---

(4) Cf. P. Guillaume, *La Psychologie de la forme.*

e singular. Provavelmente ela supõe um saber prévio: nenhum imediato que não seja mediatizado pela experiência anterior; nunca eu me dirijo para o mundo com as mãos vazias; mas o importante é que a expressão seja efetuada de improviso, que tudo se passe no antepredicativo e que, como diz Bayer referindo-se à análise da atenção feita por Titchener[5], retorna-se sempre "à espontaneidade de antes do conhecimento": à imaginação.

Mas o que vem a ser essa imaginação na qual somos introduzidos por aquilo que há de inteligente na sensibilidade estética? O que ela é no sujeito? Pois, no objeto, sabemos que ela é o esquema; mas o esquema só está lá para o sujeito: o objeto estético só se realiza na percepção estética. No sujeito, a imaginação é, primeiramente, o poder de unificar o sensível. E por que não atribuir essa atividade unificadora ao intelecto, ministro do "eu penso", como Kant fez na segunda edição da *Crítica*? Porque a unidade, aqui, não é um conceito; é, pelo contrário, um sentimento que a obra comunica antes de toda síntese; certamente não é o eco sugestivo de nosso próprio estado, de nosso desejo, de nossa angústia ou de nossa alegria; é o sentimento de um mundo, a presença de um mundo que se revela inefavelmente ao sentimento. Pois é preciso acrescentar, em seguida, que a imaginação, ao mesmo tempo que unifica, ilimita o objeto, dilata-o até as dimensões de um mundo: ela não ajunta algo do imaginário ao real, mas amplia o real até o imaginário que é, ainda, o real e que acaba por unificá-lo em lugar de dispersá-lo. Isso só é possível quando ela é solicitada e dirigida por um objeto imperioso ao qual a percepção se dedica inteiramente. E a imaginação só consagra a unidade do objeto ao unificar o sujeito, ao fazê-lo inteiramente presente no objeto, ao elevar a sensibilidade ao sentimento.

Eu assisto à representação de *Tête d'Or*; palavras, gestos, jogos de luz, às vezes uma melopéia: tudo concorre, em mim, para fazer surgir o sentimento de um bárbaro no qual a árvore dá vida, o sol mata, o desejo se justifica por sua violência e a violência pela morte. A imaginação é, em mim, o lugar desse acordo, dessa

(5) Evocada por Guillaume, *op. cit.*

impressão singular e rigorosa que anima todo o espetáculo. Rigorosa, porém inefável: tudo está dito no sensível aquém da conceitualização que será introduzida, mais tarde, pela prosa dos comentários, quando a experiência estética for apenas pretexto para uma reflexão crítica ou filosófica e quando o objeto estético não for mais vivido como tal. Esse mundo ou, melhor, essa atmosfera de mundo que o sensível exprime é, propriamente, o esquema. Faz-se mister que isso seja imputado à imaginação, não só porque esse mundo é imaginário, sendo sempre um mundo pressentido como um possível, mas porque só a imaginação, para me grudar ao percebido, pode separar o objeto de seu contexto natural e ligá-lo a um horizonte interior, pode expandi-lo num mundo ao mobilizar, em mim, todas as profundezas onde ele possa ressoar e encontrar um eco. A imaginação não reúne imagens diversas que se fundiriam numa imagem genérica, ela reúne as potências do eu para que se forme uma imagem singular. Ela tem o poder de unir, mas para fazer surgir a diferença e não para atenuá-la: o esquema constitui o objeto como único.

Contudo se a idéia assim encarnada é individual, ela reivindica ainda, ou já, as prerrogativas da idéia: o esquema é o pressentimento do conceito; mas esse *logos* também só fala ao despertar o sentimento, o que há de lógico nele só pode ser dito na linguagem da afetividade. Entretanto, ele se eleva à idéia porque se manifesta, por um lado, como um tipo capaz de repetição, constitutivo de um estilo ou "resultado de um estilo" como diz Bayer, por outro lado, ele se dilata até as dimensões de um mundo: não é apenas o semblante das madonas de Duccio que é suave, das quais Bayer propõe uma análise tão penetrante, mas elas nos descortinam o mundo da suavidade, um mundo singular dentre uma infinidade de mundos possíveis dos quais a arte realiza alguns outros.

Por essa via, a sensibilidade do espectador se harmoniza com a sensibilidade e a imaginação do criador. Antes de tudo, o artista também opera a mesma generalização espontânea pela qual se afirma o seu estilo. Aquilo que será a essência para o espectador é, para ele, o essencial que o acossa, ao qual ele se dirige diretamente. O essencial pode ser o cânone conforme o qual ele ordena sua composição e que define o estilo, quando o estilo ainda é impessoal como nas ordens arquitetônicas; mas, precisamente, esse esquema ainda demasiado geral, demasiado próximo do conceito, não estrutura o sensível de bastante perto; ele ainda é, apenas, uma receita para o artesão e corre o risco de se tornar um lugar-comum. Pode-se ainda procurar esse essencial na criação de tipos que aparece em certas obras literárias como a *Commedia dell'Arte* e, por vezes, na pintura de gênero. Mas a essência de uma obra, mesmo falante, não reside unicamente nessas significações que pertencem ao objeto representado. Além disso, os tipos que aparecem no teatro ou no romance não são gêneros, mas indivíduos tipificados, os quais são reduzidos a uma existência esquemática ou caricatural por qualquer paixão ou olhar que o seu criador lhes lança: que as personagens de uma obra manifestem uma essência, sob as espécies do estereótipo, na falta de chegar à existência, isso não define a essência da obra. O artista alcança o essencial ao experimentá-lo como necessário: ao ter o sentimento de que a obra está acabada e que ele, com efeito, renunciou, ao longo do seu itinerário, ao todo superficial e acessório. A abstração que produz a essência é, aqui, o despojamento que Michelangelo perseguiu até a Pietà Rondini e, ainda mais longe, Mallarmé até o silêncio e Van Gogh até a morte. Provavelmente não é preciso que a arte morra de sua própria sede; o seu fim não é o não-ser onde a potência perece na impotência do sensível. A sensibilidade ao necessário deve acautelar-se da fascinação do nada. Afinal, o que é o necessário? É o acordo, como dizem os pintores, pelo qual o objeto toma consistência e se basta a si mesmo, e também — mas por acréscimo e sem premeditação — o acordo do criador com a obra que lhe restitui sua própria imagem.

É esse o acordo que a percepção estética registra: ela apreende a necessidade que o artista experimentou e seguiu como um fio de Ariadne. A única diferença entre o criador e o espectador é que o primeiro pensa em termos de regras e operações, de modo que a necessidade é precipuamente uma necessidade técnica; e que o segundo pensa em termos de efeitos, de modo que a necessidade é, imediatamente, a de um sentido. E provavelmente será necessário que o criador também avalie o efeito para saber que sua obra está acabada; mas, talvez, ao se fazer espectador de sua obra, ele não deixe de ser autor e veja ainda o que fez através do que lhe aparece; também ele falará do sentido numa linguagem diferente da linguagem do espectador.

Do mesmo modo a imaginação, igualmente atuante no artista, se reveste de um aspecto diferente. O esquema, é verdade, também se distingue aqui do conceito. O conceito é vivido obscuramente no projeto; ele adere ao artista, ele é o artista, mas como a planta é o seu conceito, segundo a palavra de Hegel, sem ter acesso à consciência. O artista só pode libertar o conceito pelo seu gesto, exteriorizando-o pelo fazer. Por conseguinte, o esquema é aqui o gesto no qual o criador também se concentra e se faz inteiramente presente, esse gesto singular que lemos na pincelada pictorial, no ritmo da música, no movimento do poema: a marca de um estilo. A imaginação designa, então, essa motricidade secreta e, contudo, manifesta, pela qual a idéia se torna natureza ao se exprimir pela linguagem das mãos. Ela habita um corpo exercitado e capaz de felicidade: por que procurar alhures e não no corpo o lugar profundo onde se exerce a arte escondida do esquematismo?

É nisso que o artista é uma força da natureza: a sua imaginação o harmoniza com a Natureza que age em sua natureza. Mas a própria Natureza imagina: ela é o sonho do espírito, dizia Lagneau[6], é por isso que ela faz sonhar antes de fazer pensar. Sem dúvida ela produz algo de indiferente, de insignificante; mas também propõe imagens carregadas de sentido: a árvore, a flor, o sol, o cume dos montes, tudo aquilo que Kerenyi chama de mitologemas[7]. Como o homem se concentra para estar presente no objeto estético e dele apreender o esquema, assim a Natureza parece se concentrar para produzir esses lugares altos, esses objetos privilegiados, essas formas prenhes. Ela não produz o conceito: caberá ao homem lançar sobre ela a veste de idéias, como diz Husserl, que tecerá a ciência da natureza ou a filosofia da história. Mas ela produz aqueles esquemas que apelam, de repente, para a imaginação do homem e que repercutem na consciência

(6) Discurso de Vanves, em *Célèbres leçons et fragments*, p. 21.
(7) Cf. Jung e Kerenyi, *Introduction à l'essence de la mythologie*.

religiosa. Pois a fabulação não é delírio, ela diz, à sua maneira, o primeiro semblante que o mundo revela ao homem, o *logos* envolvido na natureza.

Por isso é possível uma análise dos mitos como a de Lévi-Strauss, operada, aliás, com tanta acuidade. O modelo formal é, por certo, obra da consciência que reflete, o qual, porém, traduz um modelo vivido obscuramente pela consciência ingênua. Esse modelo é uma relação entre esquemas (o que Lévi-Strauss chama de esquema já é uma construção, isto é, uma correlação entre elementos que são as imagens e que eu, de minha parte, chamo de esquemas). Indubiamente é necessário distinguir, como faz Lévi-Strauss, entre os modelos cosmológicos e os modelos sociológicos; pois o pensamento mítico exprime tanto a existência social, quanto a existência natural, e a imaginação também está em operação na estruturação da vida social. Mas o que importa aqui é que certas correlações ligam objetos fortemente valorizados como, p. ex., o cume e o vale, a terra e a água. E, talvez, seguindo as análises de outros mitos como propõe Kerenyi[8], seria possível discernir objetos que não estão integrados num modelo e unicamente pela presença alimentam a seqüência mitológica: talvez a mola do mito esteja menos na organização formal dos elementos que na significação dos próprios elementos. Ou, mais exatamente, é preciso fazer justiça à imaginação que recolhe o sentido das imagens e o experimenta segundo as categorias afetivas; são essas imagens que as estruturas lógicas, em primeiro lugar, organizam. (Permanece, evidentemente, a questão de sabermos donde provêm essas estruturas e se o intelecto também é originário.)

Em todo o caso, é segundo a imaginação que o homem se comunica primariamente com o mundo e o artista participa na potência criadora do mundo. De bom grado diríamos que a imaginação é o denominador comum do homem e da Natureza, representando, ao mesmo tempo, o poder de se concentrar e de produzir objetos centrais, esquemas ou símbolos. A imaginação, no homem, enquanto se opõe ao intelecto, é, de fato, essa parte de natureza, mas de uma Natureza já naturante, mesmo quando ela não se manifesta com a potên-

(8) *Op. cit.*, o mito da criança e da moça.

cia do gênio comparada por Schelling à potência do destino[9]; Natureza e, portanto, inconsciente como a Natureza que produz a pedra, a árvore e o homem no qual, por fim, ela se reflete; mas essa inconsciência no homem não é a noite das coisas, é a clareza do sentimento. Pois ela não é somente promessa de consciência, é condição de consciência: ela mobiliza o sujeito que se faz consciência ao se tornar plenamente presente num objeto que é, ele mesmo, mais pleno, porque os possíveis que ela evoca ou mantém em suspenso carregam-no de sentido. É pela imaginação que a Natureza se faz consciência e que a consciência passa da presença à representação.

É necessário, portanto, — e a Natureza assim o quer — que o homem surja para que o objeto estético seja reconhecido como tal: a imaginação recriadora, que anima o sentimento estético, reconhece aquilo que foi produzido, no homem ou na Natureza, pela imaginação criadora. É necessário que o homem se acrescente à Natureza para que a imaginação assuma o seu sentido pleno, para que ela seja tanto potência de fazer, quanto potência de ver. E se o ver pertence, de direito, ao homem, o fazer só pertence ao homem à imagem e na base do fazer da Natureza. Uma filosofia da arte apela para uma filosofia da Natureza ao mesmo tempo que para uma fenomenologia. Se Raymond Bayer tivesse tido o tempo suficiente provavelmente teria se engajado também nesse rumo, visto que ele já o havia visualizado do lado epistemológico. Ele sabia, por ter profundamente vivido as tarefas da estética, o que a estética deve à filosofia; mas a sua obra também revela em que a filosofia pode ser credora da estética e, hoje, talvez leve a se interrogar sobre as relações entre a fenomenologia e a filosofia da Natureza.

---

(9) Além do mais, todos nós temos gênio desde que sejamos capazes de nos associar àquilo que o gênio produz, desde que nossa percepção faça justiça ao objeto estético: "raros são os homens totalmente privados do dom poético", diz Schelling. Isto seja dito sem desconhecer a distância imensa que separa o espectador do criador, o ver do fazer.

II
ARTE E SEMIOLOGIA

II
ARTE E SEMIOLOGIA

A ARTE É LINGUAGEM?

Hoje em dia, continuamente, se ouve falar da arte como linguagem: este sintagma estereotipado inscreveu-se na língua do nosso tempo. Mas ele não pode ser tomado superficialmente. Uma nova disciplina tende a fornecer-lhe uma justificação: a semiologia, cujo primeiro esboço foi efetuado com tanto vigor por Barthes[1]. Uma das tarefas da semiologia é pesquisar se a arte é linguagem, visto que a semiologia se propõe o estudo dos conjuntos significantes, entre os quais a arte se pode inscrever ao lado da linguagem. Aliás, pode ocorrer que ela empreenda essa tarefa não sem

(1) "Eléments de Sémiologie", *Communications*, 4. Esse ensaio será invocado por nós em muitas oportunidades.

alguns preconceitos. De fato, após Saussure e graças a ele, ela tende a conferir grandes privilégios à linguagem, porque a linguagem é conquistadora — muitos sistemas significantes acrescentam mensagens verbais às suas próprias mensagens — e, sobretudo, à lingüística, porque a sua instrumentação conceitual goza de excepcional prestígio. Por acaso a semiologia não corre o risco de se deixar escravizar pelo imperialismo da lingüística? A lingüística, é certo, também é favorecida pela permuta entre as duas disciplinas. Fora de qualquer outra consideração, a semiologia atrai a atenção da lingüística para a semântica, que certo formalismo tende a escamotear (ou a reenviar à psicologia) ao tratar os signos, segundo a teoria da informação, como sinais a transmitir e a discernir e não como veículos de um sentido: operação que consagra uma definição puramente diferencial do signo. E sabemos quão grande é o peso dessa definição. Reciprocamente, contudo, não se deixará a semiologia inclinar por esse confronto? Ser-lhe--á necessária bastante independência para se aplicar a discernir aquilo pelo qual os sistemas significantes diferem da língua e diferem entre si. E se a arte cair sob sua jurisdição, a semiologia deve cuidar para não identificá-la apressadamente com a linguagem, conforme nos convida o estereótipo em vigor.

1. **Semiologia e Lingüística**

Antes de interrogar sobre a arte, lancemos um olhar à semiologia à qual a arte estaria subordinada: talvez aí encontremos motivos para desconfiar dessa identificação.

A semiologia propõe-se estudar qualquer sistema de signos. Os exemplos que Barthes aduz desses sistemas — visto que ele trabalha nesse setor — são o vestuário, a alimentação e, secundariamente, o automóvel e o mobiliário (notemos que jamais as artes). O que autoriza chamar a esses sistemas de objetos ou de imagens dos conjuntos significantes? Sempre se define o conjunto significante conforme o modelo privilegiado da linguagem. É um código destinado à comunicação de mensagens, isto é, à permuta de significações. Código e mensagem são língua e fala: destarte aplicamos ao conjunto a distinção que, desde Saussure, norteia toda a operação lingüística e lhe assegura a dignidade de uma ciência. Pois a distinção retorna para separar matéria e forma ou, como diz Hjelmslev, substância e forma [2]; e a forma assim extraída autoriza a formalização. Mas como o conjunto significante admite essa distinção? Em que ele é um conjunto e em que é significante?

O fato de ele ser um conjunto implica, por um lado, em poder isolá-lo; por outro lado, em poder encontrar no interior do campo assim circunscrito, entre os termos que nele são discernidos, relações exprimíveis por esquemas e arranjos regidos por regras. Importa aos semiólogos, antes de tudo, que o conjunto seja realmente formalizável: assim o vestuário ou o mobiliário podem ser articulados em elementos discretos entre os quais se estabelecem relações de oposição ou complementaridade, de conjunção ou disjunção, e que autorizam uma combinação. Mas isso é suficiente para valer a esses conjuntos o nome de língua? Mesmo que se abstraia do discurso e que se insista ou não na função semântica, a língua é sempre significante. Também o são esses conjuntos? São eles significantes como o são sistemáticos ou sistematizáveis? Pode-se dizer que uma peça de vestuário ou de mobiliário é um signo mas, então, qual é o significado cuja relação com o significante constitui esse signo? Não há dúvida que essa semantização, essa extensão praticamente ilimitada da significação parece produzida inevitavelmente pela própria atividade do espírito sempre em busca de significados, a tal ponto que qualquer coisa pode ser signo, das palavras às entranhas dos pássaros, das nuvens às flores, dos sonhos às percepções. Mas se pode dizer

---

(2) A substância é o dado extralingüístico que só pode ser descrito e no qual a forma se atualiza. O binômio substância-forma vale tanto para o significante, quanto para o significado. É fácil aplicá-lo ao primeiro: a substância é, então, a substância fônica da expressão, um pouco como o giz sobre o quadro-negro é a substância da escritura lógica, e a escritura mesma, de preferência à fala, a substância do pensamento lógico. Mas é mais difícil aplicá-lo ao segundo: o sentido positivo do conteúdo. Por exemplo, aquilo que Husserl chama de objeto em geral pode ser separado de sua organização formal — como "categorias" de objetos, tais como unidade, pluralidade, relação, totalidade — ? Talvez a formalização possa evitar essa dificuldade: ela deve prosseguir até nela encalhar; para liquidar o intuitivo, ela pode liquidar toda matéria, mas o sentido é sempre sentido de, ele é sempre solidário de uma matéria, mesmo que seja de uma matéria formal. Em outros termos o sentido não pode ser o resultado unicamente do arranjo formal, ele não pode ser somente diferencial. É da mesma forma, como veremos, que os signos lingüísticos têm um sentido positivo e, em suma, dizem alguma coisa.

de todos os campos lexicológicos que eles são *essencialmente* significantes? Alguns parecem sê-lo apenas por acréscimo, acidentalmente, como as entranhas de pássaros para um povo supersticioso, os sintomas para o médico, as flores para os namorados. O equívoco dos significados provém, então, do fato de um significante também poder ser tido por não-significante ou ser interpretado segundo lexias completamente diferentes, como o vestuário pelo economista e o costureiro: a polissemia depende menos da riqueza ou confusão do sentido do que da diversidade das leituras. Isso foi muito bem observado por Barthes: "muitos sistemas semiológicos (objetos, gestos, imagens) têm uma substância da expressão cujo ser não está na significação"[3], e ele propõe para esses signos o nome de funções-signos. Poder-se-ia igualmente falar de objetos-signos em relação aos objetos que solicitam, antes de tudo, uma *praxis* não lingüística e só se tornam signos pelo efeito de uma decisão de algum modo arbitrária num certo contexto cultural. Poder-se-ia então perguntar se tais signos, antes de serem estudados como signos, não devem ser estudados como produtos de uma *praxis* ou como instituição social. O estudo das técnicas pode ser empreendido primeiramente fora da semiologia, e mesmo o estudo de estilos, que não são necessariamente expressões, pois o que é modelo para uma atividade não tem necessariamente o caráter de um paradigma lingüístico.

Aliás é notável que a divisão dos sistemas semiológicos seja muitas vezes operada segundo critérios distintos dos semânticos: os sinais das estradas constituem um conjunto significante não pelo seu modo de significar, que é diverso, visto que ele consiste tanto em signos icônicos, quanto em signos gráficos, mas pela sua finalidade e porque são institucionalizados (e o estudo de sua legibilidade que, praticamente, é o mais importante, pode ser feito no plano de uma teoria da informação sem recorrer à instrumentação semiológica). Acrescentemos que os signos lingüísticos não se contentam em substituir outros signos, eles também podem exprimir sua significação e, talvez por si possam investi-las. Assim, *digamos,* consoante o exemplo de

(3) Barthes, *op. cit.*, p. 106.

Barthes, que o *sweater* significa os longos passeios de outono nos bosques; mas talvez ele o signifique somente quando a fala o diz. Através dessa mediação a linguagem reivindica seus privilégios e parece recusá-los aos outros signos que não são essencialmente significantes.

Por outro lado, se eles o são, não é sempre à maneira da linguagem. Neles a relação do significado ao significante não é sempre o que é na língua e pode variar de um sistema a outro. Na língua, ensinou-o Saussure, salvo o caso das onomatopéias e o caso dos signos chamados proporcionais (como *pommier, chaisière*), a relação é arbitrária ou imotivada: entre o som *boeuf* e o conceito *boeuf* há, apenas, um liame convencional, o qual não perde o seu caráter arbitrário para se tornar familiar graças à aprendizagem. Ora, essa distância da percepção ao conceito ou, se preferirmos, de uma substância fônica (ou visual na escrita) a uma substância ideal, já variável no interior da linguagem pois a motivação pode atenuá-la, não é a mesma em toda leitura do sentido. Há, em primeiro lugar, o caso dos sinais que solicitam menos a compreensão que uma reação imediata: o significante não suscita uma representação, ele desencadeia um gesto; ele age como um estímulo, sem passar pela consciência. Ademais, é possível que essa economia da representação seja somente o resultado de uma aprendizagem. Se há verdadeiramente significação, é possível que sempre haja uma representação, ao menos do significante, que é necessário perceber. Mas o importante é que o significado, quando é representado, possa se situar numa distância variável do significante. O triângulo emborcado que me ordena parar é mais imotivado que o sinal que me adverte de um risco de derrapagem mostrando um veículo que derrapa. O edifício que fala, como diz Valéry — lupanar, prisão ou palácio —, é mais eloqüente que o H.L.M. * O fraque está mais nitidamente votado à significação que o termo: ele distingue mais, pois é usado por pessoas de distinção. A pintura representativa é mais motivada que a pintura abstrata. Acaso o sintoma indica a doença da mesma maneira que os céus

(*) *Habitation à Loyer Modéré* — conjuntos habitacionais de apartamentos alugados a preço módico. (N. do T.)

manifestam a glória de Deus? Acaso o filme significa como a representação teatral?

Ora, procurando saber *como* o signo significa, a semiologia tende a escamotear *o* que ele significa ou, em todo o caso, a interpretar o *quod* em função do *quomodo*. Pois se assegura que o descontínuo é necessário à significação, que o sentido é articulação e só se põe opondo-se. Daí a procura de unidades significativas — as palavras ou monemas, como também os semas e os eixos semânticos na *Sémantique structurale* de Greimas —, discretos e classificáveis. Queremos que o significado seja formalizável como o é o significante e porque o formalismo o exige. Mas estamos seguros de que a significação, quando é analógica — quando o sentido é oferecido por uma imagem que é seu *analogon* — implique o descontínuo e esteja subordinada a séries paradigmáticas? Estamos seguros de que a necessidade de distinguir claramente os significantes, de transmiti-los distintamente acarreta que o significado seja distinto do mesmo modo? Não há dúvida que a idéia deva ser clara e distinta. Mas o todo do sentido não está na distinção e, talvez, a substância do sentido não seja diferencial. O *stop* significa: pára! em relação à ausência de sinal que significa: continua! mas significa também perigo, mobilização da atenção, ordem específica. O Leste não é somente o que se opõe ao Oeste, é também o Oriente desértico onde Antíoco se aborrece ou, pelo contrário, a glória do Levante. Há um positivo do sentido que é vivido como tal e veremos que a respeito desse ponto a semiologia da arte pode trazer algumas indicações para o estudo da linguagem, contanto que essa semiologia tome distância em relação à lingüística e não tenha o seu formalismo como exemplar.

Certamente o esforço de estruturação que fazem os semiólogos não é inútil; é por ele que o objeto se torna um objeto epistemológico, como é pelo atomismo que se constitui o objeto químico. Mas a química que cria perfumes não pretende dar contas da experiência ingênua dos perfumes. Pode-se perguntar se a fonte do sentido não é uma experiência diferente e se o estruturalismo não tende a esquecer essa experiência para colocar em seu lugar uma noção cientificamente elaborada do sentido. Wittgenstein tinha deparado com esse problema no *Tractatus*: visto que a lógica cria uma linguagem lógica, por um momento ele tinha pensado que a linguagem da lógica era a lógica da linguagem, antes de compreender que a fala manifesta uma outra lógica, diversa segundo os jogos da linguagem, e desconcertante. Igualmente deve o semiólogo determinar ao espírito, que vive os signos, o tratamento que ele lhe impõe e a interpretação que ele dá? É necessário, então, atribuir ao inconsciente a operação que nele é bem consciente. Visto que o antropólogo confronta sistematicamente os mitos, deve ele dizer que "os mitos se pensam entre si", e supor que o indígena inconscientemente os pensa como se pensando entre si? A consciência doadora de sentido passou-se inteiramente para o lado do sábio; os resultados que ele obtém são apaixonantes; mas não são eles mais verdadeiros que a natureza, verdadeiros de uma verdade diferente da que vive a consciência ingênua e que a reflexão também deve pôr em evidência?

Nós não pensamos, de forma alguma, em contestar a importância da semiologia; julgamos, pelo contrário, que ela pode exercer uma ação em retorno sobre a lingüística contanto que não procure forçar seus dados numa instrumentação conceitual pré-fabricada. Com efeito, vê-se bem em Barthes, ela é levada a introduzir as distinções que se impõem entre as linguagens propriamente ditas e os outros sistemas de signos. Seja-nos permitido propor, aqui, uma primeira classificação, embora sumária, desses campos semiológicos, segundo a qual se poderia determinar um lugar à arte. No nível médio, o campo lingüístico: a linguagem, que é por excelência o lugar da *significação,* e pode ser definida assim: permite transmitir mensagens por meio de códigos; mensagens e códigos nela estão solidários e, de algum modo, em igualdade. Em relação a esse nível, dois extremos: primeiramente o campo infralingüístico, o qual congrega sistemas que ainda não são significantes; há, por certo, significantes, signos ou sinais, mas que estão mais para serem discernidos do que compreendidos; há um código, mas não mensagem; a significação reduz-se à *informação.* Em segundo lugar, o campo supralingüístico, no qual os sistemas são supersignificantes; eles permitem transmitir mensagens, mas sem código ou, em todo o caso, tanto mais ambíguas quanto o código é menos estrito: a significação, nesse caso, é *expressão*[4]. Esses três planos, é claro, não estão rigorosamente separados; o mesmo conjunto significante pode se estender sobre os três, mas se articula principalmente sobre um deles. Parece-nos que a arte é, por excelência, o representante do supralingüístico. Para demonstrá-lo nós nos referiremos, evidentemente, ao modelo lingüístico. Confrontaremos, portanto, a arte com a linguagem, seguindo o estereótipo, mas para acusar as diferenças ao invés de empreender uma análise positiva[5].

Donde vem a idéia de que a arte é linguagem? Digamos logo que ela não é sugerida pelo fato de algumas artes recorrerem à linguagem. A existência de artes da linguagem não implica em a arte ser linguagem, como a arte do bronze não implica em a arte ser bronze. Se essa analogia escandaliza é porque a linguagem reivindica uma dignidade diferente daquela de um material manejável a bel prazer, e com legitimidade, visto que ele é sempre portador de sentido. Mas não é só para o seu sentido que o poeta dele dispõe, nem mesmo o prosador, é, antes de tudo, como de um material que recuperará seu sentido por acréscimo e, além disso, enriquecido e engrandecido miraculosamente. Em todo o caso, mesmo se a linguagem conserva ou reencontra suas propriedades, ela não as confere à arte que a emprega: a arte da linguagem não se torna automaticamente linguagem. A prova é que as outras artes, sem recorrer à linguagem, podem falar igualmente. De fato, aqueles que lhes atribuem esse poder não tomam as artes da linguagem como modelo; eles dizem de bom grado: *ut pictura poiesis,* ou: *ut musica,* e estão prontos para compreender a poesia pelas outras artes. Por conseguinte, não é das artes da linguagem que provém a idéia de que a arte é linguagem. Donde provém ela? De um exame elementar da linguagem. Realmente ela se explicita através de duas afirmações: a obra é um discurso que supõe certo código e o artista fala pela obra. Essas duas teses reenviam, evidentemente, à distinção entre língua e fala ou entre código e mensagem.

(4) Interpretamos esses três conceitos de informação, significação e expressão em *Le Poétique,* cap. 2.
(5) Empreendemos essa análise em *La Phénoménologie de l'expérience esthétique* e em *Language and Philosophy,* que retomaremos sumariamente no fim desse ensaio.

Examinemo-las sucessivamente deixando de lado, ao menos até o último momento, para evitar qualquer confusão, as artes da linguagem.

2. Arte e Língua

A obra de arte é um discurso composto numa língua? Há uma língua da arte? Essa questão, embora a estudemos aqui em primeiro lugar, é levantada pela segunda asserção. Admite-se que o ato instaurador da obra se quer como fala e quer a obra como mensagem. Pergunta-se, então, se ele encontra uma língua à sua disposição; pois se supõe que a língua é um instrumento utilizado pela fala, um meio de falar (sendo a própria fala um meio de dizer algo, ordenado para certa intenção como informar, instruir, rogar ou se mostrar polido). Haverá, pois, na arte e para a arte, alguma coisa que seja língua?

Ora, já na própria linguagem, não é fácil discernir o estatuto da língua; ela só se realiza na fala; em si mesma, é uma abstração, o sistema institucionalizado dos esquemas e normas que presidem ao uso. Provavelmente ela oferece um semblante de objeto ao indivíduo para o qual é exterior, estrangeira, e que a apreende: ele a encontra nos léxicos e gramáticas; mas esses livros são fala fixada, eles falam a respeito da língua, eles não são a língua. Essa dificuldade não se encontra onde o código não tem nada em comum com a linguagem e pode ser claramente determinado e definido graças a ele: por exemplo, quando se estabelecem as regras do jogo de xadrez, antes de pôr em jogo essas regras em partes que figuram o exercício da fala. Ao contrário, quando o gramático quer enunciar as regras de uma língua, ele não só deve recorrer à língua para formulá-las, fazendo então um uso autônomo do discurso, mas deve, por vezes, procurá-las na fala (dos escritores ou dos moços de recados) e, no limite, no conjunto de todas as falas, pois a língua é o que assegura a unidade de todos os discursos possíveis nessa língua. O código, portanto, só se deixa conhecer nas mensagens, o sistema nos produtos do sistema. Mas onde encontrar um sistema da arte? Como definir a arte como conjunto? Seria possível apenas de dois modos: ou procurando que léxicos e que gramáticas estão à disposição do criador, ou procurando, em primeiro lugar, se há qualquer coisa que satisfaz a um sistema na obra criada e, quem sabe, no conjunto das obras. Defrontamo-nos, então, com dificuldades que desencorajam identificar a arte com a língua.

Antes de tudo, a arte não se deixa circunscrever como uma língua. Há artes como há línguas. Não há dúvida que cada língua está aberta a todas as influências do ambiente lingüístico e os espíritos rabugentos continuam a denunciar o *franglais*. Mas as diferentes artes são entre si, ao mesmo tempo, mais fechadas e mais abertas: mais fechadas, enquanto não se prestam a uma tradução; mais abertas, enquanto se prestam a associações: a "correspondência das artes" jamais tem o rigor de uma tradução, mas sua associação naquela arte total — sonho de numerosos artistas — não cessa de se realizar, ao menos parcialmente, na ópera, na coreografia, na arquitetura: o belo não tem fronteiras. A classificação das artes estabelece-se com menos facilidade que a das línguas: novas artes podem surgir, como se vê em nossos dias (cinema, escultura móvel, *lumnia*), enquanto fracassa o projeto de línguas novas: é que a arte — como a moda, segundo Barthes — está nas mãos de um grupo de decisão, o grupo dos artistas (que, de resto, mal é um grupo, é, antes, uma coleção de indivíduos não raro ciumentos de sua independência), enquanto a língua se investe na "massa que fala" e goza de uma vida coletiva que as iniciativas individuais — os fatos da fala — dificilmente afetam.

Compreende-se, então, que, enquanto a língua se manifesta no conjunto dos discursos e impõe a cada um qualquer coisa de comum pelo qual eles constituem uma totalidade homogênea, o conjunto das obras de determinada arte não apresenta caracteres onde se revelaria um sistema. A arte é feita de criadores singulares e a *praxis* criadora é sempre anárquica. É verdade que a história de uma arte atesta certa continuidade e, talvez, uma espécie de lógica interna. Por exemplo: na alternância do clássico e do barroco ou da imitação e da estilização; mas, nesse caso, trata-se antes de ritmo vital que de um desenvolvimento regular da tradição. Mesmo quando o desenvolvimento tem qualquer coisa de unilinear, como no movimento que vai do impressionismo ao expressionismo, da tonalidade à serialidade ou da abóbada de arestas ao cruzamento em ogivas, ele só prossegue através de decisões individuais onde a invenção muitas vezes se realiza na revolta e onde a tradição é, ao invés de repetição, a resposta de um criador a outro. Cada grande obra anula o passado ao retomá-lo e abre um porvir: tal é a historicidade da arte. Visto de perto, o "pleroma das obras" é uma constelação de estrelas aberrantes. Mesmo se, com o recuo, nele introduzimos um pouco de ordem (porque existe, como veremos, um devir mais coerente dos processos de fabricação ou das coações técnicas), não é necessário procurar a homogeneidade ou a continuidade que haveria de revelar a presença de uma língua. Nada de "sistema" das obras: cada uma recusa as outras ao prosseguir sua própria busca. A informação é fornecida pela diferença do objeto, mas enquanto ele é um objeto novo, imprevisível e total, enquanto ele se distingue e não enquanto é composto de elementos distintos.

Contudo, não se poderia encontrar signos dessa presença de uma língua em cada obra tomada isoladamente, como a encontramos em cada discurso? Evocaríamos, então, o caráter de necessidade que pertence à obra acabada e condiciona o aspecto formal da beleza. O sentimento dessa necessidade é, certamente, muito vivo no artista: é quando "a obra se mantém por si mesma" que ele não mais precisa carregá-la e a criação se completa; qualquer arrependimento, retoque, adição estão doravante excluídos sob pena de romper o acordo maravilhosamente obtido; e esse mesmo sentimento, se ele o percebe bem, deve comunicar-se ao público. Mas essa necessidade não é da mesma ordem que a conferida à cadeia falada pela obediência às normas lingüísticas e que é relativa à sintaxe; a escolha das palavras ou das entonações, determinada pela preocupação de dizer bem aquilo que se quer dizer, não é sancionada como a escolha das cores, das proporções ou dos sons por essa consciência de uma inalterável perfeição. Por um lado, essa consciência é sentimento antes que intelecto: só se concebe a necessidade demasiado tarde para a justificar, ela é experimentada como uma evidência sensível: é assim. Por outro lado, se só o sentimento se pronuncia é porque é preciso julgar a respeito de uma necessidade de algum modo orgânica e não lógica: a gênese da obra é como um crescimento; a obra, na medida em que adquire forma, afirma e impõe suas próprias normas (mais ou menos como um campeão, segundo a observação de Thibaudet, leva em si as normas às quais tenta igualar-se; mas já o organismo mais deserdado também o faz); é a essas exigências que o artista cede ao fazer o que a obra em gestação dele espera. E o sentimento de necessidade que ele experimenta, no fim, o recompensa. Entre essas duas necessidades, entre essas exigências da obra e as coações do código, não há nada em comum. Isto se compreenderá melhor ao comparar a escolha da palavra na fala da prosa e a criação poética. Tanto o prosador, quanto o poeta pensam: é necessário, ou: foi necessário. Mas, para o primeiro, trata-se de encontrar a palavra que diz com exatidão, para traduzir seu pensamento, respeitando a gramática; para o segundo, a palavra que soa com exatidão e que diz exatamente porque soa com exatidão, mas que fala do imprevisível porque a exatidão do sentido é dada demasiado tarde na exatidão do som, livre, de resto, para remexer os imperativos da sintaxe: essa aliança espantosa entre a substância e o conteúdo não é premeditada, é experimentada, e experimentada como um dom. É, de fato, o sentimento que reconhece a necessidade própria do acordo carnal das palavras e que engendra um novo sentido.

Resta o fato de toda criação obedecer a um código, cujos esquemas e normas preexistem ao apelo da obra. Não estará aí, para toda a arte, o equivalente de uma língua, qualquer coisa como um léxico e uma gramática à disposição do criador? Mas se se evoca a língua-objeto, isto é, a língua para o lingüista, é necessário compará-la com a arte-objeto, isto é, com a arte para o crítico ou para o esteta (e não com a arte como fala, isto é, como *praxis* do artista, mesmo se o estudo objetivo se deve referir a essa *praxis*). Na língua-objeto, para a lingüística, o problema reside na análise: no fluxo da fala onde a língua se encarna, trata-se de separar unidades, visto ser a articulação dessas unidades, suas oposições e combinações que veiculam o sentido. A separação deve ser operada, ao mesmo tempo, naquilo que se poderia chamar a fala real e a fala possível: na primeira, o liame que se estabelece entre as unidades é o liame por contigüidade que constitui o sintagma (por exemplo: o encadeamento das palavras numa frase ou numa fórmula feita, como: *mince alors!*) (Puxa vida!); na segunda, trata-se de um liame por similaridade (semelhança e contraste) supostamente conhecido do prosador, que une *in absentia*, por exemplo, as flexões duma palavra, e que constitui o paradigma. A análise dos sintagmas orienta a análise dos paradigmas, visto que são as unidades sintagmáticas — as palavras, por exemplo — que constituem os termos entre os quais o sistema estabelece as relações paradigmáticas [6]. Essa primeira distinção entre o que Saussure chamava de plano de sintagma e plano das associações pode, evidentemente, ser aplicada à arte, pois o próprio Saussure a ilustrava como um exemplo tomado da estética: a coluna de um templo, dizia ele, está numa relação real de contigüidade com outras partes do edifício, como a verga da porta, e, simultaneamente, desperta em nós a comparação com outras ordens arquitetônicas, por exemplo, se é dórica, com a jônica ou coríntia. Mas comparação não é razão, e Saussure se servia dessa analogia para aclarar os conceitos lingüísticos e não para estendê-los ao campo da estética. Pode-se dizer de qualquer objeto que é justo compará-lo com alguns outros e, de fato, está ligado a outros, sem que, com isso, se inscreva num conjunto significante; pois a primeira condição, como dizíamos, seria que esse objeto fosse ele mesmo significante. Afastemos, portanto, agora essa condição: permanece o fato de a comparação se defrontar com dificuldades. Enquanto a tarefa do lingüista é, precisamente, determinar as unidades, o esteta — como também o artista — ocupa-se com unidades já determinadas. E, sobretudo, as unidades próprias à língua são de duas ordens: as unidades significativas — monemas ou palavras — e as unidades distintivas — fonemas —. Essa dupla

(6) Pois a lingüística deve fazer justiça à palavra: "os problemas que a definição da palavra coloca não a impedem de ter, como entidade, uma realidade concreta e viva". (Jakobson, *Essais de linguistique générale*, p. 163). Essa observação de Jakobson parece-nos essencial; cabe à lingüística conciliá-la com a preocupação bem legítima que ela tem de não personificar a palavra (cf. p. ex. Martinet, "Le mot", *Diogène*, nº 54, 1965).

articulação suscita problemas; durante muito tempo levou a privilegiar a fonologia, talvez excessivamente, pois parece que o inventário dos fonemas esteja subordinado àquele dos monemas porque a mudança de um fonema introduz uma mudança de sentido no monema. E é digno de nota que o monema não possa se definir sem reterência ao sentido, visto que sua determinação apela para a prova de comutação[7], muito semelhante à variação imaginativa que, em Husserl, determina a denotação do conceito, mesmo se é apenas a forma e não a substância do significado que é invocada. Se *rameau* (ramo) se distingue de *radeau* (jangada) é porque os significados diferem e em função da substituição do "m" pelo "d". Podem essas distinções ser aplicadas à arte? Evoquemos, sucessivamente, o caso da música, pintura e cinema.

a) *A Música.*

Se quisermos aplicar à música o aparato conceitual da lingüística, a primeira tarefa é determinar os seus elementos. Ora, é verdade que o domínio sonoro oferecido pela música é descontínuo. Os elementos são os sons ou as notas que, ao menos antes do advento da música concreta, são definidos pelos intervalos. À primeira vista, as notas são os termos de uma língua: elas constituem unidades sintagmáticas na medida em que as distinguimos entre si como os graus da escala, e elas recebem um estatuto diferencial pois dependem da escala adotada, por exemplo de 5, 7 ou 12 tons. Essas unidades tornam-se unidades paradigmáticas quando as diferenciamos segundo a duração, intensidade ou timbre: como um verbo se conjuga, assim uma nota se toca. Mas a linguagem, acabamos de dizer, possui uma dupla articulação: a que tipo de unidade — significativa ou distintiva — faz-se mister assimilar as notas? À palavra (assim como ao sintagma quando se trata da frase melódica), ou ao fonema? O campo musical é comparável a um vocabulário ou a um sistema fonológico? Uma e outra comparação, ao serem analisadas com mais vigor, logo vacilam. Po-

---

(7) Essa prova coloca em evidência o que Jakobson chama de "o dualismo indissolúvel do signo lingüístico: o som e o sentido... É preciso analisar sistematicamente os sons da fala à luz do sentido, e o sentido mesmo referindo-se à forma fônica." (*Ibid.*, p. 162).

deríamos assimilar as notas aos fonemas? Não. Pois o seu discernimento parece operar-se imediatamente; ao musicólogo, em todo o caso, que analisa uma obra, elas se propõem como dados. Enquanto isso, os fonemas não são dados, nem ao lingüista que deles deve fazer um repertório, nem ao homem falante que simplesmente os ignora; pois os fonemas não são a matéria de sua fala: ele escolhe suas palavras para enunciar frases e não fonemas para pronunciar seqüências fônicas (a menos que ele não se escute falar como um ator que repete). Outra diferença: as notas são relativas a certo estado da cultura musical, à escala dos sons em vigor, e elas só têm uma necessidade institucional, enquanto os fonemas próprios de uma língua são tirados de um conjunto restrito que está submetido a uma necessidade fisiológica, limitado pela natureza dos órgãos de fonação. Nesse sentido, os fonemas são dados mais naturalmente do que as notas; e em todos os casos eles são dados de outro modo. Mas não mais podemos assimilar as notas aos monemas ou às palavras, que são significantes cujo discernimento implica um recurso aos significados, ao passo que as próprias notas não têm sentido: não podemos aplicar a prova de comutação para distinguir "dó" de "ré" como *rameau* de *radeau*. Podemos produzir sentido, é certo, com as notas se por sentido se entende a expressão própria da melodia: e a nota tomada isoladamente também pode ter uma qualidade estética própria, como uma cor, através da qual ela contribui para o efeito total; é, antes, a tonalidade, nas músicas tonais, que possui essa qualidade porque é arranjo de notas, sintagma se quisermos. Mas, precisamente na música tonal, a nota também tem um sentido que se liga por parentesco à significação lingüística por ser ele, ao mesmo tempo, diferencial e relativo: o sol, em dó, marca um princípio de repouso; em fá, uma calma provisória; em lá, uma incerteza etc... Significação "semiconvencional", sugere Francès,[8] que existe no interior do sistema tonal o qual é, ele mesmo, o produto de uma história. Contudo, essa qualidade não pode ser identificada com um significado, como a raiz de sentido própria de um radical; pois ela só pertence à nota como tocada, com todas as variações paradigmáticas que pode comportar

---

(8) Cf. o último capítulo de sua *Perception de la musique*.

o toque, segundo soe nos metais ou seja executada *pianissimo* na corda.

Mas é necessário ir mais longe: essas notas, que introduzem no ser musical uma descontinuidade análoga àquela da língua, existem verdadeiramente com a mesma autoridade que as unidades lingüísticas? Na partitura, sim. Mas o que significa esse ser escrito? A música, como a língua, pode ser escrita. Mas a relação com a escrita absolutamente não é a mesma para uma e para outra. A escrita alfabética em particular — seja qual for o arbitrário da ortografia, no qual Saussure insistiu — pretende se subordinar aos signos falados para os transpor exatamente aos signos escritos, de modo que, para o emissor, é indiferente falar ou escrever e, para o receptor, escutar ou ler (exceto o caso, todavia, da fala poder veicular signos secundários, emotivos ou conotativos que a escrita não pode representar). Enquanto isso a escrita musical é propriamente um código, mas que não está a serviço de outro código, pois o signo escrito não substitui a outro signo, ele se faz signo, por sua própria conta, para o executante. Daí poder acontecer que a escrita seja mais do que um sinal: em certas partituras contemporâneas, como a de *Metastasis,* os *glissandi* dos violinos são indicados por traços oblíquos, cuja queda é mais ou menos acentuada. Há uma figura espacial da música que, na obra de Xenakis, não é estranha a uma purificação arquitetônica, que realmente corresponde à arquitetura do pavilhão Philips. É por onde reencontramos a idéia de arabesco, exposta por Etienne Souriau na *Correspondance des arts.* Mas é porque a escrita, de algum modo, imita o gesto que ela indica e, com isso, imita o som: espacialização da música, que não é uma perda, mas que atesta seu enraizamento na natureza... Em todo o caso, é sempre ao executante que o signo escrito se dirige. Pois o objeto musical só existe plenamente quando executado. As notas escritas só têm o ser de um signo porque ainda não são música. Mas o objeto musical não tem o ser de um signo, nem as notas o ser de uma significação, a não ser acessoriamente. O seu ser, dizíamos, é o ser de uma matéria-prima na qual se edifica o objeto musical: elas constituem o campo sonoro oferecido à *praxis* criadora, a qual apela para a *praxis* do executante. Em outros termos, se o campo sonoro está para a música assim como a língua está para a fala, se ambos existem a serviço da comunicação, solicitam tanto a execução, quanto a recepção, permanece a diferença entre o primeiro que só existe como sonoro — é por isso que a partitura onde a obra se inscreve ainda não é música: tudo está feito e tudo resta para fazer; enquanto a segunda já existe, com pleno direito, antes de ser concretizada — e ela pode sê-lo pela escrita como também pela fala: a concretização é-lhe indiferente.

Assim a nota só existe plenamente quando tocada, como, generalizando, o objeto estético só existe quando percebido. A isso é necessário acrescentar que a nota é sempre tomada no fluxo sonoro e, nesse sentido, não tem existência autônoma. Para o ouvinte, são as notas desafinadas que existem, as que traem sua expectativa e o surpreendem; desafinadas em relação a certo sistema harmônico e, talvez, deliberadamente desafinadas, caso não sejam devidas à inépcia do executante. Além disso, que importância tem uma nota desafinada, justamente do ponto de vista da harmonia, nas nuvens de pontos e os *glissandi?* Isto não significa, absolutamente, que a música que assim procede seja mal acabada mas, antes, que ela nos propõe outra concepção do campo sonoro onde a nota, como a partícula num campo físico, é, de algum modo, afetada por um coeficiente de incerteza. E mesmo na música mais clássica, a nota só tem um ser subordinado ao sistema no qual se integra; ela é, de algum modo, absorvida no movimento rítmico e na totalidade harmônica. Aquilo que muitas vezes se disse a respeito da palavra, ou seja, que só existe verdadeiramente na frase — *"doukipudonktan?"* — com mais fundamento se pode dizer da música; pois "os problemas colocados pela definição da palavra não impedem à palavra de ter, como entidade, uma realidade concreta e viva" [9], enquanto a nota, votada à percepção, desaparece na totalidade percebida, do mesmo modo quando essa totalidade é rigorosamente construída segundo os preceitos de determinada harmonia.

A evocação da harmonia, é certo, também convida à aproximação com a língua: por acaso não é a

(9) Jakobson, *op. cit.*, p. 163.

harmonia a gramática da música da qual as notas seriam o léxico? Mas igualmente nesse ponto a aproximação é superficial: na língua, observa Jakobson, o sistema gramatical e os sistemas fonológico ou lexical, apesar de seguramente interdependentes, são autônomos; cada sistema tem um devir próprio: "existem mudanças fonológicas que reestruturam o sistema fonológico de determinada língua sem consideração para com o sistema gramatical" [10], e inversamente: isso significa que cada sistema goza de um ser-em-si e se estrutura a si mesmo. Na música, a solidariedade entre o campo sonoro e as regras que o regem é mais estreita e num sentido único: as regras estruturam o campo sonoro e nele introduzem até mesmo a descontinuidade que permite a estruturação. Só há notas no interior dos acordes e conforme seu encadeamento.

Mas, e a respeito dessas regras? Porventura têm elas, na música, uma autoridade análoga à da gramática na língua, que haveria de conferir simultaneamente uma realidade mais plena ou mais objetiva ao campo sonoro? Isso nos conduz à colocação de uma última questão: há, verdadeiramente, um campo sonoro preexistente à obra? Há um campo lingüístico preexistente à fala: um em-si da língua que existe, como diz Saussure, na massa falante, e que o lingüista estuda aquém da fala ou, então, supondo uma fala anônima que não introduz nem singularidade nem mudança (graças a isso ele pode privilegiar a sincronia). Mas não há em-si do campo musical. A música não existe fora das obras musicais, e o músico é um homem que se instrui junto das obras, como o pintor, conforme lembra Malraux, junto dos quadros. Aqui é necessário evocar de novo a *praxis* do criador, à qual, de resto, o musicólogo não cessa de se referir ao procurar como a obra é feita. Aparece, então, que cada obra escolhe suas próprias normas e só as escolhe, como aqueles tormentos deliciosos de que fala Valéry, para as transformar: isso transparece claramente da análise das mais clássicas partituras. Igualmente cada obra recriada circunscreve e utiliza por própria conta o seu campo sonoro. Dir-se-á, provavelmente, que há tratados de harmonia ou de contraponto, como há dicionários e gramáticas que conferem

(10) *Ibid.*, p. 171.

uma realidade objetiva a uma língua musical. Mas qual é o apreço que lhes têm os compositores? Esses tratados são para uma música que não é ainda música: para exercícios escolares, para estudantes que, por não poderem criar ao impor a si mesmos suas próprias regras sobre o próprio terreno, isto é, obedecendo a uma necessidade que só existe para eles, como a porta do castelo só existia para K., embora o ouvinte logo possa apreendê-la, se exercitam recebendo de outro lugar sua matéria e suas instruções. Enquanto aprendemos uma língua para falar como todo o mundo, mesmo se dizemos algo de pessoal, permanecemos fiéis às instruções; em todo o caso, a criatividade, a não ser que provenha da fala artística, é negligenciável. Dito de outro modo, cada músico reinventa a música por sua própria conta, a partir de um esquema dinâmico que lhe é próprio e que será, de alguma forma, a alma da obra. Há, se quisermos, em cada momento da cultura, um determinado estado do código musical no qual o músico se iniciou quando aprendiz. O músico não pode ignorar as notas ou os intervalos anteriormente dados, como também suas significações que existem tanto para o ouvido do ouvinte, quanto para o seu. Ele se refere implicitamente a elas e aí se apóia. Mas esse código não é uma língua, é muito mais fortemente histórico do que a língua e muito menos imperioso, e todo músico, desde que é ele mesmo, lhe é infiel. A história da música, tão acelerada em nossos dias, é uma seqüência de aventuras e de conquistas que não cessa de fazer explodir o campo sonoro. E essa história permanece aberta. Talvez haja uma gramática universal, como sugere Jakobson, mas não há um sol harmônico universal sujeito a uma análise harmônica unívoca pela qual nos restringiríamos, por exemplo, a fazer a soma das afinidades naturais entre os sons. A idéia é sedutora e foi bem apresentada por Costère. Mas não parece, como mostrou Chailley, que sua generalização seja finalmente aceita[11]. Pois o jogo das afinidades naturais é complexo e sintético, nunca homogêneo ou linear; a análise corre o risco de recair a qualquer momento no esquematismo, ela facilmente não dá importância à riqueza do percebido.

(11) Cf. o livro de Costère, *Mort ou transfigurations de l'harmonie*, e as objeções de Chailley em *Formation et transformations des échelles musicaies*, curso mimeografado, C.D.U., *ad finem*.

A música somente está nas músicas que são sempre singulares. Se fosse necessário continuar a aproximação entre música e língua, em todo o caso, é com a obra musical que seria necessário comparar a língua: cada obra reivindica para si a autonomia de uma língua. Mas daí não segue que seja possível a tradução de uma para outra, porque não há entre elas o denominador comum conduzido pela significação: cada obra só significa a si mesma.

Destarte, o campo sonoro não só não propõe unidades específicas preexistentes, mas ele mesmo não preexiste verdadeiramente à obra. Ele é como uma matéria-prima ainda amorfa e, além disso, engendrada pelo próprio ato que a informa. Essa matéria está para um fazer, como a pedra está para o escultor, mas sem ter o ser maciço e resistente da pedra; ela só toma forma pela *praxis* criadora, a qual apela para a *praxis* do executante. Por conseguinte, ela não tem o ser de uma língua. E o objeto que nela se edifica também não é um discurso. A obra musical é igualmente temporal como o discurso, mas não tem a mesma maneira de ocupar o tempo. Será necessário dizer com Boris de Schloezer que ela é intemporal [12]? Sim, se evocarmos seu sentido numa perspectiva platônica; mas isso também pode ser dito do discurso e de tudo o que é animado por uma essência. Mas nós pensamos, de preferência, naquela espacialização do tempo que é particularmente notável na música moderna[13]: não somente quando se deslocam fisicamente as fontes sonoras como em *Eonta* de Xenakis ou o *Gesang der Jünglinge* de Stockhausen, mas quando mais profundamente a escrita musical imita uma forma arquitetônica já figurando a forma do som e, mais profundamente ainda, quando a composição elabora aquilo que Stockhausen chama de formas-momentos, isto é, segundo a expressão de Charles, estases do tempo primário, que escandem o espaço de preferência ao tempo. Talvez isso já tenha aparecido na música clássica, onde a reaparição dos temas, sobretudo quando o tema se rompe e rompe o arabesco como em Debussy, constitui um tal instante fora de tempo. O tempo da música só seria verdadeira-

(12) *Introduction à J. S. Bach*, p. 31 et *passim*.
(13) Cf. D. Charles, "Xenakis aujourd'hui", *Revue d'Esthétique*, 1965, nº 3-4.

mente temporal se fosse simultaneamente lógico, se seguisse como um discurso a ordem dos argumentos ou, ao contrário, a ordem da gramática; mas, precisamente, não há música que não invente ou surpreenda: nenhuma fuga de Bach que não siga os cânones do desenvolvimento sem os renovar, nenhuma sonata de Beethoven que não siga o plano que lhe cabe sem inovar.

A obra musical também não é uma seqüência linear como o discurso. Se ela comporta motivos, seu desenvolvimento é semelhante antes a uma germinação, a um fenômeno de crescimento biológico do que a uma explicitação lógica; ela modula como modula o germe para produzir o fruto e sempre com qualquer coisa de teratológico. As variações não são variantes, outras maneiras de dizer mas, antes, outros gestos, outras maneiras de realizar o esquema dinâmico. E hoje sucede que a música coloca os sons em liberdade sem os sujeitar à melodia; mesmo o formalismo aí pode ser empregado, pois o conflito entre partidários e adversários do formalismo, tão bem observado por Gisèle Brelet[14], não se atenua; mas o formalismo das músicas estocásticas visa a produzir algo de informal: pode-se compará-lo à ordem dos argumentos que a gramática articula? Não, a música não é discurso. Ela não dispõe de uma língua. Quando muito ela é sua própria língua para si mesma, uma língua intraduzível e inapreensível que ela não cessa de destruir ao edificar.

Mas isto basta ao musicólogo. Com os resquícios dessas línguas esparsas nas obras, ele pode reconstituir uma espécie de língua musical: ele pode compor um tratado de harmonia. Mas é preciso compreender que definir determinado campo sonoro é marcar certo modo da *praxis* musical, ou certo estado da consciência musical, que é uma espécie de média abstrata e sempre relativa a um momento da história: a reserva diacrônica aqui é de rigor e também o reconhecimento de que essa língua só existe reconstituída e, tal qual, jamais serviu. Essa tarefa absolutamente não é negligenciável; ela permite, ao mesmo tempo, iniciar aos aprendizes da música e escrever a história da música. É para essa tarefa que, num outro domínio, Francastel orienta a sociologia da arte. Ao elaborar essa língua faz-se aparecer que

---

(14) É o tema do livro *Esthétique et création musicale*; cf. em particular 1, 4 e 5.

o objeto estético — Francastel diz: o objeto figurativo
— "é necessariamente um objeto de civilização"[15], e podemos mostrar como ele se insere na totalidade cultural, isto é, num conjunto de objetos e de meios de comunicações. Mas esse estudo tem um outro estudo em contrapartida: o estudo do ato criador[16]. A tarefa do musicólogo é, então, fazer aparecer a criatividade do músico, de modo que a língua musical é sempre a recaída desse gesto criador, — e a singularidade da obra, de modo que essa língua, que sempre é instituída tardiamente, jamais funciona como língua.

b) *A Pintura.*

Esbocemos a mesma análise a propósito da pintura. Mas antes de mostrar que ela também não dispõe de uma língua autêntica, impõe-se uma tarefa prévia: faz-se mister mostrar que a vocação da pintura não é significar. Pois se pode pensar, ao menos da pintura figurativa, que ela tenha isso em comum com a linguagem: significar. Ora, o objeto figurado não é comparável ao objeto do discurso. Ele pode tornar-se objeto de um discurso — discurso do moralista, do psicólogo, do historiador ou, simplesmente, do amador —, no qual a pintura, como toda a arte, seria um desses sistemas não-isólogos onde o significado é mediatizado pela fala, mas não é num discurso que o seu ser se realiza, é no olhar. A pintura faz ver. Ao fazer isso, ela mostra, ela não diz. Ela não é um significante cujo ser se transcende para um significado. Com o que representa, ela não está na relação da palavra com o conceito, nem do mapa com o território: ela não o designa, ela é. E, inversamente, o objeto representado não é outra coisa que o representado; ele recusa ser confrontado com um outro objeto, o objeto real, como se a qualidade da pintura devesse ser medida pela exatidão da reprodução, como no caso de um mapa ou de uma prancha de anatomia. A semelhança não é um critério da qualidade estética como a exatidão das palavras o é da veracidade do discurso. Mostrar o objeto, para a pintura, é simplesmente se mostrar, e sem nada dizer. Ao passo que a

(15) "Sociologie de l'Art", *Traité de sociologie*, editado por Gurvitch, p. 288.
(16) Francastel não o esquece, visto que une "as pesquisas que dizem respeito à gênese das obras" e "os estudos que versam sobre a coesão do sistema". *Ibid.*, p. 290.

linguagem também pode mostrar, mas por acréscimo e sob a condição de dizer primeiramente; Wittgenstein assegura assim que a linguagem lógica mostra a forma lógica, sem poder dizê-la, porque ela diz um enunciado lógico que tem, ou que é, essa forma e, portanto, a dá como exemplo. E, aqui, podemos seguir Wittgenstein: como a impotência da forma lógica em se dizer provém da impossibilidade de uma nova língua que formalizaria o formal, assim, se a vocação da pintura é mostrar, é porque ela não tem uma língua para dizer o que ela mostra.

Como não há um campo sonoro preexistente, igualmente não há um campo pictórico capaz de constituir uma língua para um discurso pictórico, isto é, um sistema de elementos diferenciais ou de termos capazes de se opor e combinar. Como diz Francastel, "a dupla articulação que caracteriza as línguas não se aplica à arte... É impossível decompor uma obra figurativa em seus elementos"[17]. Isso absolutamente não significa que toda análise morfológica seja vã. Podemos facilmente descobrir os elementos do campo pictórico: as cores (que existem ao mesmo tempo naturalmente como cores de... e culturalmente como produtos industriais disponíveis), os valores, e mesmo as linhas ou as formas organizadoras, e os temas plásticos tais como, por exemplo, para determinado assunto como a Anunciação ou os Peregrinos de Emaús, Rudrauf admiravelmente os inventariou[18]. (Mas a esses últimos é preciso reservar uma categoria à parte porque eles permitem opor entre si e classificar as obras, eles mesmos não se combinam numa obra). O que caracteriza os elementos que entram na textura da obra é, em primeiro lugar, que eles não são verdadeiramente significantes: a linguagem das cores pode ser um código, mas a pintura o ignora. E ao depois, na análise, eles não se definem por relações que têm entre si, como as tintas frias e quentes, os vetores horizontais e verticais, as formas abertas ou fechadas, mas pela relação que têm com o todo da obra: um cinza de Velásquez é um cinza que só pertence a Velásquez porque ele é o único a produzi-lo associando-o não somente a outras cores, mas a toda a sua obra; esse

(17) *La réalité figurative*, p. 124.
(18) É o objeto de dois belos livros: *Annonciation* e *Repas d'Emmaüs*.

cinza só existe em sua tela. Se o espectador distingue esses elementos, eles só têm ser na obra, e o discernimento implica um vaivém constante entre o todo e as partes: é assim que se adquire a inteligência da obra, mas a inteligência se transcende para o sentimento.

E o pintor? Por certo ele também pode conhecer esses elementos, o pseudoléxico e a pseudogramática das formas e das cores. Pode teorizar a respeito deles, como Kandinsky em *Points, lignes, surfaces*. Ele também pode se interessar, como os impressionistas ou os pontilhistas, por uma teoria ótica das cores, ou o músico por uma teoria acústica das escalas sonoras. Mas, da teoria à prática, permeia toda a distância do exército à criação. Pintar não é aplicar uma teoria, também não é tirar os termos de um conjunto disponível para ordená-los segundo as regras de um código disponível para ordená-los segundo as regras de um código, — em que seqüência linear? Pintar é obedecer ao apelo da obra. É, antes de tudo, reencontrar em si, mesmo à força de exercícios e sem ingenuidade, a graça de um gesto espontâneo, a segurança de um estilo pessoal e, a seguir, conhecer, nesse gesto mesmo em que a mão sabe que está em cumplicidade com a tela, a exigência da obra em gestação, para experimentar, enfim, o sentimento de uma consistência e de uma necessidade irrecusáveis. Citemos ainda Francastel: "não se trata de ordenar os elementos esparsos com mais ou menos engenho, nem de abeberar-se num repertório de existentes; a forma plástica é um dinanismo... O signo determina-se, dizia Matisse, no momento em que se descobre em função da obra em curso... A coerência da obra está no fim do processo de criação e não no ponto de partida"[19]. Acrescentemos que essa coerência se manifesta no próprio sensível, pois a obra é feita pela mão — uma mão inteligente — para o olhar e não para um entendimento, como o discurso é preparado. Há um pensamento·plástico, mas onde o corpo é algo da parte, e cuja mensagem — além dessa decifração morfológica e quando o olhar, por sua vez, se tornou inteligente — é apreendida por uma percepção global.

Potência da invenção: também aqui a língua e a sintaxe apenas são a esteira da obra. Por acaso não

(19) "Sociologie de l'Art", *op. cit.*, p. 290.

damos demasiado crédito à espontaneidade criadora? Mesmo se o pintor cessa de teorizar em seu ato, ele não cessa de controlar sua operação: ele compõe, e compor não é arranjar elementos segundo certos processos, isto é, manusear uma língua? Ora, parece que, na maioria das vezes, os andaimes desaparecem quando a obra está construída. Ou, se preferirmos, à medida que o trabalho prossegue, as estruturas se reabsorvem naquilo que estruturam. No final, só há uma estrutura no sentido de Goldstein[20], — "a idéia do organismo que é o seu ser" —, é essa idéia da obra, capaz de ser expressa somente pela obra, que inspira verdadeiramente o pintor: as cores cessam de existir por si mesmas, a espiral ou o retângulo dourado desaparecem no desenho. Somos de opinião que é sob essa condição que o objeto estético é plenamente ele mesmo: naturante e não mais naturado, ele foge do seu criador e testemunha em favor da Natureza. Resta o fato de certas obras, que não são necessariamente exercícios escolares, justificarem a objeção por nós formulada: obras nas quais a reflexão inquieta do artista não se deixa superar por uma espontaneidade feliz. A pintura abstrata, que tanto tem feito pela causa da pintura, é espreitada por essa cilada, como Lévi-Strauss viu muito bem. Se ela cai na cilada, a obra não é mais do que os seus próprios andaimes, ou seu próprio projeto, como um poema que evocasse a Musa e não fosse mais longe. Tal pintor faz um quadro para fazer aparecer um efeito de chamalote, ou de transparência, ou de movimento aparente, por exemplo, entre cubos justapostos e coloridos diversamente; mas esses efeitos já estão em telas menos refletidas: esses efeitos e outra coisa; e talvez com essa "outra coisa" é que comece a invenção propriamente pictórica [21]. Reduzir a pintura a um arranjo sintático é querer fazer dela uma metalíngua, uma arte que fala da arte; mas, como em lógica, provavelmente em arte também não se pode formalizar o formal. A arte inspirada não escreve sua própria gramática, inventa-se e a trai ao inventar; a arte é tanto menos uma metalíngua, quando nem sequer é uma língua.

(20) Cf. *La Structure et l'Organisme*.
(21) Essa "outra coisa" não é necessariamente o "assunto"; pode ser não importa que produto imprevisível da fantasia criadora: só a obra nos instrui a respeito disto. Digamos somente que Mondrian, em relação a Kandinsky ou Malevitch, não é inteiramente, ou não é ainda inteiramente, pintura.

c) *O Cinema*.

Seria interessante empreender a mesma análise em relação ao cinema: ela é, de resto, perfeitamente realizada num recente artigo de Metz: "o cinema: língua ou linguagem?"[22]. Limitemo-nos ao essencial. O cinema, assim como a pintura figurativa, faz ver; mas, por organizar a sucessão das imagens, o cinema pode contar uma estória. Isso dá ao objeto representado maior importância do que ele tem na pintura: vamos ao cinema para ver uma estória se desenrolar, julgamos o filme pelo assunto. Por conseguinte, a obra se apresenta como um discurso que implica uma linguagem. Além disso, desde a invenção do cinema falado, um discurso associado à linguagem verbal. A propósito, observemos imediatamente que essa associação não implica uma homologia: o cinema emprega a fala como o texto a divulga, e sem que haja redundância como na sinalização das estradas, porque não se trata de um signo que vem se acrescentar a outro signo para duplicá-lo ou comentá-lo (com exceção de certos documentários). A fala dos atores faz parte da diegese; ela se dá ao ouvido como a imagem à vista mas, em última instância, ela não é dita, isto é, ela não funciona como um discurso que nos fosse dirigido, mas como um elemento daquilo que é mostrado. A mensagem lingüística tem, aqui, em relação à mensagem fílmica, uma função não somente de ancoragem, mas de parada. Ao mesmo tempo, a fala, integrando-se no objeto fílmico, perde alguma coisa do seu caráter lingüístico, ela de algum modo se estetiza. E, em todo o caso, ela não impõe à imagem de se assemelhar. Por outro lado, que espécie de linguagem é implicada pelo caráter narrativo do filme? Dito de outro modo, como o filme é significante?

Sigamos, mui rapidamente, a sugestiva concepção de Mitry[23]. A imagem fílmica é completamente diferente do signo lingüístico. Em primeiro lugar, ela é *analogon* antes de ser imagem. Como *analogon* ela só é significante por força do ser: nela não há nenhuma distância do significado ao significante. Ela mostra porque *é* aquilo que representa, como ocorre na imagem pictórica. E isso é suficiente para distinguir o cinema da linguagem.

(22) In: *Communications*, 4.
(23) *Esthétique et Psychologie du cinéma*, p. 119.

Contudo, esse *analogon* pode assumir uma função simbólica e, por aí, se aproximar do signo lingüístico. Primeiramente, com efeito, a imagem que o real dá desvela-o como o que foi escolhido por certa decisão prévia (estética ou não) e com certa insistência: por ser assim apresentado, o real que força nossa atenção se torna um real por excelência, uma espécie de super-real: "ele torna-se o elemento da sua própria fabulação"[24]. Toda a magia do cinema, tantas vezes celebrada, reside nessa transfiguração do real, nessa poetização pela imagem[25]. Mas se por aí o cinema se aproxima da linguagem, é da linguagem enquanto poética, da linguagem que afasta o objeto em lugar de significá-lo. Em segundo lugar, a imagem pode tornar-se símbolo de modo mais prosaico quando ela, efetivamente, remete a algo distinto que não está presente no plano ou na seqüência: por exemplo quando, em *O Encouraçado Potenkin*, as lunetas abandonadas do Doutor Smirnov ou as teclas quebradas do piano significam a derrota e o vazio das forças conservadoras. Mas tal simbolismo não é convencional; é fortemente motivado por todo o filme; é somente nesse filme que as lunetas podem ter esse sentido. Mais uma vez parece que a obra é sua própria língua para si mesma, que ela é a única que pode constituir seus elementos em signos.

Entretanto, relembra-o Metz, falou-se muito de uma cine-língua, sobretudo nos tempos heróicos do cinema mudo. Desejavam que a mensagem se referisse a um código. Apegavam-se, de resto, menos ao léxico do que à sintaxe. Supunham, em todo o caso, que signos pudessem ser discernidos, portadores de significações mais ou menos institucionalizadas; e insistiam na importância da montagem, isto é, dos processos de encadeamento das imagens que deviam constituir um dis-

(24) Mitry, *Esthétique et Psychologie du cinéma*, p. 131.

(25) Um efeito comparável é produzido em pintura. Mas será preciso dizer com Mitry que isso ocorre por meios inversos? A epifania do objeto que se torna signo de si mesmo e produz, não porque o apresentado permanece na representação, mas porque, como diz muito bem Mitry, "ele desaparece nessa representação: transformado em obra pintada, ele não mais existe a não ser por ela". Sim, mas este ramalhete pictórico é também uma verdade do ramalhete, dum ramalhete mais verdadeiro que a natureza. E não é da mesma maneira que, no cinema, o ramalhete ao qual, com efeito "eu viso como real através da imagem... se torna uma espécie de arquétipo respondendo à *necessidade* do objeto-ramalhete nesse instante e nesse lugar"? Aqui o objeto alcança sua verdade fílmica da mesma maneira que sua verdade pictórica na pintura.

curso articulado: triunfo do espírito manipulador, como diz Metz, que hoje se exprime pela ambição da cibernética e sua aplicação à lingüística. Mas a teoria da montagem-soberana não teve êxito. Em primeiro lugar, por não poder definir os elementos de uma língua. Quais são, com efeito, os elementos constituintes do campo fílmico? É necessário tornar a dizer aqui o que dissemos a respeito da música: o cinema não tem nada que corresponda à dupla articulação da língua: nem fonemas, nem monemas. Diferentemente do fonema, toda unidade constitui uma "semia intrínseca", para falar como Buyssens. Diferentemente do monema, o plano constitui uma fase e a seqüência um enunciado complexo; o primeiro plano das lunetas significa, ao menos, eis aqui umas lunetas. Além disso, essas unidades sintagmáticas não se tornam unidades paradigmáticas que podem ser opostas ou associadas: "toda imagem, diz Metz, é um *ápax*", que não pode se inscrever numa série. Por conseguinte, a sintaxe não é verdadeiramente sintaxe porque não produz o sentido a partir de unidades primeiramente diferenciais e em si não-significantes; os movimentos codificados de câmara, o encadeamento das imagens, os processos de pontuação só podem colocar em forma um semantismo já dado no objeto fílmico como totalidade e, de resto, pedido pela percepção. A análise do célebre efeito Kulechov [26] desmente os que nele se apoiam para exaltar as virtudes da montagem: mesmo em duas imagens justapostas fortuitamente, o espectador descobre um seguimento que dá sentido; mas é no espírito do espectador, em função de seu saber, que atua a implicação lógica. É um conceito que ele apreende nas imagens. O cineasta pode arvorar-se num demiurgo que quer impor, pela montagem, essas implicações à consciência do espectador; ele só será um criador se, em lugar de dispor signos como um enigma, deixar se expandirem imagens e seqüências emocionantes cujo sentido será para ser sentido de preferência a ser concebido. Os processos da montagem, é certo, não são negligenciáveis. Mas se quisermos fazer do filme, tanto uma estória, quanto uma obra de arte, isto é, uma totalidade

(26) Esse efeito é longamente analisado por Mitry em seu livro, p. 283 e ss.

fluente e expressiva cujo sentido se irradia através de todas as partes, não se pode ficar nisso; e se compreende por que Antonioni, Visconti e Godard retornam àquela filmagem em continuidade que Bazin não cessava de reclamar; ou voltam àquele movimento livre da câmara que se chama "panorâmica-*travelling*". A sintaxe resplandece ou se reduz verdadeiramente a um processo quando o fluxo sintagmático tem acesso à expressividade: o sistema — paradigmas ou esquemas de construção — só aparece no esforço para conceitualizar posteriormente o que foi criado sem conceito. Na verdade, o cinema não tem língua.

d) *A língua para o espectador e para o criador.*

Parece, portanto, que a criação estética não dispõe de uma língua. Mais exatamente, a arte comporta um código, o qual não é nem definido nem rigoroso e, sobretudo, só entra em função nos arredores da realidade estética, aquém da experiência do espectador e do ato do criador.

O espectador, em primeiro lugar: é para ele, sobretudo, que há um código, porque lhe é necessário aprender arte como se aprende uma língua. Ele teve de ser iniciado nesse código a fim de se preparar para a experiência estética. Pois uma percepção gasta, não-informada, não faz justiça ao objeto estético; é preciso aprender o léxico e a gramática para compreender uma língua, é preciso ter alguma idéia do código próprio de cada arte para aguçar a percepção. Fenômeno de cultura, segundo o qual o espectador se deixa instruir por um tratado de harmonia, de técnica cinematográfica ou por uma arte poética. Pois o código é, com efeito, muitas vezes explicitado. O código é, em si mesmo, um fenômeno de cultura, e não só quando é formulado e, através disso, institucionalizado, mas porque exprime certo estado da prática e da consciência estética, em determinado momento da história. Esse fenômeno está sujeito à sociologia da arte, tal como a entende Francastel: para a consciência de uma época estabelecem-se correspondências entre os diversos códigos, como também entre as diversas mensagens e, mais geralmente ainda, entre as artes, as ciências, as ideologias; há um estilo ou uma linguagem da época que é mais ou menos confusamente comunicada a todos os contemporâneos e que define, em suma, uma civilização e a personalidade de base que a vive. Essa personalidade está presente na personalidade do amador de artes como nele estão presentes os códigos específicos aos quais se iniciou. Mas tudo isso é apenas um prelúdio para a experiência estética. Nessa experiência, os processos técnicos não são percebidos como a aplicação das regras de um código, nem os momentos ou os elementos da obra como as unidades de um léxico. Eles são percebidos como implicados pelo próprio objeto: uma modulação como um acento da melodia, uma mudança de plano como o advento de uma nova peripécia na diegese, uma rima plástica como a exigência de um acordo ou de um equilíbrio. Além disso, para essa percepção eles dependem da percepção de outras obras; é necessário que a vista ou o ouvido tenham sido instruídos por outras obras para percebê-las, onde aprenderam a identificar os temas da sonata de Beethoven, as formas da arquitetura clássica, os processos da montagem fílmica, a propósito da qual Mitry diz muito bem que "o filme apela para o filme"[27]. Numa palavra: o código não mais é apreendido como código mas, em contacto com a obra, como exigência e como estrutura da obra. Diante da obra, o espectador não tem de relacionar o que percebe ao que sabe, ou de medir a diferença entre um e outro, pois ele esquece o que sabe e quem o preparou para a percepção. Ele não percebe mais do que a própria obra e sua necessidade.

Quanto ao criador, também ele pode se iniciar no código e se instruir junto das obras. Nesse sentido, ele encontra à sua disposição uma língua já feita. Sim, mas que ele vai refazer. Essa língua não é uma ferramenta para ele, a não ser uma ferramenta que ele forjaria no próprio ato da criação, e sua sintaxe também não é um sistema de coações que lhe seria imposto sem que dele se pudesse libertar. Insistamos nesses dois pontos, opondo cada vez a arte à língua.

Uma ferramenta: a própria língua é uma ferramenta? É certo que a língua é um meio para um fim, o qual é a troca de pensamentos. Mas ela não é um meio como os outros. Uma ferramenta sempre me é

(27) *Op. cit.*, p. 403.

exterior. Se posso dizer, quando o seu uso me é bastante familiar, que faz corpo comigo, é que também posso considerar meu corpo como exterior a mim, como o órgão dócil ou rebelde, destro ou desajeitado de minha vontade. Mas, de fato, eu mantenho em relação à ferramenta uma distância que não posso manter por muito tempo em relação ao meu corpo: eu uso dessa ferramenta que está ao meu alcance sem me confundir com ela. Não é da mesma maneira que eu recorro à língua. A palavra *"com"*, que designa a instrumentalidade, não tem o mesmo sentido nas duas expressões: trabalhar com uma ferramenta, falar com uma língua; além do mais, não se fala com uma língua, fala-se *em* uma língua, *em* francês. A instrumentalidade aqui se realiza numa extrema proximidade. Linguagem e pensamento tendem a se identificar num movimento convergente onde o pensamento se torna linguagem e a linguagem pensamento; as palavras apagam-se no uso que delas eu faço, a ferramenta cumpre sua função ao se abolir; mas também ela só se abole ao cumprir sua função, a ponto de abolir o pensamento como pensamento anterior à fala, como "processo interior", segundo a expressão de Wittgenstein: o pensamento é inteiramente linguagem. Destarte, eu sou investido pela linguagem: mais do que familiar, ela me é congênita. Enquanto não há ferramenta maternal, sempre há, para cada qual, uma língua materna. E as línguas estrangeiras só são línguas em relação a essa língua materna: elas são a língua materna dos outros. Mais. Elas se ordenam para a minha língua, como os tempos e os lugares se ordenam para o meu presente; pois eu não duvido que elas possam ser traduzidas em minha língua: essa língua, que é minha, é uma chave universal.

Contudo, a pretensão à universalidade convida a contestar a proximidade da língua. Essa língua que está em mim e na qual eu estou, também está fora de mim — como uma ferramenta. Assim quando eu a aprendo para dominá-la: então ela está lá, diante de mim, no léxico ou na gramática. Também quando eu a traduzo: eu a separo de mim para substituí-la por outra. E, sobretudo, quando eu a domino, para refleti-la do alto de uma metalinguagem. Pois, consoante mostrou a lógica muito bem, eu não me situo no mesmo nível da linguagem quando digo: "esta fruta está verde", e quando, falando a respeito da linguagem, digo: "verde é um adjetivo masculino". Realmente, nós não cessamos de recorrer àquilo que os lingüistas chamam de operações metalingüísticas, quando nossa mensagem remete explicitamente para o código: por exemplo no modo autônomo do discurso onde a palavra é empregada como sua própria designação, ou quando queremos nos assegurar que nosso interlocutor compreendeu bem o código. Mas o lógico se atribui poderes que o homem falante não tem: ele pode recorrer a signos diferentes — a escrita gótica, por exemplo — para especificar a metalinguagem. O homem falante está sempre na mesma língua: é com a língua que ele aprende a língua, com a língua que ele fala a respeito da língua; ele jamais objetiva completamente a língua[28]. Como também ele não pode dar vida a uma língua universal: os esperantos são pensados e não falados. Ao menos o lingüista pode ainda dominar, duma posição muito alta, as línguas para nelas descobrir "um código de leis gerais... universais ou quase universais", diz Jakobson, acrescentando, em outro lugar, que o problema das categorias gramaticais universais, esboçado por Boas e Sapir, "tornou-se um problema crucial para a lingüística de hoje"[29]. Mas o universal aqui se inscreve no particular; e o lingüista que o descobre anuncia-o em sua própria língua. Em resumo, o estatuto da língua é inteiramente singular: ferramenta e não-ferramenta, ela está ao mesmo tempo em mim e fora de mim. Como também, de resto, o *cogito* com o qual o *loquor* se identifica, que é ao mesmo tempo um *cogito* e um *cogitatum est*. Mas precisamos deixar a aporia nesse ponto para empreender o exame da arte.

O que chamamos de código é, por acaso, uma ferramenta para o artista? Ainda menos que a língua.

---

(28) O lógico também não. As limitações dos sistemas formais mostram que não há teoria das teorias, isto é, metalinguagem que funda todas as linguagens. E essa impotência talvez se deva ao fato de as línguas lógicas, ao mesmo tempo, se enraizarem na intuição e se referirem à linguagem comum. Mas isso é outro assunto.

(29) *Essais*, p. 72 e 202. Isto é essencial. Essa pesquisa é orientada pela idéia de que a gramática está a serviço do sentido: uma teoria não-semântica da gramática não é aceitável. Jakobson não concebe uma lingüística, por mais formalista que seja, que recuse a semântica: "a teoria não-semântica da estrutura gramatical proposta por Chomsky é uma magnífica prova pelo absurdo" (p. 204).

De fato, observamos, antes de tudo, que não há arte materna. Certamente se poderia justificar esse fato lembrando que o artista não está *na* arte porque ele está *diante* das obras de arte: as obras dos outros, que despertam sua vocação e o iniciam; ele se posta diante do museu imaginário como o homem falante diante de Babel. Mas se ele vai ao Museu é porque algo nele o impele, porque antes de ser artista ele é sensível à arte e já possuído por ela: como o homem falante ordena as línguas para a sua, assim ele ordena a diversidade das obras à sua visão. Por acaso essa visão será, nele, o efeito de sua cultura? Talvez, mas enquanto essa cultura é não-atuante, enquanto ele descobre fora de si um código do qual ele não faz nada. Pelo contrário, quando o artista se verifica artista e se põe a criar, é a si mesmo que ele descobre no seu fazer: uma visão singular que se certifica de si mesma num estilo singular. Pois, então, não se trata mais de um saber-fazer análogo a um saber-falar que se reduziria ao uso de um código; falar sua língua materna é falar como todo o mundo, mesmo para dizer coisas inéditas; mas quando um acento pessoal se exprime, introduz-se a arte na linguagem. A arte autêntica gera sempre sua própria língua; não que procure a novidade por si mesma, como certo frenesi da produção artística, hoje, poderia fazer crer; mas a arte exige autenticidade: não é possível que o verdadeiro artista não seja ele mesmo[30]. Se não há

(30) Evocamos aqui o mais alto da arte para melhor opô-la à fala cotidiana. Mas seria preciso também tomar a arte por baixo, como acaba de nos lembrar um apaixonante estudo de Etienne Souriau sobre *Le sens artistique des animaux*: "quão rara é a verdadeira e poderosa inspiração!... E como os limites da arte, por baixo, são fugidios!". Em Nijinsky a dança é plenamente uma arte; mas ela não o é nem sequer um pouco no adolescente que dança num salão? E na gaivota macho que executa o *ballet* ritual dos amores de sua espécie? A isso Souriau acrescenta: "talvez não se compreenda melhor a gaivota comparando-a com o adolescente em questão. Seguramente se compreende melhor o adolescente comparando-o com a gaivota" (p. 46). Sim; e o pássaro obedece a um código biológico, cujas unidades são os *stimuli* e cujas prescrições são os impulsos instintivos. Igualmente é necessário dizer dos artistas humanos de segunda plana, de todos aqueles que não têm gênio, que eles também obedecem a um código, o qual não é o de sua espécie, mas o de seu tempo. A arte, para eles, é uma língua e a semiologia tem razão; de resto, é por isso que ela escolhe estudar os objetos industriais ou artesanais de preferência às obras de arte autêntica. A teoria que propomos vale tanto quanto vale a arte, considerada em seu limite superior. Contudo, a referência aos animais não invalida uma idéia que esboçamos mais adiante: que a arte inspirada provém da Natureza; pois o instinto (sobretudo como hoje se concebe) é uma espécie de inspiração: o código biológico que vem das profundezas da vida testemunha em favor da liberdade de uma criação que responde ao apelo do fundo.

arte materna, não é porque a arte é exterior, é porque ela é interior ao artista; sua língua não faz corpo com o artista, ela é seu corpo, sua essência singular. É por isso — repitamo-lo — que não há metalinguagem, mas a arte. O código realmente é uma metalinguagem, mas ele não pode exprimir uma semântica geral: cada obra comporta sua própria semântica de modo que toda tradução lhe é desigual. E, sobretudo, essa metalinguagem não existe para o artista: a obra pode ser refletida por outros, ela não pode se refletir a si mesma. Talvez haja uma poesia da poesia, porque a poesia usa a língua e a língua pode ser reduplicada. Não há pintura da pintura ou música da música. Sem dúvida há obras, às vezes, que são apenas o seu próprio assunto, sua própria estrutura: elas dizem, com efeito, o que querem ser — sob pena de não sê-lo. A língua é tão-somente espontânea e sua língua, irrefletida. Irrefletida, mas necessária. Havia cinza antes de Velásquez, acordes de nona antes de Wagner, a palavra *azur* antes de Mallarmé, o escurecimento antes de Orson Welles: eram elementos de um código. Em suas obras, os elementos se põem a existir por si mesmos ou, antes, para o próprio artista, como a expressão insubstituível de um ser-no-mundo singular.

A língua da arte não é verdadeiramente uma língua: ela não cessa de inventar sua própria sintaxe. Ela é livre porque é, para si mesma, sua própria necessidade, a expressão de uma necessidade existencial. É a língua ordinária deveras constrangedora? Há regras do jogo, como sabem os estudantes; mas Wittgenstein observava que há casos em que *"nós fazemos as regras enquanto avançamos"*[31]. Não há fala sem alguma liberdade, a lingüística deve reconhecê-lo desde que toma a fala em consideração. Sabemos que ela não se resolve sempre de bom grado; entretanto, logo que ela opõe o sintagma ao sistema, refere-se à fala. Barthes não cessa de lembrar "a estreita relação entre o sintagma e a fala". A forma dos sintagmas pertence à língua, ela se codifica na sintaxe, que é o sistema próprio dos sintagmas e, portanto, se refere aos paradigmas; mas a substância dos sintagmas pertence à fala que seleciona

---

(31) *Investigations philosophiques*, trad. francesa, parágrafo 83, p. 156.

e combina as unidades do sistema. A língua só pode ser estudada *na* fala e *para* a fala: só há gramática porque construímos frases. Essa construção utiliza os paradigmas e segue as leis (fonológicas, lexicais, sintáticas) do sistema, mas reivindica também a sua liberdade. Observa-o Jakobson, da combinação dos traços distintivos em fenômenos à combinação das frases em enunciados, "existe na combinação das unidades lingüísticas uma escala ascendente de liberdade"[32]. Ora, é no ápice da escala que se situa a obra de arte: para sua criação, as regras deixam de ser constrangedoras, o sintagma não está mais ordenado para o sistema.

O artista não cessa de recusar as prescrições que o código em vigor na sua época comporta, apesar de lhes reconhecer certa autoridade: elas regiam o que outros fizeram porque eles eram outros. Ele se atribui, é certo, "tormentos deliciosos". Mas, precisamente, ele os atribui a si livremente. E por que os atribui? Porque são, para ele, o meio de ser ele mesmo. Valéry não escolheu o octossílabo de *Serpent* arbitrariamente, ou após uma aposta estúpida, mas porque ele se encontrou atormentado por uma aliteração octossilábica — "pálida, profundamente mordida..." Foram os Deuses quem escolheram para ele? Sim, mas os Deuses o tinham escolhido para ser esse poeta incomparável: ao aceitar como um dom esse germe do poema, ele aceitava ser ele mesmo; e que sentido teria uma recusa? Compreende-se, portanto, nessa dialética da liberdade e da necessidade, que a liberdade criadora se submete a uma sintaxe, mas cujas regras, em suma, são obrigações e não coações. Essa sintaxe inventada e assumida livremente não é verdadeiramente uma sintaxe.

Parece, portanto, que o objeto estético não está sujeito às categorias lingüísticas usadas de tão bom grado pela semiologia. Quer isso dizer que essas categorias são, aqui, absolutamente sem emprego? Não. Podemos evocá-las, mas para mostrar como a arte — visto que a arte se distingue da língua e, mais geralmente, dos sistemas propriamente significantes — é rebelde ao seu emprego. Ou, em todo o caso, como elas só podem ser empregadas com reserva: elas são relativas a um código que o ato criador ignora ou negligencia; se qui-

---

(32) *Essais*, p. 47.

sermos aplicá-las a esse ato é sob a condição de mostrar como o ato as força. Assim Jakobson, num artigo célebre, mostra como o uso da língua comporta sempre duas operações: combinação de signos contínuos no sintagma, seleção de signos semelhantes associados no sistema. Essas duas operações culminam, a primeira na metonímia, a segunda na metáfora. Jakobson estabelece que a prevalência de um ou outro processo pode servir para definir um estilo literário e ele propõe a aplicação dessa grade a todas as artes. Ora, é digno de nota que, para esclarecer essas noções, ele tenha recorrido à afasia: a metonímia é posta em evidência nas perturbações da similaridade, isto é, as deficiências da seleção, que deixam intacto o poder de combinação, a metáfora nas perturbações inversas da contigüidade. Por conseguinte, são as enfermidades do léxico que esclarecem a metonímia e as enfermidades da sintaxe que esclarecem a metáfora. Com isso não pretendemos que o artista que recorre mais ou menos sistematicamente a um ou a outro desses processos seja um enfermo![33] mas, antes, que ele se situa à margem do processo normal, no qual a seleção e a combinação ainda não produzem figuras de estilo. Dito de outro modo, não é indiferente evocar a enfermidade que afeta a linguagem para compreender a arte que, precisamente, se há uma língua, lhe faz violência. De fato, é toda a estrutura da linguagem, a dualidade sintagma-sistema, que é questionada pela arte, como Barthes sugere: "toda série metafórica é um paradigma sintagmatizado, e toda metonímia um sintagma condensado e absorvido num sistema"[34]. São, de fato, transgressões da divisão ordinária sintagma-sistema, e essas transgressões são criadoras. Barthes acrescenta: "como se houvesse, talvez, junção entre o estético e as defecções do sistema semântico"[35]. Sim, a arte sempre é transgressão porque é liberdade. E a estética não pode invocar o sistema senão para mostrar como ele é transgredido, a língua senão para mostrar como ela não é mais ou não é ainda uma língua no momento em que é falada no ato criador.

Pois a criação, na arte, é fala.

(33) Entretanto, seria interessante elaborar a partir dessas noções uma patologia da arte.
(34) *Op. cit.*, p. 130.
(35) *Op. cit.*, p. 215.

e) *Arte e Fala*.

A obra fala, a arte é fala. Dir-se-ia também que a arte é linguagem e não língua: esse é, exatamente, o tema desenvolvido por Metz a propósito do cinema. E isto nos reconduz à segunda expressão do estereótipo que evocávamos. Vamos aderir a isso? Entendamo-nos. Que a arte seja fala, é uma asserção que pode ser entendida de duas maneiras, conforme nos referimos à criação ou ao objeto criado. Por um lado, a criação é fala: isso significa que criar é uma iniciativa individual, como falar, mas com a diferença de que o ato criador toma tanta liberdade com os códigos que as outras obras lhe propõem que ele parece inventar, cada vez, sua própria língua. Por outro lado, o objeto criado também é fala: isso significa que a obra entrega uma mensagem. De que natureza é essa mensagem? E como nos é transmitida? É esse aspecto propriamente semântico da arte que nos é necessário agora examinar.

Antes de tudo, quem fala? Por acaso é a obra por si mesma ou o artista pela sua obra? Somos tentados a dizer — diz-se muitas vezes — que é o artista. Ora, se o artista fala, pode ser deliberadamente ou a contragosto. O primeiro caso parece o mais normal: a intenção de falar precede e anima a fala. Se se toma a fala, num sentido ainda muito amplo, identificando falar e comunicar, parece que essa intenção está presente no artista: ele se dirige a um público e ele tem a impressão de malograr se o público ignora ou não faz justiça à obra que lhe é destinada. Nesse sentido, produzir uma obra é falar. Mas, aqui, já há duas reservas a serem feitas. Por um lado, a intenção de solicitar o público é primeira no artista? Parece que não, e Gilson sublinhou-o longamente. O que anima o artista e, às vezes, até o desespero, é o desejo de criar: de fazer uma obra e que seja bela. Se ele tem necessidade do público é na medida em que o público abona a obra e colabora para sua epifania, porque a obra só existe plenamente, da existência por ela pedida, no momento em que é percebida (além disso, às vezes, é preciso que para ser percebida ela seja executada por intérpretes que asseguram, então, a mediação entre o autor e o público). Por conseguinte, o público não é um receptor ordinário para o artista: ele é como um receptor que não se con-

139

tenta em decodificar a mensagem para eventualmente lhe responder, mas cuja resposta é esperada porque, de algum modo, se associa à própria redação da mensagem. Indubiamente, o artista fez tudo e ele mesmo pode perceber a sua obra; mas isso não lhe basta: sua obra só é verdadeiramente consagrada pelo olhar do outro, um olhar ideal que lhe deve fazer justiça e só pode pelo fato de ser estrangeiro; assim o mundo, mesmo criado por um Deus, só é um mundo pelo homem e para o homem. Se o artista pretende falar, é através da criação; se ele pretende comunicar, é para completar sua criação. Por outro lado, na fala ordinária é essencial a comunicação? Parece que não. O que Jakobson, após Malinovski, chama de "a função fática da linguagem", dá lugar, quando ela é a única a atuar, a aspectos teratológicos da fala: as fórmulas ritualizadas, os diálogos cujo único objeto é prolongar a conversação, como verificamos se o circuito funciona, manifestam a queda da fala em tagarelice. A linguagem só funciona verdadeiramente se assume, ao mesmo tempo, outras funções: referencial em primeiro lugar, mas também emotiva e conativa (à qual também se pode acrescentar: metalingüística e poética). Fala-se *para*: para dizer alguma coisa, para exprimir uma emoção, para provocar uma resposta.

É o artista movido por uma dessas três intenções? Não, ao menos no princípio de seu ato. Ele certamente espera algo do público; mas ele lhe pede somente para estar disponível à obra, de percebê-la, e mesmo de compreendê-la na medida em que a compreensão pertence à percepção. Também é certo que pela obra ele comunica um sentido; mas, precisamente, esse sentido pertence à obra, é imanente ao sensível. E como o receptor só pode apreendê-lo na própria percepção, assim o comunicador não o pensou para si mesmo, nem o quis para si mesmo; também a ele a denotação é dada por acréscimo, e inteiramente misturada com a conotação, como a recompensa da beleza por ele visada e atingida. Pois o que ele quer, antes de tudo — pelo qual ele é artista —, é fazer algo de belo. Se ele tivesse querido explicitar um sentido — descrever um objeto, contar um acontecimento, expor uma teoria, pregar moral —, teria recorrido à linguagem comum, à linguagem da denominação e da demonstração: o que ele faz, de resto, todas as vezes que reflete sobre sua arte, e sabe-se que os artistas contemporâneos não se privam disso! Dir--se-á, entretanto, que o artista não pode não ser ele mesmo e que, no próprio ato criador, alguma coisa do que ele pensa, crê ou quer, inevitavelmente se insinua e se manifesta. O fato de Lapoujade pintar a tortura equivale a uma acusação contra os carrascos e isso ensina-nos que Lapoujade não está do lado deles. Entretanto o pintor não nos apresenta argumentos; ele não diz nada, ele somente mostra o frêmito de uma carne martirizada; é sua obra que fala, sem que ele tenha premeditado: enfim, ele pinta nus felizes com a mesma inspiração que essas carnes atormentadas; o assunto não lhe é indiferente, mas é sempre um motivo, uma razão para pintar e não um tema de discurso como a glória de Deus é para Bach, quando ele compõe, somente uma razão para compor, ou a glória de Atenas, para Íctinos, somente uma razão para construir o Parthenon.

Resta o fato de o artista se mostrar em sua obra. Será necessário dizer que ele o quis e que, então, a arte ao menos exerce a função emotiva ou expressiva da linguagem que está centralizada no destinatário? Esse ponto é importante: a idéia de que o artista pretende se exprimir a si mesmo está muito difundida; é ela que, no mais das vezes, é proposta para justificar que a arte é linguagem. Observemos, primeiramente, que "se exprimir" não é sempre falar de si: se o artista quisesse falar de si, ainda então haveria de recorrer à prosa comum; ele só pode se mostrar através de sua obra. E, precisamente, se exprimir é, antes, se realizar e se manifestar no seu ato, declarar-se no sentido em que Giraudoux o entende: assim Eletra se declara ao declarar guerra a Clitemnestra. A forma degradada dessa expressão é a manifestação da emoção: não das potências do eu ou de sua vocação singular, mas de suas vicissitudes, de seu estado presente. É certo que a linguagem autoriza as duas formas de expressão: as interjeições, por exemplo, permitem comunicar a emoção, o que é a maneira mais espontânea de falar de si; e, como diz Jakobson, "a função emotiva colore, em algum grau, todos os nossos propósitos, e ninguém tem o direito de restringir a noção de informação ao aspecto cognitivo da linguagem"[36]. Mas se perguntou, muitas vezes, se a função emotiva podia atuar sem função cognitiva[37]. De fato, pode acontecer que a primeira se substitua à segunda quando a emoção é o objeto mesmo da informação, a substância do conteúdo. Mas também pode acontecer que em lugar de exprimir a emoção, exprime-se com emoção; a emoção está, então, a serviço da função cognitiva, como um meio de comentar a informação veiculada pelo discurso. Ela atesta, simultaneamente, certos traços da personalidade do locutor, a inteligência ou a paixão que ele coloca ao apresentar a informação, como as qualidades do ator se revelam no modo pelo qual ele interpreta o texto. Aqui intervêm todas as qualidades prosódicas do discurso, a expressão, a entonação, mas também a escolha das palavras ou dos torneios; em síntese: o idioleto, o estilo que revela o indivíduo. Ora, essa noção de estilo é aplicável a todas as artes. O especialista descobre a paternidade de uma obra pelas singularidades da linguagem. O burro e o galo designam Chagall, como o cromatismo, Wagner ou as janelas com travessas, a arquitetura da Renascença. Na verdade, a obra inteira é a assinatura do artista quando ele, enfim, conquistou seu estilo (essa conquista mesma define, hoje, o artista; ele se considerava como artesão enquanto conservava o anonimato e só sonhava em se identificar com o estilo de sua época ou de sua escola). Encontrar seu estilo é ser aquilo que se é: ao mesmo tempo se realizar e se mostrar. Isso não equivale a falar de si. Pois o artista só se realiza ao realizar sua tarefa; a obra é o seu projeto primeiro, e o estilo está a serviço da obra. Se o artista autêntico se mostra irrecusavelmente é sem premeditação, ele só lucra ao se perder; senão a arte se degrada em exibicionismo. O galo e o burro não são um signo particular arbitrariamente inventado por Chagall para permitir a identificação da obra, eles são os habitantes do mundo de Chagall; como o cromatismo não é, em Wagner, um sestro de escritura, mas o meio que se impõe a Wagner para compor sua obra,

(36) *Op. cit.*, p. 215.
(37) Cf. um artigo de Frankena: "Cognitive and non-cognitive", *Language, Thought and Culture*, editado por Henle.

diríamos quase, o meio que a sua obra lhe impõe: essas invenções singulares não são procuradas como singulares, elas são aceitas como necessárias; elas são autênticas porque requeridas pela obra. Destarte, não é o artista quem fala, é a sua obra, e mesmo duplamente: ela o designa ao revelar um mundo que é o seu. A verdade do artista está em sua obra e é a verdade dessa obra que se faz mister interrogar.

Como é que a obra revela o artista? Propusemos chamar esse sentido do objeto estético de expressão [38], sentido que a percepção recolhe quando se aprofunda em sentimento. Essa expressão é o que a lingüística chama de conotação. Os traços próprios desse sentido são os seguintes: ele é lido imediatamente no objeto; ele não vem se acrescentar à percepção, como seu prolongamento ou seu comentário, ele é experimentado no coração da percepção. Sujeito e objeto estão tão profundamente empenhados nessa experiência que ela é o seu ato comum; entretanto, a análise deve distingui-los. Do lado do objeto, a pregnância do sentido significa sua total imanência ao sensível. Nenhuma distância no significante, nenhum arbitrário do signo. O signo é, então, o objeto total que traz o sentido na glória de seu aparecer, como o semblante traz a alma. A carne torna-se verbo. Do lado do sujeito, a imediatidade do sentido significa que o sujeito o acolhe sem reservas, como um dom; ele responde à totalidade do objeto pela totalidade de sua presença: "com toda a sua alma", incluindo o que a cultura lhe trouxe. Essa apreensão imediata da expressão pode e deve, com efeito, ser mediatizada pela cultura, e a compreensão da fala passa pela aprendizagem de alguma coisa como uma língua; daí se compreende que a experiência estética possa ser falha tantas vezes e, talvez, jamais se realize profundamente, enquanto não somos capazes de uma disponibilidade total. Resta que, de direito, o sentido específico do objeto só pode ser apreendido no estado de graça da percepção.

(38) Sentido que também pode pertencer ao objeto natural: nisso a arte imita a natureza, não o aspecto das coisas como nas artes figurativas, mas a potência de significar que está nelas, ao mesmo tempo em que provém da Natureza, se é verdade que a Natureza apela para o homem e para a arte do homem.

É por isso que esse sentido não é explicitável: a despeito de todo o interesse, sempre são inadequados os comentários que vêm posteriormente, para os quais o intelecto recorre à linguagem verbal; essa metalinguagem não pode nem formalizar nem traduzir a linguagem estética; nenhuma prosa pode traduzir o que diz um poema, nem encontrar-lhe "correspondências" como as que podem se estabelecer, pela magia da arte, entre a linguagem plástica, a linguagem musical ou a linguagem coreográfica, nas quais se funda qualquer projeto de uma *Gesamtkunstwerk*. A expressão é irredutível porque ela não é discursiva: cada objeto constitui um signo totalmente motivado, cuja significação não provém de uma articulação de elementos diferenciais, visto que esses elementos se reabsorvem na totalidade[39]. Sua linguagem é uma linguagem na qual não há diferenças, e ela mesma não se deixa diferençar: é única, e sua singularidade a torna incomparável (as comparações pelas quais a convertemos em objeto cultural e histórico para explicitar o seu sentido ou para definir um momento da cultura, e pelas quais a inscrevemos numa língua, por mais interessantes que sejam, também não pertencem à experiência estética). Igualmente esse sentido não explicitável é ambíguo. Mas por excesso e não por falta. Ele é propriamente simbólico, no sentido em que o entende, por exemplo, Ricoeur: ele significa em diversos registros, um sentido segundo atormenta sempre o sentido primeiro, e esses sentidos são eles próprios, muitas vezes, ambivalentes: a alegria de Mozart é, ao mesmo tempo, dança e pensamento, e ela sorri através das lágrimas; a primavera

(39) Aqui seria necessário reservar uma categoria especial às assim chamadas artes temporais: música, poesia, cinema. A experiência estética dura quanto dura a execução da obra, e não é possível concentrá-la *uno intuitu*, como Descartes queria que se fizesse para as cadeias de razão. Igualmente o instante da percepção não é um instante cartesiano. Além das vicissitudes da atenção, que não é sempre igual, pode acontecer que ela seja restrita a momentos escandidos por uma articulação mais ou menos formal do objeto: numa sonata, não só os movimentos mas os temas e seus desenvolvimentos ou, na música moderna, certos instantes cortados por silêncios; num filme, as seqüências; na poesia, não so as estrofes, mas também imagens ou temas análogos às seqüências fílmicas. Está bem; mas esses momentos são altos momentos, que se propõem eles mesmos como totalidades; essas obras de arte na obra de arte não se encadeiam como unidades discretas num sintagma; se o formalismo da estrutura (por exemplo da forma sonata) garante o seu caráter discreto e regulamenta sua combinação, sempre com alguma imprevisível liberdade, resta o fato delas só tomarem todo o seu sentido na obra de arte global. O sentido que se consome no tempo permanece um sentido global.

da *Jeune Parque* é, ao mesmo tempo, floração e desejo, e o *Eros* aí é *Thanatos*. Nós exprimimos essa diversidade do sentido dizendo que ele se ilimitava num mundo: apreender a expressão de uma obra é penetrar nesse mundo cujos contornos são indistintos, mas cuja atmosfera é singularmente determinada. A obra exprime ao se exprimir, ela mostra esse mundo do qual ela é o princípio. Assim o templo mostra sem enganar a matéria do qual é feito, as leis naturais às quais está submetido, a potência do tempo que o corroeu, a função que lhe foi determinada, o mundo histórico que o concebeu para ser sua testemunha, essa cultura que é para o homem uma segunda natureza e, finalmente, a Natureza mesma que se exprime através do mundo e da cultura.

Além do mais, o que aqui é descrito em termos de expressão, a semiologia o retoma ao falar de conotação. O conotado é esse sentido mais rico, esse excesso de sentido que é constituído pelos signos do denotado quando, como diz Hjelmslev, um primeiro sistema de significantes e de significados se torna significante de um segundo. Assim quando o assunto de um quadro ou, mais exatamente, tanto o representante — a imagem como *analogon* — quanto o representado se tornam a matéria de um outro sentido ou, consoante um exemplo dado por Metz, quando, em *Que Viva Mexico,* os semblantes dos peões enterrados até os ombros e calcados pelos cavalos denotam (ou significam) em primeiro lugar o sofrimento e a morte, e conotam (ou exprimem) em segundo lugar o esplendor da paisagem e a vitória do povo que o habita. Mas a semiologia, sobretudo e com toda a legitimidade, está preocupada em elaborar uma lingüística geral dos significantes de conotação, isto é, uma retórica. Até que ponto ela poderá ser aplicada ao objeto estético, não o podemos prever; parece-nos, entretanto, que se a classificação dos conotadores pode ser operada no nível da ideologia porque esta tende a simplificar e institucionalizar os símbolos, então haveria de se estabelecer com menos facilidade no nível da arte, onde as obras são singulares e indecomponíveis: aí os conotadores não são "traços erráticos... tomados no sintagma da denotação", como Barthes mostra a propósito de uma imagem publicitária[40], mas o todo da obra, cuja unidade provém precisamente da conotação, de modo que é a conotação que fornece sua unidade sintagmática aos elementos do dado. Aqui o conotador unificante não pode ser comparado, por exemplo, com a entoação que, embora supra-segmental, é um significante isolado mas, de preferência, com a melodia ou com a estória na qual a obra se concentra.

De nossa parte, temos estado sobretudo atentos à incidência filosófica da noção de expressão. Parece-nos que a leitura da expressão, mesmo supondo a cultura, atesta uma familiaridade fundamental do homem e do mundo ou, antes — se o mundo é o semblante que a Natureza assume para o homem e pelo homem — do homem e da Natureza; e que, por outro lado, a expressão pertence primeiramente à Natureza que quer se exprimir e encontra a possibilidade de se exprimir nas obras, elas mesmas expressivas, que ela inspira. O mundo singular que a obra nos descortina é um possível da Natureza; atualizando-o, a obra traz-nos uma mensagem do fundo; e o artista, por sua vez, nela se encontra expresso como aquele que foi sensível a essa mensagem. É nesse ponto que nos separamos de Gilson: por certo, o projeto do artista é, antes de tudo, fazer. E a obra é uma coisa feita. Mas quando ela é inspirada, ou autêntica como se quererá dizer, ela nos dá algo para conhecer ou, mais exatamente, para sentir: esse mundo pode ser enquadrado num *a priori* afetivo, no qual se revela algo do fundo, no qual se manifesta a potência poética da Natureza que apela para o homem a fim de se dizer e apela para a cultura a fim de se fazer ouvir. Nisso a arte é realmente linguagem, mas é a Natureza que nela fala, como também sucede que a Natureza fala por meio de objetos naturais.

Donde vem que se distinguem sempre linguagem verbal e linguagem da arte, como também prosa e poesia? Na primeira, o signo torna-se a coisa; na segunda, a coisa torna-se signo. A primeira, com efeito, supõe um em-si da língua; esse sistema de elementos diferenciais tende a se bastar a si mesmo, a eliminar a referência à coisa, a engendrar e realizar o sentido sem

(40) "La rhétorique de l'image", *Communications*, nº 4.

essa referência. Os dois limites (que não devem ser confundidos) para os quais a linguagem tende são a tagarelice e a lógica. Na tagarelice, a linguagem, reduzida à sua função fática, perdeu a função referencial que faz sua virtude semântica: fala-se para não se dizer nada, trocam-se palavras como coisas (ou como bens, ou como mulheres) sem trocar idéias[41]. Na lógica, a língua é um código tão rigorosamente formalizado, cuja sintaxe é tão hipertrofiada, que a semântica tende a se reduzir à sintaxe: os enunciados, nela, são tautologias: provavelmente essas tautologias não são desprovidas de sentido; elas designam operações e objetos que se deixam exprimir integralmente pelas regras de sintaxe que regem seus signos[42]; e se os formalismos não encontrassem limitações externas, esses objetos tornar-se-iam perfeitamente transparentes e identificar-se-iam totalmente com os signos. Na arte, pelo contrário, é a coisa que se torna signo. A obra afirma-se imperiosamente como objeto; o sensível manifesta-se em sua plenitude, animado por uma necessidade interna e é nele que o sentido se manifesta; a obra não é um amontoado de signos, ela faz signo. Assim, no poema, as palavras reencontram a profundidade do seu sentido com o brilho de sua carne: a carne faz-se verbo.

Mas reconduzindo a linguagem à sua origem, por acaso a poesia não nos instrui a respeito da verdadeira natureza da linguagem? De fato, a linguagem só permite aos homens comunicarem-se entre si porque os põe em comunicação com as coisas. E não é coisa que, dessa comunicação, ao mesmo tempo, dá o exemplo e toma a iniciativa? As palavras falam porque as coisas nos falam, e é no mesmo movimento que elas nos falam e que elas se nomeiam. Originalmente, quando a coisa faz signo, o signo que a nomeia é motivado. Não é o homem falante, para o qual a linguagem sempre já está aí, quem cria o signo. O arbitrário da denominação é

---

(41) A forma estética da tagarelice talvez seja, ao menos reduzida à sua essência, o novo romance na medida em que deixa de contar uma estória para combinar, de maneira arbitrária, elementos que não são mais elementos de sentido, mas estruturas formais. Talvez seja necessário acrescentar a ele, aqui, essas obras plásticas recentes que põem em evidência uma estrutura que não estrutura nada. Mas talvez seja mais generoso dizer que a ausência de semântica, e de expressão, se deve ao fato desta semântica ser reabsorvida na sintaxe e, destarte, invocar a lógica em lugar da tagarelice.

(42) Granger, "Logique, langage, communication", *Hommage à Bachelard*, p. 46.

um falso problema, um desses problemas filosóficos, como diz Wittgenstein, "que nascem quando a linguagem está *em festa*. E é então que podemos, com certeza, nos imaginar que a denominação é qualquer ato singular da alma, sua maneira de batizar um objeto"[43]. Mas é suficiente, para atingir o verdadeiro problema, substituir o uso da palavra à sua significação? Acaso não será necessário ir até a idéia de que a coisa mesma se nomeia e que a linguagem brota da natureza? Wittgenstein o sugere quando evoca, em diversas oportunidades, "a fisionomia familiar de uma palavra, o sentimento que ela encontrou sua significação em si mesma, e que ela é uma semelhança real de sua significação"[44]. Como desconhecer a natureza analógica do verbo poético e seu poder evocador? E por que não pensar que nele, visto que jorra da Natureza, é a potência poética da Natureza que se anuncia?

É possível que, além disso, tenhamos enrijecido demasiado a oposição entre a origem poética e a vocação lógica da linguagem. Pois, relembra-nos Wittgenstein, a linguagem lógica não somente diz, ela mostra: mostrando a estrutura interna da proposição, ela mostra a forma lógica do mundo. Ela é, portanto, expressiva à sua maneira: ao exprimir essa forma lógica, por acaso ela não nos convida a pensar que a Natureza quer se exprimir pela lógica assim como ela quer se exprimir pela poesia? Em todo o caso, é na mesma virtude de expressividade que a linguagem funda sua racionalidade — seu poder de exprimir o lógico —, e sua poeticidade — seu poder de exprimir a força do aparecer —. Em ambos os casos, a linguagem coloca-nos na presença da própria coisa, ora como elemento do sistema das coisas, ora como testemunha da Natureza.

O que acabamos de dizer sobre a poesia poderia se estender facilmente a todas as artes. E isso nos leva, enfim, a concluir a respeito das relações entre a arte e a linguagem. Na maioria das vezes, quando se considera a arte como linguagem, esforçamo-nos em compreender a arte pela linguagem. Talvez seja necessário proceder inversamente e compreender a linguagem pela arte. O poder de exprimir pelo qual a

---

(43) *Investigations philosophiques*, trad. Klossovsky, p. 133.
(44) *Ibid.*, p. 351.

linguagem se assegura de sua virtude semântica e realiza seu ser, pelo qual estamos abertos para o mundo ao mesmo tempo que assumidos na linguagem, porque o mundo irrompe na linguagem desde que a linguagem surgiu no mundo — é na arte que esse poder encontra sua melhor ilustração, como é na arte da linguagem que a linguagem encontra sua fonte. Por conseguinte, a semiologia da arte, que tanto deve à lingüística, talvez tenha, por sua vez, algumas sugestões a lhe propor, se ela não se deixar seduzir pelo seu prestígio e se fizer justiça à especificidade do objeto estético.

FORMALISMO LÓGICO E FORMALISMO ESTÉTICO

Confrontar o formalismo lógico e o formalismo estético pode parecer um projeto insólito. Entretanto, a nossa época pede esse exame: ao mesmo tempo em que se desenvolvem as ciências formais com um espantoso vigor, vê-se o cotejo entre uma arte formalista e uma arte que se afirma informal. É justo que a mesma palavra seja empregada pelo lógico e pelo esteta? E desse emprego é possível extrair alguma indicação a respeito da significação do formalismo?

À primeira vista, salta aos olhos a diferença entre lógica e arte. A primeira elabora aquilo que se pode chamar um objeto ideal que solicita o pensamento; a segunda, um objeto real que solicita a percepção. Os dois objetos, é certo, têm algo de comum: ambos estão para serem construídos. Em lógica, provavelmente, ao construtivismo de um Brouwer pode se opor um platonismo como o de Hilbert; e a mesma oposição pode ser encontrada na reflexão estética; mas nenhuma doutrina poderia negar a necessidade de uma operação. Ora, mede-se facilmente a distância entre uma operação prática que produz uma obra de arte e a operação intelectual que produz um teorema. Na verdade, a palavra formalismo tem diversas acepções. Pode designar, primeiramente, uma atitude: o formalista é um homem que respeita as formas. Designa também uma teoria: o formalista enaltece a forma quando ela lhe parece saída da razão e solicitada para fundar seja a inteligibilidade do saber, seja a moralidade da ação. Mas não basta recomendar a forma, é necessário defini-la. Ela se define de maneira bem diferente, segundo é forma de um objeto percebido, informando uma matéria, ou forma de um enunciado que se faz mister desprender do conteúdo do enunciado. No primeiro caso, o formalismo — de uma arte poética, por exemplo — decide sobre o que deve ser a forma e dá instruções para sua produção ao impô-la a uma matéria. No segundo caso, o formalismo, refletindo sobre teorias já abstratas, mas ainda intuitivas, procede à formalização: elabora sistemas formais que representam, como diz Ladrière, "o grau superior de abstração do método axiomático"[1] e modificam o seu sentido; pois a prioridade concedida aos enunciados iniciais torna-se relativa e não mais se funda em sua evidência, mas em sua comodidade. É digno de nota que esses sistemas são eles mesmos chamados formalismos, enquanto ninguém cogita em chamar de formalismo uma obra de arte inspirada por uma concepção formalista da arte e composta consoante regras formais. Isto significa que, em lógica, as regras que realizam a formalização — regras morfológicas de formação das proposições elementares e regras axiomáticas de derivação — são interiores ao sistema, portanto, que a lógica é, para si mesma, o seu próprio fundamento e se produz a si mesma, enquanto que, em arte, as regras são exteriores ao objeto: servem para produzir uma forma que não se basta a si mesma.

(1) *Les limitations internes des formalismes*, p. 33.

Por conseguinte: ora a forma do discurso é o objeto do discurso, ora a forma do objeto solicita uma criação. Como compreender essa noção de forma? A forma define-se, igualmente, em oposição à matéria, ao fundo e ao conteúdo. O sistema hilemorfista foi proposto por Aristóteles para esclarecer a *praxis* artesanal, — e, particularmente, a criação artística; a causa formal é o projeto que inspira e dirige o trabalho. Mas tal idéia também pode operar na natureza: quando uma potência se atualiza, uma forma vem informar uma matéria. (A filosofia crítica transporá essa demiurgia para outro plano e a consignará ao *Gemüt,* órgão do eu penso, instrumento da unificação do diverso, do qual o eu penso é o princípio.) Por outro lado, a forma herda propriedades do *eidos* platônico: ela é, no objeto, a essência que permite identificá-la e defini-la.

Essa identificação opera-se na percepção. A forma, para a moderna psicologia da forma, é uma figura ou uma configuração pela qual o objeto ou um conjunto de objetos se distinguem ao se separarem sobre um fundo indiferenciado. Mas o próprio fundo pode ser entendido de diversas maneiras. Acabamos de evocá-lo como o indefinido do horizonte sobre o qual se perfila a forma. Às vezes, no vocabulário da crítica literária, o fundo designa o conteúdo do sentido, aquilo que merece ser aprofundado. Como pode o fundo ser portador do sentido? É que o horizonte que excede a toda percepção, como também a todo saber, atesta a exterioridade de um real inesgotável. O *Grund* também designa a potência da fonte: aquilo que está na origem, e que talvez seja um *Logos* primordial[2], ou que queira ter acesso, pela operação do homem, à consciência e à representação.

Todavia, mesmo se o fundo está na raiz do sentido, é a figura que o dá. A forma está ligada a um conteúdo de sentido. Diz-se, hoje, que ela traz uma informação, em relação à qual o fundo é ruído ou puro acaso. Para determinar a relação da forma ao sentido, é necessário examinar, por um instante, a noção de informação. Poderíamos dar-lhe um sentido aristotélico: um ser é informante quando está informado, quando a

---

(2) O *Grund* como *Physis* é um tema de Schelling. A *Physis* como *Logos* é um tema de Heidegger. (Cf. em particular sua *Introduction à la métaphysique,* trad. Kahn, p. 135 e ss.)

forma nele é essência, estrutura que faz aparecer como ele é feito e como foi feito, sobre o qual a contingência inventa certas variações. Mas o pensamento moderno privilegia um outro sentido da palavra estrutura: não mais o que constitui um ser, mas o que o situa em relação a um conjunto de entidades ligadas por alguma relação constante. As entidades, que aqui é necessário considerar, são signos. Informar é transmitir signos que são significantes, os quais, aliás, como no caso da linguagem, são portadores de um sentido, mais por artifício do que por natureza. Está a informação ligada ao conteúdo da mensagem ou à sua forma? Em princípio, a forma dos signos só é questionada se considerarmos as condições de transmissão da mensagem que devem preservar a inteligibilidade dos signos. Quando respondo a quem me fala: "estou ouvindo", isto pode significar: eu percebo claramente os sons que emitis, ou: eu compreendo — e talvez com meias palavras — o que quereis dizer. Há, portanto, duas noções possíveis de informação. A teoria da informação enaltece uma delas porque foi elaborada pelos engenheiros da comunicação, para quem os signos são sinais; e é essencial distingui-los perfeitamente, mas cuja significação é, de algum modo, indiferente. Sinal vermelho: é suficiente que suscite um reflexo e, quanto ao mais, o engenheiro que o coloca não tem de se preocupar com acidentes de trânsito mais do que o engenheiro das telecomunicações tem de se preocupar com o conteúdo das mensagens cuja transmissão ele assegura. Igualmente para a fonologia estrutural, entender um fonema é poder distingui-lo: seu sentido reside naquilo que o associa a outros para distingui-lo; "o conjunto de suas particularidades pertinentes", como diz Trubetzkoi em seus *Principes de phonologie,* propõe um sentido diferencial e não intrinsecamente constituinte. O sentido, aqui, é definido em função da forma; a semântica é afastada, provisoriamente, em benefício da gramática.

A informação, porém, não é toda a significação: o signo não só deve ser recebido, ele deve ser interpretado. Então a informação torna-se verdadeiramente significante, para um ser capaz de descobrir significações, para que, como diz Simondon, "um acontecimento tem valor de informação"³, isso supõe que esse ser já possua informação e a tenha em si mesmo convertida em formas: "o vivente transforma a informação em formas, o *a posteriori* em *a priori*; mas esse *a priori* está ele mesmo sempre orientado para a recepção da informação a ser interpretada"⁴. Então o significante remete a um significado que lhe é estranho e o conteúdo do signo não é mais imanente à sua forma; o signo é arbitrário em relação àquilo que significa.

Vejamos, agora, como conceber a forma em lógica e em arte. Antes de considerá-la no binômio que acabamos de mencionar, estamos conscientes de uma diferença fundamental: a forma, em arte, é sempre forma *de,* forma do objeto estético que se realiza na percepção. Em lógica, a forma é forma de um discurso e não de um objeto; se, no ponto de partida, ela ainda é forma de um objeto real⁵, é do objeto enquanto objeto do discurso, quando esse objeto é colocado em relação a outros para ser comparado, classificado, inserido numa estrutura; com a formalização, a forma torna-se ela mesma o discurso, e o sistema formal constitui um objeto formal elaborado pelo pensamento. Provavelmente essa emancipação da forma se pode pressentir em estética quando se isola a forma de uma obra para opô-la a outra; assim podem se opor, se suceder ou se misturar dois estilos; mas se trata antes de dois formalismos, de dois sistemas operatórios destinados a produzir formas, e essas formas, que sempre têm de informar uma matéria, são solidárias dos objetos sem serem elas mesmas objetos.

Ora, em lógica, a forma não é mais solidária de uma matéria. O que seria, aqui, a matéria? Se se pensa numa matéria sensível, os "caracteres" que permitem escrever as fórmulas? Mas se o emprego desses signos deve ser perfeitamente rigoroso, sua escolha é totalmente arbitrária: essa matéria não tem outra propriedade senão apresentar o sentido. Ou isso seria uma matéria semântica, a matéria de um discurso para pôr em forma? Mas, além do fato dessa matéria ser melhor chamada de conteúdo, ela mesma está liquidada. A

---

(3) *Du mode d'existence des objets techniques*, p. 138.
(4) *Ibid.*, p. 137.
(5) E, talvez, no ponto de chegada: voltaremos a tratar do sentido ontológico da lógica.

lógica não é uma arte do discurso, ela é para si mesma o seu próprio discurso; é por isso que o formalismo lógico é menos um sistema de regras para um discurso qualquer do que um sistema discursivo de enunciados formais. Se os caracteres se substituem aos signos lingüísticos ordinários é porque a lógica exclui toda referência a uma matéria do discurso. Destarte, a forma lógica é uma forma autônoma, cuja função não é informar uma matéria; ela se conquista por operações intelectuais que abstraem da matéria física ou semântica, sendo que a última etapa dessa conquista é a formalização na qual a forma toma consciência de si como objeto formal. É por isso que a forma lógica não mais parece se relacionar com o fundo. O papel branco é um fundo para os caracteres escritos, mas há um fundo do qual se desprende o objeto formal? Talvez, contudo, se possa conceber um fundo — um fundo homogêneo à forma —, se o pensamento formal sempre tem movimento para ir mais longe, se o sistema formal não se pode encerrar e se a teoria das teorias, que Husserl invocava, não cessa de se esquivar. Ladrière, evocando a impossibilidade de uma "tematização que corresponde à totalização de todas as tematizações possíveis", mostra que "a experiência matemática se desenrola no fundo de um horizonte inesgotável" que permanece exterior ao formalismo; a presença desse horizonte atesta que "o formal não pode ser cortado de seu enraizamento na intuição"[6], voltaremos a isto.

Resta que a vocação do pensamento lógico-matemático é construir objetos formais que, em si mesmos, não devem nada à intuição, e que ela domina sob a condição de recorrer à formalização, isto é, de se sujeitar a condições rigorosas de realização. O horizonte "alimenta a significação" do formalismo, como diz Ladrière, ele não o constitui. Qual é, afinal, a relação da forma com o sentido? é fácil estabelecer: o sentido reside inteiramente na forma; um enunciado lógico não quer dizer outra coisa do que diz; é necessário tomá-lo exatamente à letra. Trai-se a expressão f (x) quando, interpretando-a na metalíngua, se lê "f de x", pois assim se converte em função o que só pode ser uma forma proposicional, e também quando se lê "x é f",

(6) *Op. cit.*, pp. 437, 443 e 441.

pois f, se é um atributo, envolve a função; a melhor leitura, diz Blanché[7], seria: "x efe". Mas é muito mais difícil dizer o que é esse sentido de um discurso vazio que parece não ter nada para dizer, ou de um símbolo que não se refere a objetos, mas a operações que o combinam com outros símbolos, de modo que o fim do discurso é somente ser um discurso, um encadeamento de proposições corretamente formadas segundo regras que interditam de se contradizer. A significação, aqui, não é ainda informação? A teoria da informação fazia residir o sentido na estrutura, por exemplo, no que diferencia um signo e lhe determina um lugar num conjunto de signos aos quais ele está ligado por certas relações. Agora, é a estrutura do sistema formal que dá o sentido: os conceitos primitivos aí recebem seu sentido dos axiomas que autorizam certas operações bem determinadas; e o sistema encontra seu sentido em si mesmo, independentemente de toda interpretação. De fato, a análise que Simondon propõe da informação se aplica com justeza aos formalismos lógicos. A informação, diz ele, tem dois aspectos: ela suscita uma série de estados imprevisíveis, exigindo uma disponibilidade absoluta do canal de informação; mas como o imprevisível deve se distinguir do acaso, ou do ruído que não tem significação, é necessário que a margem de indeterminação se estabeleça "num fundo de previsibilidade". O imprevisível é uma variação da forma, mas se faz mister uma forma para que essa variação apareça e constitua uma informação. "A informação situa-se a meio caminho entre o puro acaso e a regularidade absoluta"[8]. Não é o que se deve dizer a respeito da significação lógica? O enunciado situa-se a meio caminho entre o não-sentido e a tautologia, porque a forma lógica é suscetível de variações, do mesmo modo que a forma física depositada numa máquina como uma calculadora. A aparição de uma nova forma lógica — de um teorema — é, ao mesmo tempo, previsível, visto que ela se produz consoante os mecanismos e processos próprios da máquina ou do sistema formal, e imprevisível, porque é necessário fazer funcionar a máquina lógica para produzi-la.

(7) *Introduction à la logique contemporaine*, p. 135.
(8) *Op. cit.*, p. 137.

Destarte, o sentido é imanente à forma. A linguagem simbólica utilizada no simbolismo não designa um conteúdo de sentido exterior, ela é o seu próprio conteúdo a si mesma. A semântica ainda não se distingue da sintaxe. Poder-se-ia esclarecer essa redução do sentido à forma evocando os discursos pré-socráticos, tais como os interpreta Clémence Ramnoux[9]; eles parecem construídos de modo a pôr em jogo binômios categoriais e a experimentar polaridades maiores, como as do claro e do escuro, do uno e do múltiplo, do reto e do oblíquo, e parecem indiferentes à significação empírica: o conteúdo do exemplo não tem importância nessas fórmulas exemplares. Aqui, como também nos mitos submetidos à análise estrutural, o formalismo ainda não procede por abstração: ele constitui a linguagem e não a reflete com uma preocupação de rigor que repercute no formalismo ritual da recitação. Assim a lógica se manifesta na origem da linguagem, mas como que em concorrência com outra fonte, que é a expressividade da forma sensível a qual será exaltada pela arte.

O que ocorre, afinal, com a forma em arte? Aqui, se nos colocamos do ponto de vista do criador, o formalismo, como sistema de regras, precede a reflexão sobre o formal. Pois o fazer não pode ser deixado ao instinto. Por um lado, é necessário que alguma idéia presida à *praxis*, mesmo que seja a encomenda do mecenas: cantai a glória do vencedor, construí-me um palácio, pintai o conselho dos Regentes... Ao passar para a natureza através do artifício humano, essa idéia vai dar sua forma à obra, uma forma que de bom grado será tida pelo sentido. Mas o formalismo começa além do projeto, quando são propostos ou impostos processos para sua realização. Processos tanto mais imperiosos, quanto não são escritos nem racionais, sendo, entretanto, necessários a toda aprendizagem. As regras de prosódia nas escolas dos bardos oferecem tanto um meio de improvisar de modo mais barato sobre um esquema dado, quanto um meio mnemotécnico de fixar o poema confiado à tradição oral. Igualmente importantes são os esquemas rítmicos que a suíte musical não cessou de utilizá-los. Em toda a parte, as regras de

(9) Cf. em particular *La Nuit et les Enfants de la nuit*.

composição, que definem a forma sonata ou a forma soneto, a forma dórica ou a forma romana, permitem o "desenvolvimento" da obra e, ao reprimir a anarquia e a confusão, suscitam um objeto fortemente estruturado e facilmente identificável. A forma estética deve ser uma "forma bela".

Mas ela só é bela se provocar o livre jogo da imaginação e do intelecto. Não é possível, portanto, que ela se reduza a um esquema elementar, como estas grades geométricas nas quais se pensa encontrar a lei de composição da obra. O tema, investindo-se na matéria para se desenvolver, deve dar lugar a variações, suscitar formas anexas, mas sem que o ornamento prolifere a ponto de dissimular ou destruir a forma; pois, por mais profundamente que a forma se engaje no sensível, ela sempre deve ser acessível através da exuberância do múltiplo. É por isso que o formalismo não é tudo. Ele instrui a arte nos seus começos, mas a inspiração vem substituir a habilidade artesanal, ou antes, explorar as possibilidades criadoras do hábito. É então que a obra é verdadeiramente inédita e fornece informação — uma informação que, de novo, se situa entre acaso e regularidade, entre delírio e estereotipia, entre a diversidade aberrante da improvisação e o rigor morno de um esquema demasiado seco ou de um modelo indefinidamente reproduzido. Como o formalismo lógico requer invenção para formular enunciados que não são tautologias para nós, assim o formalismo apela para a inspiração a fim de criar obras originais.

Abramos aqui um parênteses. Poderíamos seguir esses avatares da forma no fenômeno pré-artístico da escrita — uma palavra que se emprega de bom grado, hoje, num sentido mais amplo para designar a "maneira" em que convergem a habilidade artesanal e o estilo, mas essa maneira já aparece no gesto da mão que escreve. A palavra escrita é uma forma que é necessário aprender a reproduzir sem equívoco. A beleza de uma escrita mede-se, primeiramente, pela sua legibilidade e essa qualidade continua a ser a virtude maior dos caracteres de imprensa. Mas uma escrita por demais fielmente exata nos parece primária. A elegância aparece quando a forma é ameaçada e triunfa sobre o que tentava comprometê-la, por exemplo, sobre os resumos que evitam as redundâncias. A beleza requer algo mais: a expressividade de um estilo pessoal. Não se veja aí a personalidade do escritor, tal como a grafologia pode manifestá-la; pois a expressão só tem valor estético se é o objeto mesmo que se exprime, que exprime, ao mesmo tempo, sua gênese, o movimento da mão ágil e segura de si mesma que o engendrou, como também o seu ser, aquilo que o carrega de uma significação intrínseca, como a estabilidade da horizontal, o arrojo da vertical, a solidez dos plenos e a graça dos delgados, esses valores expressivos do desenho pelos quais a escrita se recorda de ter sido pictográfica. Aqui o formalismo abdica: cada qual reinventa a escrita por sua própria conta — mas após o longo conformismo da aprendizagem.

Esse exemplo conduz-nos ao problema do sentido. Mas, para abordá-lo, é preciso voltar atrás, por um momento, a fim de evocar a relação entre a forma e o fundo. A forma estética, por se encarnar no sensível, liga-se ao fundo, no duplo sentido da palavra: horizonte e fonte. Em primeiro lugar, a obra se harmoniza com o seu contexto, o quadro com o muro, a construção com a paisagem; as esculturas só estão a gosto no parque que as engasta. Pois a obra é uma espécie de lugar alto no qual o contexto se reúne. Simondon insistiu nessa "função de totalidade" da arte a ponto de subordinar a obra ao meio onde ela se insere; em vez da forma estetizar o fundo, é o fundo, para ele, que estetiza a forma: "é graças ao jardim que a estátua pode aparecer bela, não o jardim graças à estátua"[10]. Sucede, porém, que a obra seja isolada e somente sobressaia num fundo neutro e inoperante, como a música sobressai no silêncio (eu não falo das pausas na música); entretanto, ela exerce ainda essa função de totalidade porque traz em si um mundo ao qual ela nos abre tornando-nos, destarte, habilitados para o mundo. Ora, essa potência da obra talvez seja nela ainda uma marca do fundo; pois esse mundo do qual ela está prenhe é um possível da inesgotável realidade, da Natureza naturante; e ele só é para nós o mundo singular de um artista porque esse artista, ao criar, ouviu o apelo do fundo e se deixou conduzir por ele.

(10) *Op. cit.*, p. 191.

É então que a obra assume todo o seu sentido. Pois para que uma forma pregnante seja bela, é preciso que a inteligência também participe. A forma bela é a que fala além de toda fala, que diz um mundo; o objeto estético ilimita-se quando o conceito se torna, como diz Kant, idéia estética. Qual é, aqui, a relação da forma com o conteúdo do sentido? Será análoga àquela relação de geração que se instaura em lógica onde a sintaxe, que escolhe arbitrariamente o seu léxico, produz a sua semântica? Sim e não. Pois o sentido em arte é, de fato, imanente à forma mas, porque essa forma é sensível, completamente engajada na matéria e unida ao fundo, o sentido é de outra natureza: ele é expressão.

Todavia, esse sentido, ao menos nas artes espontaneamente figurativas, não é concebido de modo unívoco. O sentido de um templo é, primariamente, ser um templo; de uma sinfonia é ser uma sinfonia: o sentido aqui se identifica com a idéia que se realizou na operação criadora. Mas e o sentido de uma pintura ou de um poema? Dir-se-á, de bom grado, que é o objeto representado, de modo que a forma está subordinada ao conteúdo; ela é a forma do objeto representado, contorno nas artes plásticas, essência dizível nas artes da linguagem, e sua virtude mede-se por sua veracidade, pela qualidade da "imitação". As artes poéticas tradicionais recomendam a verdade; ao dramaturgo, por exemplo, elas impõem o respeito à verossimilhança das situações e das personagens ao mesmo tempo que à regra das três unidades. Nas artes plásticas, o espectador é tentado a esquecer que a forma é, antes de tudo, forma de uma matéria para só considerar a forma do "assunto", como se a beleza de um retrato ou de um busto residisse na beleza do modelo. Então o sentido permanece exterior à obra; a obra se entrega ao serviço do objeto que ela representa sem se apropriar dele, e o destino que lhe reservamos é análogo àquele que reservaríamos a um sistema lógico se procurássemos sua verificação na experiência.

Mas o objeto estético tem um meio diferente do objeto lógico para preservar sua autonomia. Este último elimina o conteúdo intuitivo, procurando o sentido no nível do ser formal. Aquele assume a matéria, reivindicando por verdadeira forma aquela que penetra no sensível para informá-lo. Então o objeto representado se torna um elemento da matéria da qual faz o seu sentido. Para a escultura não é indiferente representar Posêidon ou Laocoonte, mas o assunto torna-se um meio para o bronze assim como o bronze um meio para o assunto. A representação é um momento da expressão. O que é expresso é um mundo singular e o objeto representado não é mais do que um habitante e uma testemunha desse mundo. Fazer justiça à obra é penetrar nesse mundo sem se deter nos objetos determinados que o anunciam; e isso só é possível com a condição de se impregnar do sensível, de se deixar encantar por ele: esse encantamento que libera tanto a imaginação, quanto o intelecto se realiza na percepção quando ele se eleva ao sentimento.

É, portanto, nos antípodas do sentido lógico que se faz mister procurar o sentido estético, e o que aprofunda essa distância é, evidentemente, a diferença das formas, abstrata e vazia por um lado, concreta e plena por outro. Mas a relação da forma com o sentido é análoga nos dois casos. Como em lógica, assim em arte se pode dizer que a forma dá o sentido, na medida em que o objeto estético não é mais um signo cuja função seria designar ou representar outra coisa. O sentido, aí, está totalmente presente no sensível visto que o sensível está totalmente penetrado pela forma. Dupla imanência: da forma ao sensível, do sentido à forma. É essa unidade do objeto que assegura sua expressividade, o poder que ele tem de ser portador do seu sentido oferecendo um mundo do qual ele é o princípio. No qual esse sentido — repitamo-lo — é tão diferente do sentido lógico como a forma estética o é da forma lógica. O sentido oferecido por uma sintaxe abstrata é um sentido determinado, mas vazio como a estrutura de um universal abstrato; o sentido oferecido pela sintaxe concreta do sensível é um sentido pleno, mas indeterminado como a estrutura do mundo singular que é um possível do real. E essa diferença é uma repetição daquela que observávamos entre dois formalismos, dos quais um define operações intelectuais para a construção de um sistema formal, outro prescreve práticas para a construção de um objeto concreto.

161

Contudo, essas diferenças quanto à natureza do sentido e à natureza da forma podem ser atenuadas. Em primeiro lugar, no que concerne à natureza do sentido, cabe-nos reexaminar o sentido lógico. Por certo, não cogitamos em identificar significação lógica e expressão estética; apenas queremos sugerir que ambas dizem algo do real e que, se a arte exprime a Natureza, a lógica já é ontologia formal. Notemos, primeiramente, que os dois sentidos funcionam como *a priori*. Hesitar-se-á em conceder isso a respeito do sentido estético. Entretanto, não é verdade que, por um lado, somos de chofre sensibilizados por ele e que podemos imediatamente enquadrá-lo em categorias do sentimento (como o gracioso, o trágico, o maravilhoso) e, por outro lado, que ele constitui o objeto e lhe confere o poder de se ilimitar em mundo? É do mesmo modo que o sentido lógico é *a priori*: ele é a explicitação de um saber virtual e constitui o objeto em geral que abre o campo de uma ontologia formal.

Ora, parece que o *a priori* lógico só pode assumir essa função transcendental se ele visa à experiência: se o objeto em geral prefigura o objeto particular e já constitui a forma inteligível do dado. O sentido vazio do formal deve prestar-se à completação do conteúdo. Em outros termos, o sentido engendrado pela forma refere-se a um objeto possível. Com efeito, os símbolo na linguagem lógica são variáveis cujos valores se referem a um domínio de variações, portanto, a um conjunto de objetos que lhes podem ser substituídos. Esse domínio pode ser o universo do discurso, esse domínio também é um universo. Quando a álgebra abstrata esquematiza a operação, "é preciso, entretanto, diz Ladrière, indicar ao menos como a operação indicada *pode* se relacionar a um objeto (ou vários objetos); é preciso, portanto, mencionar o lugar dos objetos possíveis"[11]; uma expressão construída por meio do operador de abstração que faz aparecer a operação como operação apela para uma regra de concretização que permite aplicar a operação a entidades determinadas. Em toda parte, o pensamento formal coloca o problema da interpretação do sistema que edifica. Ci-

---
(11) "Le symbolisme comme domaine opératoire", *Cahiers internationaux de symbolisme*, 3, p. 37.

temos ainda Ladrière: "Devemos indicar como o pensamento formal pode retornar à experiência, ao percebido; ele não teria nenhuma virtude do ponto de vista da procura da verdade se não conservasse um liame essencial com a experiência. Ela tem, é provável, sua própria consistência, a qual é afinal apenas um desvio. Reencontramos, aqui, o problema da interpretação. Não é possível estabelecer uma correspondência pontual, ponto por ponto, entre os termos de um sistema formal e os objetos e relações que constituem um domínio de experiência. Não é possível, de modo geral em todo o caso, associar um sentido empírico a todas as operações, que é interpretável enquanto totalidade" [12]. Mas isso é suficiente para ter presente, no próprio cerne da formalização, "a questão da relação entre o formal e o sensível".

Se o sentido se formaliza, é sempre para ser sentido *de*. De direito, o sentido pertence ao objeto, e o movimento prodigioso da lógica se realiza sobre o fundamento desse sentido imediatamente dado no objeto e compreendido pelo sujeito — assim como, precisamente, a experiência estética aí nos introduz.

Mas a arte pode ser tentada a imitar, de algum modo, a lógica. Retomemos, portanto, a noção de forma. Duas grandes correntes me parecem dividir a arte contemporânea: a arte formal concede uma autoridade sem reservas ao formalismo, a arte informal empenha-se em destruir qualquer forma. O formalismo estético não mais se contenta em prescrever regras formais à criação, ele cogita em constituir a obra segundo o modelo de um formalismo lógico. Como esse formalismo é um sistema que antes de Goedel se podia crer que fosse coerente e acabado[13], o artista sonha que a obra constitua um sistema pleno e fechado: assim *La Comédie humaine* (pois se pode conceber que a obra seja o conjunto das obras, e é essa esperança de um impossível fecho do sistema que dá ao gesto criador sua apaixonada perseverança), assim a Obra que desesperava Mallarmé. Esse formalismo estético dirigiu-se espontaneamente para a abs-

(12) *Ibid.*, p. 40.
(13) Os célebres teoremas de Goedel sobre as proposições incatalogáveis em certos sistemas formais foram publicados em 1931.

tração. Não é indiferente que se tenha chamado abstrata uma arte que se quer não-figurativa: a recusa da representação é, de fato, análoga à abstração que se realiza na formalização. A obra não mais consente em pedir emprestado sua forma a algum objeto exterior para dele extrair seu sentido. Mas esse formalismo ainda pode ir mais longe: até o despojamento do sensível. Se "a glória do longo desejo" é a idéia, a arte formal por vezes recusa o que era para Hegel a vocação da arte: vestir a idéia, ainda inconsciente de si, como a veste do sensível. Mondrian ou Vasarely extenuam a cor, a música serial importa-se mais com as leis matemáticas da composição do que com o floreio dos timbres, o novo romance às vezes escolhe o léxico mais pálido e mais insignificante. A forma, ao invés de ser pensada em sua relação com a matéria, é pensada em sua relação com o sentido.

O primado da sintaxe convida a fixar o sentido na estrutura intrínseca da obra. Não admira, pois, que o estruturalismo seja contemporâneo dessas tentativas; seus produtos solicitam a análise estrutural, bem como as tatuagens caduveu ou as máscaras maori. E a arte logicizada coloca a mesma pergunta proposta por sua exegese estruturalista: não se corre o risco de perder o sentido estético reservando-o unicamente à forma? A análise estrutural da arte, é certo, não data de hoje: encontramo-la nos tratados de arquitetura ou de composição musical; mas suas ambições eram mais modestas: explorar uma *ars fabricandi,* descobrir os esquemas que dão à obra sua forma, sem pretender desvendar a chave do sentido. E seria isso possível? Sim, se o sentido precisamente se reduzisse a um arranjo de motivos em si mesmos insignificantes. Tal pode ser o caso de certos exercícios musicais, de edifícios estritamente funcionais ou de figuras decorativas ou, mesmo, de certas formas verbais como os mitos estudados por Lévi-Strauss. É possível que em certas civilizações, o pensamento selvagem tenha feito prevalecer a sintaxe e que aí o estruturalismo não seja a teoria do etnólogo, mas a prática dos homens. Mas nenhuma obra de arte autêntica, como também nenhum mito operante na história, é simplesmente uma combinação, a expressão de um sistema de classificação. Lévi-Strauss sabe perfeitamente disso e procura sempre uma camada mais profunda do sentido (e também da função da arte, pois o funcionalismo jamais perde os seus direitos)[14]. Assim ele mostra que o mito de Édipo põe em discussão a autoctonia do homem, ou que o mito de Asdiwal sugere que o único modo positivo de ser consiste numa negação do não-ser. É provável que a hermenêutica possa contestar essas interpretações, pois o sentido de tais obras é inexaurível. Mas o importante aqui é que a elucidação do sentido não parece diretamente ligada à análise da estrutura e vem, de algum modo, romper essa análise: bruscamente tomamos conhecimento de que Édipo significa pé-inchado e que os seres ctônicos são mancos, ou que o Tsimshian se identifica com o peixe, ou que o semblante humano, que deve ser privilegiado para explicar a *split-representation*, é ele mesmo uma máscara. É certo que a análise é insubstituível para mostrar como o pensamento se exerce manipulando a linguagem (existem, ademais, bastante longe dessas estruturas elementares: séries de oposição propriamente lógicas; uma dupla de termos opostos só de longe evoca o conjunto das duplas ordenadas que constitui uma relação, e o conjunto de entidades tendo entre si uma relação consistente que define uma estrutura). Mas vem um momento em que o sentido da obra — e já das palavras — remete a algo de diferente, estrutura social ou visão do mundo, que a obra representa ou sugere: é necessário passar da sintaxe à semântica. A obra é portadora do sentido para o qual se transcende; mas para apreendê-lo é necessário ter em consideração, ao mesmo tempo, o sensível onde se investe a forma, o objeto que pode ser nomeado ou representado, o mundo humano onde a obra encontra sua aplicação.

É isso o que, talvez, a arte formal tende a esquecer quando procede ao duplo sacrifício do assunto e da matéria sensível. Para assegurar autonomia à obra, ela não hesita em amputá-la. Contudo, a arte não tinha esperado as experiências contemporâneas para criar obras que se bastassem a si mesmas e cuja verdade não se medisse pela fidelidade da imitação. O mérito da arte abstrata é de nos ter convidado a tomar consciên-

(14) "A quoi sert l'art caduveo?", *Tristes Tropiques*, p. 199.

cia disso e a lançar um olhar novo às obras antigas. Nós compreendemos melhor, hoje, o que significa a expressividade do objeto estético — que de forma alguma requer um estilo "expressionista" —, e como se faz mister abrir-nos ao objeto, depois que, aliás, o estudo de sua estrutura no-lo tornou mais próximo e mais familiar; pois temos necessidade dessa análise a fim de nos prepararmos para o encantamento. Mas ainda é necessário que o sensível nos encante. A arte formal corre um grave perigo quando o reduz a ser o suporte neutro de uma forma. A recusa da figuração é outro risco: o de uma perda de sentido, de uma baixa de potencial que reconduz a arte ao figurativo (uma palavra que, hoje, é uma injúria). Por que recusar conceder ao intelecto sua parte?

Certas escolas afastam esses perigos invocando o informal. *Action-painting*, conjuntos, colagens, brutalismo arquitetônico, procura do aleatório por meios mecânicos... Em lugar de uma forma sem matéria, eis uma matéria sem forma, que surpreende a análise estrutural mas que também desconcerta a compreensão. Colocam-se duas questões: abdica a consciência criadora? a obra oferece ainda um sentido? A primeira questão só pode receber uma resposta sempre contestável, pois a interpretação do ato criador jamais procede sem algo de arbitrário. Alguns chegam a falar até mesmo de impostura, como se o artista devesse se empenhar na mobilização dos recursos da consciência. Outros descobrem um ardil da consciência que estaria brincando de esconder consigo mesma mas — mas por quê? para se libertar de toda norma e produzir algo de aleatório puro (sabe-se, com efeito, que é preciso muito engenho para imitar o acaso), ou para se fazer o instrumento dócil de um sentido que a atravessa e a transcende? mas que sentido? não se trata mais de informação em sentido estrito, se a informação é uma variação sobre uma forma e se entropia confere ao informe a maior probabilidade. Trata-se da expressão? Recentemente Fatouros dizia que essa arte exprime nossa civilização tecnológica e, particularmente, um novo modo de apropriação do espaço. Outros dizem que ela exprime forças elementares em operação na natureza, uma espécie de física natural, não no sentido em que Malebranche falava de uma geometria natural disponível no homem como *lumen naturale* mas, antes, uma ilustração das potências da *physis*; e o advento de um meio técnico talvez deva ser creditado a essas potências. Nisso a arte assume, talvez à sua maneira, a função de totalidade que evocamos; mas o sentido obscuro e tumultuoso que habita o objeto, em lugar de se inserir no sistema do visível, se faz o eco do fundo invisível.

Contudo, se essa arte ainda propõe um sentido é que ela não é tão informal quanto pretende sê-lo. Ela pode permanecer sujeita a duas espécies de formalismos. A um formalismo técnico quando se trata de obras, plásticas ou musicais, compostas por máquinas; pois a máquina, como diz Simondon, "é por assim dizer constituída por formas" e "sua operação é uma reunião e uma modificação das formas"[15], que o homem transformará em informação. Por conseguinte, a máquina não produz realmente algo de aleatório, mesmo quando a dotamos de certa liberdade. Também o homem, pois o gesto do artista se conforma àquilo que se poderia chamar de um formalismo da mão; pela aprendizagem, formas foram depositadas no corpo, as quais são operantes como em uma máquina. É do mesmo modo que se constitui um formalismo do gosto que é, ao menos no artista, a ressonância do formalismo prático: pois o gosto pronuncia o seu juízo segundo os esquemas que a convivência com as obras nele montou. Ora, o gosto, sempre presente na experiência estética, não é somente meio de julgar, mas também de conhecer e o que ele conhece é algo do sentido. É precisamente isso que Lévi-Strauss sugeria quando, numa discussão na revista *Esprit,* dizia: "O que é o sentido? um sabor específico percebido pela consciência quando degusta uma combinação de elementos dos quais nenhum, tomado em particular, ofereceria um sabor"[16]. Entendam bem que, para Lévi-Strauss, degustar é um luxo que nos concedemos; o essencial é proceder à análise estrutural, na qual a prova ou a "retomada" do sentido pelo gosto nada acrescenta. Mas é possível, ao menos na experiência estética, que esse supérfluo seja o necessário. Em todo o caso, a arte informal no-lo oferece ainda: ela solicita o gosto, oferece um sentido, um sentido em

(15) *Op. cit.*, p. 137.
(16) *Esprit,* nov. 63, p. 641.

estado selvagem porque a forma se dissimula na exuberância da matéria; mas uma expressão desconcertante ainda é uma expressão.

A arte informal, portanto, não renuncia a todo formalismo, mas parece que, na arte contemporânea, o formalismo resplandece: por um lado, essa arte se logiciza, põe a forma a serviço do sentido, de um sentido que recusa tanto a representação do objeto, quanto a expressão do fundo; por outro lado, ela se anarquiza, precipita a forma na matéria e reduz o sentido a ser a expressão equívoca do fundo. Será necessário dizer que a arte mais autêntica seria aquela que mantém as relações da forma com a matéria, o fundo e o sentido? Nós não queremos estender a arte sobre o leito de Procusto de nossas categorias nem profetizar o seu futuro.

Nosso único propósito era confrontar duas noções e dois usos do formalismo que certo movimento da arte contemporânea e certa escola de pensamento tendem a aproximar. Essa aproximação sugere que há algo em comum a toda operação criadora: as formas criadas, por mais acabadas que estejam, não podem se fechar sobre si mesmas; o sentido que elas carregam em si remete a um horizonte de sentido o qual atesta, ele mesmo, que o sentido visa a uma realidade inexaurível. Pensamento lógico e pensamento estético dizem algo do fundo; na medida em que são inspirados talvez se originem do fundo. O fundo é a pátria comum das imagens e dos conceitos; ele se exprime tanto na língua vazia dos símbolos lógicos, e as formas não deixam de significar esse fundo do qual o olho ou o pensamento as desprendem sem jamais arrancá-las.

A CRÍTICA LITERÁRIA: ESTRUTURA E SENTIDO

Desde que a escrita permite fixar e entesourar as obras, parece que a crítica sempre tem acompanhado a literatura, ora seguindo-a, ora precedendo-a; pois se na maioria das vezes a obra provoca a crítica, acontece que a crítica, por sua vez, inspira a obra. Esta presença obstinada da crítica não tem nada de assombroso; criticar é julgar, aliás emitir juízos, ao menos exercer seu juízo, e todo leitor é um crítico em potencial, inclusive o próprio autor quando se relê. Mas a crítica, na medida em que se institucionalizava, quis fortalecer e justificar sua autoridade. O crítico foi o homem de bem que falava em nome do gosto, dos valores estabelecidos, da Igreja ou do Príncipe; ele pretende ser, desde ontem, homem de ciência. É justa tal reivindicação? A ciência, hoje, não cessa de se interrogar sobre si própria: o mesmo faz a crítica. Daí, presentemente, um debate apaixonado e apaixonante sobre o seu sentido e sua vocação. Não pretendemos apresentar os protagonistas ou relatar as peripécias desse debate, mas somente tentar esclarecer o seu sentido.

Considerado de fora, o debate está sujeito a diversas interpretações. Uma interpretação psicológica, para quem pretendesse reduzi-lo a um conflito de pessoas; mas a vivacidade dos ditos e a dureza das atitudes não justificam por sua vez uma interpretação tão limitadora; explica-se igualmente pela gravidade das opções. Uma interpretação sociológica: o conflito seria, então, entre instituições vizinhas mas diferentes, desigualmente progressistas em todo o caso; mas os atores não se distribuem exatamente segundo as instituições e aquilo que os opõe é, antes, a idéia que eles têm da função crítica. Será então necessário dizer que o conflito é entre epistemologias dfierentes e que se refere principalmente a problemas de método? Sim. Parece-nos, porém, que a diversidade das concepções da ciência, das quais cada um se reclama, sempre engaja uma filosofia. O que está em jogo é, portanto, a filosofia e são as opções filosóficas que eu gostaria de esboçar aqui. Todavia, o meu propósito não é evocar a filosofia daqueles que lançaram o ataque contra a nova crítica, pois me parece que a preocupação de certo bom senso substitui para eles a filosofia. É, antes, a retaguarda dessa nova crítica que eu gostaria de examinar para aí discernir duas tendências distintas: a filosofia da análise temática e a filosofia da análise estrutural.

O estruturalismo é, no campo da prática científica, a expressão, muitas vezes bem consciente, do que se pode chamar de uma filosofia do conceito. Essa filosofia está ligada ao extraordinário desenvolvimento que o pensamento formal experimenta há algumas décadas. O positivismo lógico foi, e ainda é, sua forma primeira nos países anglo-saxões onde se perpetua a herança do empirismo tradicional. Na França, onde um clima diferente foi legado pela tradição e, em todo o caso, animado por numerosas correntes, esse positivismo permaneceu por muito tempo mais ou menos ignorado: só bem recentemente Wittgenstein entrou em cena e há pouco tempo a Universidade leva a sério o ensino da lógica. Mas o positivismo lógico, ao se aculturar quase brutalmente na filosofia francesa, adquire nova expressão; poder-se-ia mostrar que, mui curiosamente, ele assimila a ontologia heideggeriana, que aqui já estava aclimada, enquanto se imuniza contra o existencialismo sartreano. Em todo o caso, ele não mais se limita a uma reflexão de algum modo técnica sobre o pensamento lógico, sobre o discernimento e a conjunção, na *praxis* científica, do formal e do material ou do analítico e do sintético; ele se interroga sobre o próprio ser do formal, sobre o movimento que o anima, ele retoma, à sua maneira, o pensamento de Hegel interrogando-se, na *Logique*, sobre o ser do *logos* ou, na *Phénoménologie*, sobre as relações entre a experiência da consciência e o objeto dessa experiência; ele toma a forma de uma filosofia do conceito, ou do sistema, que se opõe a uma filosofia da consciência (essa filosofia da consciência, hoje violentamente repudiada, conheceu ela mesma um recente avatar: não é mais a filosofia brunschvicguiana dos progressos da consciência à qual Cavaillès opunha uma dialética do conceito, é a filosofia sartreana do para-si ou da *praxis* à qual se opõe, hoje, um pensamento que é em-si na linguagem e estruturas inconscientes).

Desse neopositivismo reteremos aqui, apenas, dois temas solidários que repercutem na crítica estrutural e que são inspirados pela fascinação do pensamento formal. O primeiro é o isolamento do sentido. O que é o sentido? Conhecemos o longo debate que se travou no logicismo, sobretudo anglo-saxão, em torno do *"meaning of meaning"*. Já Frege, e depois dele Husserl, distinguiam *Sinn* e *Bedeutung*; e mais precisamente Husserl distinguia diversas noções de sentido. Por um lado, ele define uma espécie de salto do sentido: de um juízo dado, eu posso definir o sentido pelo estado de coisa que ele designa, visto que ele é *Sinn-von*, como diz *Erfahrung und Urteil* [1]; mas eu também posso abstrair do seu conteúdo, tê-lo por um objeto próprio pertencente à "região do sentido", considerá-lo a ele mes-

(1) P. 324.

mo como "simples sentido" sem me orientar para os objetos a que ele visa. Mas então sob que condição ele é sentido? Sob a condição de seu enunciado ser corretamente formado. Husserl, com efeito, distingue, por outro lado, em primeiro lugar, um sentido puramente gramatical, próprio à morfologia, que se define simplesmente por sua oposição ao não-sentido (como: homem logo sim), em segundo lugar, um sentido próprio ao juízo "distinto" que se opõe ao contra-sentido (como: todo S é P, salvo alguns S) e, enfim, um sentido que apela para o conteúdo do juízo e repousa em sua possível unidade, isto é, na "homogeneidade material dos núcleos" (ao qual se poderia acrescentar que ele se opõe ao falso-sentido, ou a um sentido falso, para o qual Blanché propõe um exemplo com um juízo tal como: 3 é ovíparo). Vê-se que as duas primeiras acepções definem o sentido pela gramática, pela conformidade às regras de emprego e de manipulação dos termos; a terceira acepção implica uma referência ao conteúdo do juízo e define o sentido pela adequação a esse conteúdo. Essa dualidade do sentido exprime-se talvez mais claramente nos lógicos, em particular em Quine, quando distinguem *theory of meaning* e *theory of reference* ou, ainda, *grammatical meaning* e *referential meaning* [2].

Ora, o que eu chamava de "isolamento do sentido" — contra o que também protesta Quine — é a eliminação da segunda acepção em favor da primeira: redução sugerida pelo pensamento formal que se esforça em liquidar todo conteúdo intuitivo e, mais precisamente, pelo processo de formalização que só considera os enunciados que ela toma por objetos, ou as línguas das quais ela estuda as propriedades, segundo sua forma lógica. Aliás, a filosofia tem sido encorajada, de diversos lados, a ratificar essa redução. Assim pela teoria da informação que, ao se ocupar da transmissão das mensagens, é indiferente ao sentido que elas veiculam e só se interessa por sua forma e pelas operações de codificação e decodificação que essa forma exige: a informação é, então, medida pelas propriedades dessa forma, ela é definida pela probabilidade de aparição dos sinais, como a significação, para o logicismo, era

(2) Quine. *From a Logical Point of View*, p. 130.

definida pela estrutura do enunciado. Igualmente pela lingüística inspirada por Saussure que, por muito tempo, privilegiou a sintaxe às custas da semântica: a língua é estudada como uma combinação de elementos, e cada elemento — quer se trate de fonemas ou monemas, segundo a análise opera numa ou outra das duas articulações da língua — é definido diferencialmente, isto é, pelas relações que o ligam ou o opõem aos outros, seja numa tabela sistemática dos fonemas, seja num quadro estatístico das diversas ocorrências de um monema na cadeia falada. O significante é, portanto, um elemento num sistema de significantes definidos sem referência aos significados: atribuir um sentido à palavra seria reconhecer uma qualidade intrínseca num monema e fazer do elemento um em-si indiscreto e indesejável no sistema. A semântica, é claro, se vamos a ela, não pode ignorar o sentido; mas ela, às vezes, se esforça em reduzi-lo segundo o princípio da análise distribucional formulado por Harris: "dois morfemas que têm significações diferentes também diferem em algum ponto em sua distribuição" [3]. Ou, então, a análise sêmica procura constituir o sentido a partir de elementos de sentido que se combinam e se excluem, evitando referir-se ao objeto significado pela palavra, ou se escusando de recorrer a essa referência [4].

· Assim a filosofia chegou à idéia de um sentido somente contextual. Um sentido imanente a um sistema, que fica em nada, um sentido que não é nem sentido de, nem sentido para. Por um lado, ele não se refere a objetos: como numa função proposicional onde o lugar do argumento não tem necessidade de ser ocupado por uma variável, ele consiste apenas na relação entre lugares que permanecem vazios; assim a estrutura de um sistema de permuta pode ser formulada sem que sejam especificados os objetos da permuta: mulheres, mitemas, bens: o sentido está na relação e não nos termos que a relação une. Por outro lado, esse sentido não tem necessidade de ser retomado — reativado, como diz Husserl — por uma cons-

(3) *Methods in Structural Linguistics*, p. 7.
(4) Que sejamos, segundo certa abordagem (a de Pottier e Greimas na França), "obrigados a partir da referência de palavras e não de seu sentido" é considerado como "uma dificuldade" (Todorov, "Recherches sémantiques", *Langages*, 1, março de 1966).

ciência singular que estaria presente no objeto como está presente no mundo: o lógico retrai-se diante da lógica, o sistema se põe e se desenvolve segundo uma história intemporal que lhe é própria, fora da iniciativa humana, a linguagem pensa em nosso lugar, "os mitos se pensam entre si"[5]; numa palavra: o homem morre para que o sistema viva. E os profetas da nova filosofia anunciam, com grande estardalhaço, que o reino do homem terminou.

É essa filosofia que orienta a crítica estruturalista. O crítico considera a obra exatamente como o lógico considera um sistema formal: ele toma a obra por linguagem e a crítica por metalinguagem. O axioma n° 1, com efeito, é que a obra é objeto: um objeto pleno, consistente, autônomo. Acerca disso, todos estarão de acordo — ou quase, pois certas obras da arte informal, hoje, parecem exprimir a vontade de comprometer, até a destruição, o objeto estético. Mas a maior parte das obras reclama, com todo o seu brilho ou toda densidade, que se lhes faça assim justiça. Contudo, o ser que o crítico confere a esse objeto é o ser da linguagem ou, mais precisamente, de uma língua, cuidadosamente distinguida da fala, isto é, da prática subjetiva do homem que fala ou do homem que responde. A obra é um discurso, mas que não é proferido por ninguém e a ninguém se dirige. Essa decisão prévia comporta conseqüências negativas e positivas. Negativas, pelo fato de se renunciar a "explicar" a obra por seu autor, pelas circunstâncias de sua vida, as oscilações de seu humor, as aventuras de seu coração ou, mesmo, as intenções que ele talvez tenha proclamado; como também não se explicará a obra pelo contexto histórico — político, intelectual ou artístico —; se, ao menos, esse contexto é evocado, não é para lhe atribuir uma causalidade produtora. Em outros termos, do mesmo modo que a epistemologia esboça uma história da ciência sem historicidade, do mesmo modo que a lingüística enaltece a sincronia e relega ao segundo plano a diacronia, assim a crítica recusa explorar a origem e a gênese da obra. A obra é um objeto, como Husserl dizia referindo-se aos objetos formais, se não intemporal, ao menos onitemporal. A crítica, portanto, rompe

(5) Lévi-Strauss, *Le cru et le cuit*, p. 20.

o cordão umbilical que liga a obra ao escritor e, através do escritor, ao mundo. Mas há, para a obra, outra maneira de se relacionar com o mundo: visá-lo e encontrar nesse objetivo a condição de sua verdade. Essa relação também é isolada: a crítica estrutural denuncia o que Mouillaud, comentando Robbe-Grillet, chama de ilusão realista [6], a idéia ingênua de que a obra possa trazer um testemunho em favor do mundo e talvez mesmo convidar a agir nele: a obra é uma totalidade acabada e dada, um lugar cego, um sistema fechado, que traz o seu sentido em si mesma sem que esse sentido jamais requeira uma referência a uma realidade exterior; pois ele reside inteiramente na organização dos significantes, como o sentido de uma frase reside no arranjo das palavras (mas teríamos nós o direito de acrescentar: sem que as palavras tenham um sentido por si mesmas fora da frase?)

Tal é, portanto, a tarefa da crítica estrutural: descobrir os elementos e as estruturas que os articulam; esses elementos são significantes, mas eles recebem essa qualidade de sua inserção no sistema e não duma relação direta com um significado; em si mesmos esses elementos são apenas algo de não-sentido e o estruturalismo pretende engendrar o sentido a partir do não--sentido pela operação da estrutura. Todavia, o sentido jamais é o essencial. Ouçamos Barthes: "a literatura realmente só é uma *linguagem,* isto é, um sistema de signos: o seu ser não está em sua mensagem, mas sim nesse sistema e por isso mesmo o crítico não deve reconstituir a mensagem da obra, mas somente o seu sistema, assim como o lingüista não tem o dever de decifrar o sentido de uma frase, mas de estabelecer a estrutura formal que permite a esse sentido ser transmitido"[7]. Ou ainda: "é a atenção dada à organização dos significantes que funda uma verdadeira crítica da significação, muito mais que a descoberta do significado e da relação que o une a seu significante"[8]. Tomando à letra essas declarações, dir-se-ia que a crítica trata a obra literária como uma álgebra cuja semântica está ra-

(6) "Le sens des formes du nouveau roman", *Cahiers du symbolisme,* 9-10, p. 63.
(7) *Essais critiques,* p. 257.
(8) *Ibid.,* p. 268.

dicalmente subordinada à sintaxe... Ou como um enigma cujo sentido só pode aparecer à custa de manipular — de usar de subterfúgios — os elementos para neles introduzir uma ordem. Ao menos esse exercício visa restabelecer a mensagem, reencontrar o sentido no não-sentido; e a álgebra... por acaso não visa a encontrar na realidade modelos que lhe sejam isomorfos e que a justifiquem? Por acaso não pretende a lógica da conseqüência ser também, como diz Husserl, uma lógica da verdade e, conseqüentemente, não reivindica ela uma significação que não seja somente lingüística, mas que seja propriamente um sentido? Não é possível, portanto, protelar indefinidamente o exame do sentido e veremos que, de forma alguma, a crítica moderna se subtrai a essa tarefa. A questão é saber se o sentido pode ser produzido a partir do não-sentido ou se ele já não requer ser trazido pelos elementos, aquém da estrutura.

Ora, não há dúvida de que o estruturalismo possa oferecer um primeiro acesso ao sentido, no que ele então é insubstituível, quando o sentido se esquiva a uma abordagem imediata. É, em primeiro lugar, o caso dos mitos para os quais Lévi-Strauss, pensadamente, forjou a instrumentação: obras herméticas que gravitam num céu estranho, que nos mantêm à distância e que só revelam um pouco de seu segredo sob a condição de serem, de longe, confrontadas entre si e analisadas até que nelas se descubra o equivalente a um código; no impenetrável, a única via de penetração passa pela lógica das combinações, e a decodificação consiste em pôr em forma lógica[9]. Compreender um elemento do mito é, então, determinar o seu lugar e a sua função no sistema, compreender o mito é apreendê-lo como sistema dotado de uma estrutura[10]. É ainda o caso dessas obras que têm, em nosso céu familiar, a mesma opacidade desconcertante, se não o mesmo brilho fascinante, que os mitos: o novo romance. Não é de admirar que essas obras solicitem a análise es-

---

(9) Cf. Lévi-Strauss: "Nos mitos dos Pueblo ocidentais, a colocação em forma típica permanece a mesma". (*Anthropologie structurale*, p. 254). (Há tradução em português por Tempo Brasileiro, Rio de Janeiro, 1971 (2ª ed.)
(10) Mas Lévi-Strauss vai mais longe: A lógica não é somente uma via de acesso ao mito, ela é a alma do mito, como o é do discurso científico: "O objeto do mito é fornecer um modelo lógico para resolver uma contradição" (*ibid.*).

trutural: elas foram "escritas para", e o crítico precedeu o escritor. Notemos, enfim, com Genette que "a parte da literatura de sentido perdido é muito mais vasta que a outra", e que ela compreende, mesmo sob nossos olhos, "todo um domínio, de algum modo, etnográfico": o domínio das literaturas infantis e populares que foram sempre negligenciadas pela crítica e que poderiam ser assumidas pelo estruturalismo. E por que não acrescentar que "certas obras oficialmente consagradas mas que, de fato, se tornaram em grande parte estranhas, como as de Corneille, falariam talvez melhor nessa linguagem da distância e da estranheza que na linguagem da falsa proximidade que se persiste em impô-las, muitas vezes em pura perda"?[11]

Há ainda, dois casos nos quais o método estrutural mantém suas promessas, porque o sentido que ele tem de descobrir é o sentido vazio de um esquema ou de uma rede de relações e não o sentido pleno de um objeto ou de um mundo. Em primeiro lugar, quando se trata de elaborar o que Barthes chama de uma teoria da literatura e que se poderia chamar também de uma tipologia dos gêneros, análoga àquilo que pode ser uma tipologia das formas musicais ou das ordens arquitetônicas. Etienne Souriau havia dado o exemplo disso, antes mesmo do advento do estruturalismo, ao estudar "as duzentas mil situações dramáticas"; Propp fizera-o igualmente para o conto russo, Brémond empreende-o atualmente para a narração e Metz para o narrativo[12]. Propõe-se então, um modelo, de sentido ao mesmo tempo normativo e lógico do termo: um esquema que explicita a construção de certas obras e pode inspirar outras. Depois, quando se trata de explorar o que Genette chama de "o campo literário" de determinada época, "conjunto coerente, espaço homogêneo no interior do qual as obras se tocam e se penetram umas nas outras"[13]: uma espécie de museu imaginário da literatura, mas concebido segundo uma série indefinida de cortes sincrônicos. Essa idéia de um campo literário é análoga à idéia de um campo epistemológico proposta, no mesmo momento, por Foucault (e o problema de suas mutua-

(11) Gen e. *Figures*, p. 160. (*Figuras*. Tradução em português pela Editora Prespectiva, Col. "Debates", 1972.)
(12) Cf. o artigo de Metz na *Revue d'Esthétique*, 4, 1966.
(13) *Op. cit.*, p. 164.

ções, como de sua relação ao contexto social, levantaria as mesmas dificuldades): do mesmo modo que se definem e determinam seus objetos por certa posição no espaço do saber, assim as obras não são mais consideradas em si mesmas e por suas virtudes próprias, mesmo que seja seu poder de significar, de fascinar e de fazer escola, mas unicamente segundo as relações de contigüidade ou de semelhança que ordenam sua totalidade.

Vê-se, portanto, que o estruturalismo não é sem aplicação. Todavia, ele fez suas experiências, e algumas das obras que dele se recomendam são exemplares. Mas talvez sejam tais porque, sem o confessar, elas o traem: nós quereríamos mostrar que o estruturalismo não se basta a si mesmo e que deixa em suspenso certos problemas que encontram sua solução alhures. Esses problemas são os que o pensamento formal não coloca e tem direito de não os colocar porque ele se constitui e determina o seu objeto precisamente sob essa condição, mas que um pensamento, digamos empírico, não tem o direito de evitar quando se liga a objetos humanos, para o estudo dos quais o formalismo pode ser um meio, mas não poderia ser um fim: os problemas do sentido e da subjetividade.

O estruturalismo pretende tratar a obra, ou também o campo das obras, como um conjunto significante. Seja, mas sob que condição esse conjunto é significante? E qual é, então, a natureza da significação? Comecemos pela segunda questão: o que esperamos nós, o que espera o crítico de uma obra? Queremos, ao mesmo tempo, compreendê-la e fruí-la. Fruir, isto é, ao mesmo tempo, experimentar o gosto e emitir um juízo de gosto: essas duas operações no especialista — o homem de gosto — são apenas uma, talvez menos porque ele é capaz de julgar do que porque ele deixa a obra se julgar a si mesma; uma crítica só é justa se, longe de impor suas normas ao objeto, deixa o objeto medir-se segundo suas próprias normas e reconhecer-se, ele mesmo, feliz ou infeliz, bem sucedido ou falho: o ato de fruir registra esse juízo que o objeto refere a si mesmo. Mas o importante, aqui, é que compreender e fruir são também uma única operação, e não duas, uma essencial e outra inessencial, como sugere Lévi-Strauss: "o que é o sentido na minha opinião? Um sabor específico percebido por uma consciência quando ela degusta uma combinação de elementos, dos quais nenhum tomado em particular ofereceria um sabor comparável... Como um sábio de laboratório, ensaiamos a reconstituição de um sentido; reconstituímo-lo por meios mecânicos, fabricamo-lo, descascamo-lo. E depois, afinal, somos homens: degustamo-lo" [14]. Mas isso é um luxo: "essa retomada de sentido aparece-me secundária e derivada". Declaração tanto mais decisiva quanto decide, ao mesmo tempo, sobre a sorte que se reserva ao sentido e à subjetividade. Pois a retomada do sentido — Lévi-Strauss concede a Ricoeur — recoloca a subjetividade a cavaleiro; ela significa que "visto que somos homens que estudamos homens, podemos nos oferecer o luxo de nos pôr em seu lugar" [15], o que Lévi-Strauss, digamo-lo imediatamente, soube fazer admiravelmente. Ora, eu não nego, nem sequer um instante, que "seja essencial o trabalho que consiste em desmontar o mecanismo de um pensamento objetivado", isto é, o empreendimento estruturalista. Parece-me, porém, que esse empreendimento só pode se desenvolver na atmosfera de um sentido já percebido ou ao menos pressentido. E esse sentido só é compreendido sob a condição de ser retomado, isto é, fruído. Como um saber específico? Seja, diríamos também: como certo semblante do mundo desvelado a certo engajamento no mundo.

Que se nomeie aqui o mundo — um mundo aberto a uma consciência pela obra — sugere duas propriedades do sentido. Primeiramente, que ele seja transbordante: que ele seja, de algum modo, independente dos elementos que podem ser descobertos nele na obra, como a psicologia da forma mostrou-o suficientemente. Surgido do jogo desses elementos, ele tem certo jogo: entendam que ele é sempre ambíguo. Mas essa ambigüidade não nos deve enganar e obrigar a crítica a afastar a busca da verdade como propõe Barthes: "se a crítica é apenas uma metalinguagem, isso quer dizer que sua tarefa não é, de forma alguma, descobrir verdades mas, somente, validades"[16]. A ambigüidade própria do simbolismo estético é uma po-

(14) *Esprit*, nov. 63, p. 641.
(15) *Ibid.*, p. 640.
(16) *Op. cit.*, p. 255.

sitiva ambigüidade: como diz Dubrovsky, "não é aquela que tende para uma espécie de grau zero da significação, mas a que implica uma supersignificação, não a que pressupõe a ausência ou o retraimento dos conteúdos, mas a que repousa em sua inesgotável densidade"[17]. A densidade mesma das coisas, tais como elas se oferecem à vista e às mãos. Com efeito, falar do sentido como abertura a um mundo é também dizer que o sentido tem sempre um caráter referencial. O mundo da obra é à imagem do mundo e como que extraído do mundo de modo que uma filosofia da Natureza pode concebê-lo como um possível do real. A obra vem ao mundo para nos falar do mundo, mesmo se ela nos transpõe para o irreal, mesmo se nos convida — a fim de nela penetrar — a neutralizar o real e abrir-nos ao imaginário: o imaginário também dá testemunho em favor do real. Em todo o caso, mesmo se quiséssemos que o irreal fosse totalmente separado do real, esse irreal tem sentido e a obra fala para dizer alguma coisa.

É sempre a linguagem que está em questão. Pelo fato de a literatura ser linguagem, não lhe podemos determinar "um estatuto fatalmente irrealista"[18]. O estruturalismo conclui demasiado rapidamente do ser da linguagem para a sua função. Que a linguagem constitua um sistema e uma instituição, que seja, ao mesmo tempo, coerente e — em certa medida — arbitrária não implica que a significação se conserve inteiramente em seu recinto e que a fala não a empregue como uma rede para captar o real. A primeira função da linguagem é nomear; disse-o Wittgenstein e os poetas sabem-no muito bem, os poetas que se entregam com paixão à tarefa de esconjurar a presença mesma do objeto, presença da flor mallarmeana, ou "presença do fogo no horizonte de minha vida... como um deus ativo, dotado de poderes"[19]. O escritor, como diz Sartre, "faz entrar na frase o objeto descrito"[20] e, como um nimbo em torno dele, tudo o que pode significar. Pois o sentido recolhido pela litera-

(17) *Pourquoi la nouvelle critique*, p. 93.
(18) Barthes, *Essais Critiques*, p. 264.
(19) Y. Bonnefoy, "La Poésie française et le principe d'identité", in *Revue d'Esthétique*, 3-4, 1965, p. 337.
(20) "L'écrivain et sa langue" no mesmo número da *Revue d'Esthétique*, p. 306.

tura, lá onde o dizer não se refere a um objeto formal, liga-se primeiramente aos objetos e às palavras que os nomeiam. O escritor não fala para falar, para construir um discurso coerente, para prestar homenagem a esse novo deus que é a linguagem, ele fala para dizer alguma coisa: ele é sempre, em qualquer grau, escritor. A linguagem é uma ferramenta para o escritor.

Há, portanto, três condições para o sentido de uma obra literária. A primeira é que a linguagem, nela, não esteja votada ao onanismo, que a obra se refira de algum modo ao mundo, mesmo que seja para negá-lo ou fazer dele a tela de fundo do imaginário. Um conjunto só é significante se indica um significado, se visa a uma realidade exterior aos signos e primeiramente designada pelos signos: para descrever, é preciso, antes de tudo, nomear, e o sentido descrito diz respeito a objetos nomeados. Falar é também uma maneira de estar no mundo, presente nas coisas mesmas pela mediação da linguagem: para quem fala, a linguagem não é essa barreira infrangível e transparente que o encerraria no universo fechado das significações. Um conjunto só é significante se apela para o mundo e se encontra no mundo a fonte do sentido.

A segunda condição do sentido é que os elementos desse conjunto sejam eles mesmos significantes. Foi dito muitas vezes que só a proposição ou a frase têm sentido e que um signo isolado não significa nada a não ser que seja ele mesmo um enunciado implícito. Acaso não é o mesmo que dizer que é uma totalidade que é significante e que uma obra literária se deve ler como se lê uma *Gestalt,* uma obra plástica por exemplo? A significação é, então, o que eu chamo de expressão, pela qual a obra ao se exprimir produz em nós o seu sabor e nos dá a fruir o sentido. Mas, precisamente, a ascese estruturalista adia essa fruição e nos convida para uma análise que dê conta da expressão e produza uma gênese do sentido. Muito bem: como não aceitar esse convite?[21] Mas se pode engendrar o sentido *ex nihilo?* Não. A frase não é suficiente para dar um sentido às palavras (nem o mi-

(21) Anteriormente procurei mostrar, sem ter à disposição os recursos do pensamento estrutural, que a análise era um momento necessário da experiência estética. (Cf. *Phénoménologie de l'expérience esthétique,* vol. I, 2ª parte).

to aos mitemas, nem a melodia às notas, nem o filme às seqüências, nem o quadro às cores); para que a frase tenha sentido, é necessário que as palavras já tenham algo do sentido E aqui se poderia parafrasear Husserl: é preciso que os núcleos materiais das palavras tenham entre si alguma afinidade, juntai termos a esmo e, mesmo respeitando a gramática, não obtereis necessariamente um sentido, a não ser que esse sentido seja solicitado pelo sentido das palavras. Mas, do todo ao elemento, trata-se do mesmo sentido? A frase, é certo, diz algo que a palavra por si só não diz: ela instaura uma relação entre termos e o seu sentido reside nessa relação mesma. O sentido dos termos consiste em designar objetos que se prestam a essa relação porque eles mesmos têm um sentido. O sentido primeiro, o sentido próprio do elemento, pertence à coisa mesma, ele é a coisa mesma enquanto ela me aparece, quando eu a percebo ou quando eu a conheço. O homem galga o vale: isto não tem sentido (ao menos no uso não-poético da linguagem); o homem galga a montanha, isto tem um sentido, e um sentido novo em relação às três palavras da frase tomadas isoladamente, porque a palavra montanha já tem um sentido, porque designa um objeto que se oferece a si mesmo como para galgar. Provavelmente, se alguém me pergunta o que é uma montanha, responderei com uma frase: e, por exemplo, que ela é alguma coisa que se galga; mas, então, eu explicito verbalmente um saber imediato da montanha, um sentido primeiro, certamente insuficiente, muitas vezes suspeito e, entretanto, insubstituível, que se enraíza na percepção. Assim reencontramos a idéia de que o sentido pertence ao mundo: antes de ser elaborado por uma consciência falante, ele é recolhido por uma consciência que percebe, e, sem dúvida, os dois momentos na história da consciência não são sucessivos nem mesmo, talvez, inteiramente discerníveis; mas o que deve ser discernido é o sentido instaurado pela relação e o sentido proposto pelo ser do objeto. O primeiro só é possível pelo segundo: é nisso — no interior da totalidade ou da estrutura — que o elemento já é significante.

A terceira condição do sentido é que haja alguém não somente para dizê-lo com palavras, mas para lê-lo nas coisas que o carregam ou nas palavras que o dizem. Leitura fortemente criadora: nós não pretendemos que o sentido que habita as coisas ou as palavras esteja acabado e só espere por um registro passivo; ele nasce no ponto de encontro do homem e do mundo, pois o mundo só se aclara à luz natural do olhar humano ou da *praxis* humana. Sem projeto, ainda não há objeto. Mas, inversamente, sabemos desde que Kant refutou o idealismo que sem objeto não há sujeito e, ainda menos, não há diálogo entre sujeitos. Se a crítica literária se preocupa em aclarar o sentido, com isso ela implica uma filosofia que faça justiça à subjetividade e à intersubjetividade, pois o ser mesmo da obra requer esse diálogo; ela apela, como diz Dubrovsky, para o *cogito* do escritor e para o *cogito* do crítico que é o delegado do público. Por um lado, com efeito, ela jamais é anônima. Não é o caso de retornar ao psicologismo, é claro, e explicar a obra pelo escritor histórico. O escritor verdadeiro, que o crítico pode invocar, é aquele que, longe de ser a verdade da obra, tem sua verdade na obra; toda sua realidade — mas quão plena — consiste em ser o correlato do mundo singular que a obra desvela; isto é suficiente para nós o tornarmos presente e familiar, mais próximo de nós do que todos aqueles dos quais a fala nos assedia sem nos falar. Mas é necessário que sejamos o ouvido que essa fala espera e pela qual ela se realiza; e o crítico deve ser um ouvido escolhido. Quer dizer que o sentido é dado pela consciência receptora? Não. Mas, antes, retomado e, simultaneamente, interpretado. Mas sem que a interpretação seja inevitavelmente traição, pois é próprio das obras autênticas, como também dos símbolos, propor um sentido inexaurível. Não há uma verdade de Racine, a tal ponto que, ao explorá-la, o crítico esteja sujeito à lei do tudo ou nada; mas Racine é princípio de verdade, ele torna verdadeiros os *Sur Racine* mais diversos. Mas não existe aquele ao qual ele torne falso? Sim. Todos aqueles que não são verdadeiramente sobre Racine, que não provêm de uma leitura verdadeira; e talvez apareça, ao mesmo tempo, que a diversidade dos outros é mais aparente que real, porque é para o mesmo núcleo irrompível de sentido que todos os itinerários convergem sem jamais investi-lo definitivamente.

Opondo uma fenomenologia do sentido ao formalismo estrutural, nós não cogitamos em propor às duas partes uma divisão de áreas de influência; mas as conclamamos a tomar consciência de sua complementaridade. Certamente, há obras — nós dissemos com Genette — que parecem clamar por uma escolha entre as duas abordagens. Mas essa escolha não poderia ser exclusiva ou dogmática. Por um lado, a fenomenologia não pode afastar totalmente o estruturalismo. Pois o estruturalismo, afinal, não é outra coisa que a formulação moderna de uma exigência muito antiga: para aclarar é preciso analisar, isto é, descobrir elementos e correlações entre esses elementos. O que é novo é que, em certos casos privilegiados, a estrutura pode se exprimir pela linguagem rigorosa de uma nova matemática. Mas nem a crítica literária nem o estudo dos mitos estão aí; e a novidade do estruturalismo, então, consiste mais em seus pressupostos filosóficos que em sua própria operação. Mas, com isso, ele não deixa de ser a condição ineludível da explicitação do sentido e, conseqüentemente, de sua colocação à prova. E também de seu surgimento? Sim, em sua forma explícita. Não, em sua forma primeira, tal como ele é provado antes de ser posto à prova e nos próprios elementos que o compõem.

É aqui, por outro lado, que o estruturalismo não pode afastar a fenomenologia e, realmente, não a afasta. Pois poderíamos apelar para Lévi-Strauss contra Lévi-Strauss ou para Barthes contra Barthes. Barthes soube descrever com muita felicidade "os mitos" que mistificam nossos contemporâneos, e seus *Essais critiques,* na medida em que, ao menos, sua obra já lhe foge, não renegam *Mythologies.* Lévi-Strauss, praticando a etnologia, mesmo se ele reencontra em ação, no pensamento primitivo, categorias inconscientes que ainda hoje são as nossas, sabe muito bem se expatriar primeiro para se comunicar com esse pensamento e para descobrir o sentido vivido por consciências estrangeiras. *Tristes tropiques* oferece-nos belos modelos duma abordagem fenomenológica das sociedades arcaicas. E Lévi-Strauss, ao analisar um mito, sabe muito bem que os elementos já são por si mesmos significantes, que o alto e o baixo, que o Céu e a Terra, o Pássaro e o Bisonte são sem dificuldade, ao mesmo tempo em que se inserem nas malhas de uma rede formal, objetos carregados de sentido: símbolos tanto para uma hermenêutica, quanto para uma lógica. Igualmente, uma tipologia da narrativa ou do drama, como a empreendida por Brémond, deverá se interrogar sobre o sentido elementar desses elementos arquetipais que escandem a fábula: negociação, pacto, traição, salvamento, todas as peripécias de uma Odisséia que não cessa de ser significante.

Na crítica literária atual, as obras provavelmente mais penetrantes, mais sutis, mais sugestivas, pertencem à posteridade de Bachelard. Assim a análise temática de Jean-Pierre Richard. Os temas discernidos por essa análise são, esconjurados pela obra, os objetos ou os eventos que solicitam tão vivamente o devaneio e que, ao mesmo tempo, nos asseguram que estamos a gosto no mundo. A crítica é, então, ao mesmo tempo co--devaneio e decifração. Ela reefetua o sentido primeiro das imagens ou das narrativas, ela o anima e o articula seguindo "os percursos subterrâneos"[22] de um labirinto pessoal: a aventura do crítico renova a do escritor. Acaso são estruturas essas redes nas quais se ligam, se alteram e, às vezes, se confundem os temas? Sim e não. Elas figuram uma totalidade móvel e confusa, o semblante de um mundo singular, de um "universo imaginário". É necessário que a estrutura se formalize até enfraquecer os conteúdos? Sim, se esse mundo já possui "uma forma lógica", como diria Wittgenstein, se as operações do intelecto aí já estão presentes, e se o escritor, como certos primitivos australianos caros a Lévi-Strauss, já é, sem o saber, um dândi da lógica. Não, se a imaginação constitui, como Kant uma vez sugeriu, a fonte profunda da intuição e do conceito, e se a obra literária se dedica a testemunhar em favor de sua primazia.

Mas como desempatar exatamente entre fantasia e intelecto? Como separar a parte da estrutura e do sentido? A crítica de Richard, diz Genette, é ambígua[23]. Mas talvez toda crítica seja ambígua porque o sentido que ela pretende esclarecer é, ao mesmo tempo, do mundo e do homem: do homem que elabora estruturas; do mundo que, primeiramente, se anuncia em imagens.

(22) "A crítica gosta dos percursos subterrâneos", diz Richard (*L'Univers imaginaire de Mallarmé*, p. 17.)
(23) *Op. cit.*, p. 99

Seria derrisório propor aos críticos uma opção metodológica que dissipasse essa ambigüidade. Nós apenas quisemos dizer que o sentido não reside inteiramente na estrutura e que existe um estado selvagem do sentido, pressuposto pela fala, reanimado pela literatura e que não pode ser ignorado pela crítica estrutural.

CRÍTICA LITERÁRIA E FENOMENOLOGIA

Ao percorrer a história contemporânea da filosofia, a fenomenologia aparece como uma doutrina entre outras e que talvez depare com as mesmas dificuldades que as outras. Mas o que ela nos propõe? Um método que introduz um novo estilo no discurso filosófico. Não é de estranhar, portanto, que ela possa inspirar disciplinas que não são propriamente filosóficas como, por exemplo, a crítica literária. Para mostrá-lo é conveniente evocar logo a sua palavra de ordem: o retorno às próprias coisas. E por que — dirá alguém — voltar às coisas? Por acaso a presença das coisas não está sempre assegurada? Será necessário ensinar-nos a ver um espetáculo, utilizar uma ferramenta, ler um livro?

E compete à filosofia a tarefa de no-lo ensinar? Ora, essa palavra de ordem é tanto mais estranha, quanto Husserl nos propõe suspender, como condição de toda reflexão filosófica, nossa crença ingênua na realidade do mundo[1]: não é, por conseguinte, um convite para nos afastarmos das coisas? Contudo, reduzir é neutralizar a crença sem nada suprimir das coisas. Exatamente. A realidade continua a pertencer ao objeto percebido, a irrealidade ao objeto imaginário, a idealidade ao objeto concebido, na qualidade de caracteres posicionais do noema. E se essa conversão radical de nossa atitude pudesse converter o real em irreal, em que haveria de ser convertido o irreal? E, pelo contrário, a redução ao interditar a atitude realista na qual a ação corre o risco de encobrir o pensamento, faz aparecer mais claramente o objeto, qualquer que seja, com todos os seus caracteres. Nada do objeto se perde quando ele se torna, sob um olhar desinteressado e novo, um objeto intencional.

Mas é só por esse objeto que a fenomenologia se interessa? A descrição do noema serve de fio condutor a uma análise intencional que explora a correlação noético-noemática, isto é, que mostra a que atos ou intenções da consciência respondem os caracteres do objeto. Aqui se configura o tema mais importante da fenomenologia husserliana: a subjetividade constituinte. Esse tema recoloca em questão o idealismo e pode conduzir, como em Fink, à especulação metafísica[2]. Consideremos, porém, os seus ecos num pensamento que se recusa a fazer da subjetividade uma instância separada e, talvez, transcendente. Se encarnarmos o transcendental no empírico e identificarmos a subjetividade com o ser no mundo do homem, o tema da constituição dirá que a figura da subjetividade constituinte poderá ser lida no mundo em que ela vive ou nas obras que ela produz. É assim que Sartre, em *L'Imaginaire,* procura patentear a atividade da consciência imaginante nas figuras do imaginário, ou o projeto fundamental da pessoa no sentido que os objetos têm para ela. Mas o acento pode não ser posto só na subjetividade. Ao

(1) Esse tema da *epoché* reaparece em toda a parte na obra de Husserl; cf., em particular, o início das *Méditations cartésiennes.*

(2) Cf. "Die phaenomenologische philosophie E. Husserls in der gegenwaertigen Kritik", *Kantstudien,* t. 38, 1933.

considerar o sujeito engajado no mundo, considera-se a vida intencional desse sujeito ela mesma engajada e como que relativizada pelo mundo. Já Husserl fora conduzido pela análise dos atos de consciência em ação no pensamento lógico à idéia de uma fenomenologia arqueológica que descobre os fundamentos escondidos desse pensamento e descreve sua gênese. Essa gênese, é verdade, é uma gênese do constituído; mas ela parece desviar a idéia de constituição para a idéia de uma solidariedade e de uma afinidade entre sujeito e objeto que abranda o seu acento idealista. O retorno à origem ou ao imediato, à relação mais primitiva do homem e do mundo parece ser, também, um tema fundamental da fenomenologia. Tema que pode ser desenvolvido num sentido diverso ao de Heidegger: procurando — aquém do fundamento que é precisamente a reciprocidade entre o homem e o mundo — o fundo, que talvez seja a Natureza e que se anuncia nas primeiras formas da relação do homem com o mundo. Em todo o caso, mesmo sem especular sobre a origem da origem, pode-se dizer que a fenomenologia, remontando ao imediato, permanece fiel à sua palavra de ordem inicial: a coisa, por ela descrita, está inteiramente misturada com o homem. Mas é, de fato, a coisa tal que se propõe ao homem antes que um pensamento objetivante a mantenha à distância e procure reduzi-la e explicá-la. Será necessário que nos lembremos disso logo mais.

Qual é, por outro lado, a função da crítica literária? Ou, dito de outro modo, o que se espera do crítico? Pois não se pode separar a crítica do crítico. Se há um reino e uma história da arte ou da filosofia, da qual os artistas ou os filósofos são os sujeitos, integrados numa totalidade aberta que apela para eles e os justifica, não há reino da crítica, só há críticos, especialistas, homens de gosto, que são os representantes e informadores do público. Eis, portanto, os críticos em presença das obras: o que irão fazer? Se eles se dirigem aos autores, adotarão a atitude do juiz ou, em todo o caso, do conselheiro: tal comportamento professoral era o comportamento da Academia Francesa em seus primeiros tempos. Hoje os artistas estão mais conscientes de sua vocação e são tentados a ver nos críticos, não juízes soberanos, mas artistas fracassados que procuram em sua função uma compensação à sua impotência;

eles só respeitam os críticos na medida em que esses exercem uma influência — muitas vezes desmedida — sobre o público. Também os críticos preferem se dirigir ao público. Sua missão é tríplice: esclarecer, explicar e julgar. É digno de nota que essas três atividades não mantenham relações necessárias entre si.

Esclarecer é instruir o público expondo o sentido da obra. Supõe-se que o público não tenha a competência do crítico e, entregue aos seus recursos, seja incapaz de compreender a obra. Pois se supõe que a obra — limitamo-nos aqui à obra literária — se propõe à compreensão: ela tem um sentido, o qual pode ser obscuro ou dissimulado, e compete aos críticos decifrá-lo e traduzi-lo em uma linguagem mais clara para colocá-lo à disposição do público.

Explicar é outra coisa: é considerar a obra como um objeto, como o produto de uma atividade criadora, como um produto no mundo da cultura. O crítico, que há pouco era sábio, torna-se agora científico. Ele invoca uma causalidade: a obra é determinada seja por processos psicológicos, seja por circunstâncias históricas. Pode-se, evidentemente, desvirtuar a causalidade falando de condições ou de influências e distinguindo entre causas longínquas e próximas. Sempre se afirma que a obra se explica por aquilo que ela não é: pela personalidade de seu autor ou pelo meio que determinou essa personalidade.

Por fim, julgar é, ainda, outra coisa: a obra, como objeto, como todo produto, como todo bem de consumo, tem um valor e o crítico é o especialista que aprecia esse valor. Em nome de quê? O crítico é modesto: não mais pretende falar em nome da lei e conhecer os cânones da beleza. Tem o espírito aberto: acolhe todas as novidades. Está pronto até mesmo a se demitir: diz, de bom grado, que as obras se julgam a si mesmas e que em lugar de ser um juiz ele é somente uma testemunha. Mas ele reivindica ser uma boa testemunha, imparcial e prudente, na qual o juízo estético atinge a universalidade que Kant lhe reconhecia. Como será isso?

Vejamos, portanto, o que a fenomenologia nos ensina. O crítico pode assumir, por própria conta, a palavra de ordem da fenomenologia: voltemos às coisas. Isso quer dizer: voltemos à obra. Para fazer o quê? Para descrevê-la, para dizer o que ela é. Inicialmente, essa ordem limita a missão da crítica ao primeiro dos três termos que acabamos de lembrar. Explicar e julgar acham-se, se não excluídos, ao menos diferidos na medida em que essas tarefas provocam a intervenção de algo estranho à obra. Mas, por outro lado, parece que a fenomenologia, do mesmo modo como inspira a crítica, deve também renunciar a algumas de suas tarefas. Para Husserl, ela só retorna à coisa a fim de melhor apreender os liames intencionais que unem o objeto ao sujeito. Agora, é apenas o objeto que interessa à investigação. Além do mais, qual é o sujeito que poderia ser posto em correlação com a obra? O crítico que lê a obra ou o autor que a produz? De fato, a crítica fenomenológica não pode eliminar toda referência a um ou a outro: isso é requerido pelo próprio exame da obra.

Consideremos, pois, o crítico que se coloca em presença da obra. Uma observação preliminar: a decisão que ele toma já tem, de algum modo, caráter fenomenológico. Há certa analogia entre a atitude estética e a redução. Praticar a *epoché* é suspender a crença espontânea para dirigir sua atenção à maneira como o objeto se propõe a nós. Ora, a atitude estética implica também uma neutralização: no momento em que abordo a obra, anulo de certo modo o mundo exterior e, por outro lado, também o mundo da obra no qual penetro parece estar neutralizado: não chamarei o médico ou a polícia quando leio ou vejo, no palco, que Otelo estrangula Desdêmona. Quem lê um poema, diz Bachelard, não cuida das coisas, mas das palavras[3]. Contudo, a analogia entre as duas atitudes não é identidade: pois, por um lado, a atitude estética está inteiramente voltada para o objeto e não para a atividade constituinte de um sujeito e, por outro lado, se o mundo exterior é neutralizado, o mundo da obra não o é; não há uma neutralização na segunda potência desse mundo neutro. Somente o fenomenólogo quando, por seu turno, observa o crítico, opera a redução. O crítico não é o fenomenólogo, mas pode recorrer a ele.

(3) Cf. em particular *Poétique de la Rêverie*, p. 16.

A obra, tal como se propõe aos críticos, tem dois caracteres que a especificam: é para ser lida e está escrita. Em primeiro lugar, espera a leitura. Por quê? Por acaso ela não existe plenamente neste livro sobre a prateleira da biblioteca? não adquiriu uma existência definitiva quando o escritor pôs o ponto final no manuscrito? Não nos precipitemos. Uma peça de teatro espera ser representada; para isso foi feita e sua existência só se completa quando a representação a consagra. É do mesmo modo que o leitor representa o poema ao recitá-lo e o romance ao lê-lo, pois o livro como tal tem apenas uma existência inerte e opaca: palavras, signos numa página branca; as significações nela permanecem em estado potencial enquanto uma consciência não as atualiza. A obra literária, diz Ingarden, é heterônoma[4]: espera as operações subjetivas que a atualizam; às quatro "camadas da obra", distinguidas por Ingarden: signos materiais, significações verbais, objetos representados e objetivos imaginários, correspondem atos de consciência cujo sistema constitui a leitura; a leitura é "uma concretização", faz da obra aquilo que ela quer ser: um objeto estético, correlato a uma consciência viva. Nesse sentido, o crítico — e também o leitor — tem direito a certo orgulho: ele promove a obra ao seu verdadeiro ser. Colabora com o escritor, mas também rivaliza com ele; pois, dando o ser à obra, ele a separa do seu autor. É na acolhida do leitor que a obra, nascida nas dores, cujos traços às vezes são visíveis, encontra a paz e se expande com felicidade. Por isso, diz Blanchot, é que o Sim da leitura deve ser leve, inocente e como que irresponsável.

Mas essa irresponsabilidade é o verdadeiro modo de assumir sua responsabilidade sem ostentação. O leitor deve entregar-se à obra, mas sem usar de engano e astúcia para com ela[5]. Diante de cada nova obra o crítico deve tornar-se um olhar novo e deslumbrado, infinitamente disponível. Ele deve estar inteiramente

---

(4) *Das literarische Kunstwerk*, p. 107.
(5) É um perigo a que, por desprezá-lo, Bachelard se abeira incessantemente. Por alguns momentos, ele é um leitor demasiado bom: quero dizer demasiado inocente; ele responde à obra pela fantasia mais generosa e mais despreocupada: ela é sempre pretexto para sonhar. O seu sonho, é certo, é um "sonho com", solicitado pela imagem. Enquanto procura os semblantes do mundo através dos sonhos da "imaginação material", Bachelard faz justiça à poesia. Mas que ele seja prudente ao misturar sua própria infância com a infância do mundo.

presente para oferecer à obra a estadia mais prolongada, o eco mais profundo, e inteiramente ausente para não misturar nada de si mesmo com a obra. Pois seria uma traição à obra sobrecarregá-la com sua memória e medi-la com sua experiência. E não é, por acaso, traição reduzi-la a um objeto? A obra, na leitura, está exposta ao mesmo perigo, como eu — na palavra de Sartre — sob o olhar do outro ou sob o olhar de Deus. Ela toma lugar no mundo dos objetos, dos valores culturais, dos bens de consumo; entra na história e defronta com outras obras, ligada a um passado, repleta de um futuro; e essa história das obras é uma história dentro da história: pode ser que não se respeite a originalidade dessa história e que, finalmente, a obra apareça como o produto de uma causalidade histórica. Pelo desejo importuno de explicar, a consciência do crítico condena a obra à morte.

Por acaso, a obra não espera esse tratamento? O estatuto da obra, como o do sujeito ou de um quase--sujeito, é ambíguo. Ela quer, é verdade, tornar-se objeto, afirmar-se com a obstinação muda e fechada das coisas. É verdade que ela é histórica por dar testemunho do seu tempo. Mas também não deixa de ser verdade que ela se protege contra uma objetivação que a colocaria à mercê do leitor: o objeto literário desafia o leitor como certos retratos que acompanham com o olhar o espectador quando passa diante deles; ele afirma sua liberdade conservando o seu segredo: o seu sentido está sempre infinitamente distante. C. E. Magny escreve: "A intuição que o crítico procura (quando ele procura a coerência interior do mundo que o romance apresenta) se torna, aqui, semelhante àquilo que é a *Wesensschau*, a visão das essências na fenomenologia"[6]. E a essência, precisamente, não é sempre apreendida por um único olhar; e se ela o é, é às vezes num sentimento que não se deixa conceitualizar. A fenomenologia não convida o crítico somente à prudência: como a obra pode ser objetivada na leitura? mas o convida também à humildade: onde está a verdade desse objeto?

Talvez seja necessário procurá-la a partir de um outro caráter da obra: a obra foi escrita por alguém, tem um autor. O que a fenomenologia pode, aqui, en-

(6) *Les sandales d'Empédocle*, p. 28.

sinar ao crítico? A crítica, parece, nada tem a ver com uma fenomenologia da criação: ela se interessa pela obra. Mas quando a crítica pretende explicar a obra, então, evoca de bom grado o escritor: torna-se biografia, psicologia, psicanálise como ela se tornava, há não muito tempo, história ou sociologia e o título de grande número de obras de crítica leva o nome de um escritor e não de uma obra. Mas o saber científico, cuja dignidade é reivindicada de novo pela crítica, não leva, então à compreensão da obra: ele distende os laços que unem o autor à obra, ele procura fora da obra elementos de informação sobre o autor e termina por reter da obra só o que permite compreender o autor ou verificar uma teoria geral da criação.

Esse novo avatar provavelmente também é sugerido pela obra: ela é marcada, ora por um leve traço, ora por um traço carregado, com felicidade ou com sofrimento, ela traz em si os estigmas da criação e designa o seu autor. Mas quem é esse autor? O escritor, para a fenomenologia, também é fenômeno: ele se mostra ao leitor. Mas na obra. E em nenhuma outra parte. Tudo o que o leitor dele chega a saber por outras fontes não se mostra: pode ser uma verdade sobre o escritor mas não a verdade do escritor. Isso porque o escritor só se mostra ao se dissimular: Homero mostra-se melhor a nós do que esses contemporâneos cuja vida e pessoa nos são dadas em alimento pela publicidade. O escritor está em sua obra assim como dizíamos que o leitor deve estar diante da obra: nunca ele está mais presente do que quando está ausente, quando ele se proíbe de falar de si para nos dar o seu mundo ou quando, se ele fala de si, é desse "eu" que é um outro, desse "eu" que só existe como uma tarefa ou um sonho. Para que serve, então, confrontar as *Confessions* de Jean-Jacques com a vida de Rousseau? Ou exigir dos auto-retratos de Rembrandt ou Van Gogh que sejam semelhantes? E, contudo, eles são semelhantes: assemelham-se a esse mundo que Rembrandt ou Van Gogh habitam, assemelham-se às suas obras. O escritor também se assemelha à sua obra: ele nada mais é do que essa semelhança, o olhar que aclarou o mundo que nos é dado pela obra. Tudo o que podemos fazer ao penetrar nesse mundo singular é dar-lhe um nome que ateste sua singularidade: damos a ele o nome de seu autor, chamamo-lo de mundo de Balzac ou de Verlaine. E Balzac ou Verlaine são apenas esse nome. Um nome carregado de toda sua obra.

Sim. Esse escritor imaginário é realmente a verdade do escritor. Será que alguém acredita que está fazendo justiça ao escritor ao interrogar sua parteira, seu médico ou editor para escrever sua biografia? E nem mesmo se deve interrogar o escritor sobre o escritor que está nele: se tivéssemos interrogado o Claudel das repetições gerais, teríamos tido uma curiosa idéia de *Partage de midi*. Se o escritor for procurado fora de sua obra — mesmo que seja em suas confidências — será substituído por um homem empírico que, por certo, não é imaginário, mas que não é à imagem da obra, a tal ponto que, às vezes, nos admiramos que ele a tenha podido escrever. Coloca-se então um interessante problema de psicologia, mas se renuncia à crítica. O escritor pode também ser substituído por um homem em geral ou um escritor em geral: edifica-se então uma teoria da criação e por ela se renuncia à crítica. Se Blanchot, por mais penetrante que seja, e sem recorrer à anedota, evoca o *Diário* de Kafka ou as cartas de Rilke[7], é na medida em que se interessa menos por Kafka ou Rilke que pela metafísica da criação que lhe é sugerida por ambos. Do mesmo modo quando Sartre faz psicanálise existencial a propósito de Baudelaire ou Genêt, ele sabe que é necessário compreender o homem pelo seu mundo, que é necessário "determinar o projeto livre da pessoa singular a partir da relação individual que o une aos diferentes símbolos do ser"[8], isto é, a essas imagens do mundo carregadas de um teor metafísico como o viscoso ou o escorregadio e, portanto, que é necessário conhecer o escritor em sua obra. Como, porém, ele se interessa pelo homem no escritor, jamais atingirá verdadeiramente a obra: nada do que ele diz sobre Baudelaire é indiferente a uma antropologia, mas isso nada nos diz sobre *Les Fleurs du mal*.

Admitamos, entretanto, que o estudo do homem alcance a obra e mesmo a esclareça: é porque o crítico trapaceou com o seu projeto e, em primeiro lugar, leu a obra e procurou o homem em função da obra. E

(7) Em particular no *Espace littéraire*.
(8) *L'être et le néant*, p. 706.

talvez haja outra trapaça em toda tentativa de explicação objetiva da obra. A psicologia à qual se recorre não é qualquer psicologia. É uma psicologia que é induzida pela realidade da obra a levar em conta o poder criador do homem. Do mesmo modo a história, para a qual também se pode apelar, não é uma história qualquer: é uma história que leva em consideração tanto obras, quanto acontecimentos; para quem a verdade de um povo deve ser procurada nos testemunhos de sua cultura e para quem o sentido do devir reside na dialética das visões do mundo. Assim, na história, pode ser percorrido o itinerário que vai da obra ao escritor e do escritor ao homem. Mas não o itinerário inverso: não se pode encontrar o escritor a partir do homem; se ele já não tivesse sido encontrado na obra, nem sequer poderia ser procurado.

A verdade do escritor está na obra, mas a verdade da obra não está no escritor. Onde então? No sentido mesmo da obra. Também aqui a fenomenologia nos instrui: todo fenômeno traz consigo um sentido, ao mesmo tempo porque o sujeito está sempre presente no dado para organizá-lo e comentá-lo e porque o dado jamais se oferece como bruto e insignificante à maneira dos *sense-data* que o empirismo imagina. Assim a obra sempre tem um sentido: o escritor fala para dizer alguma coisa e a virtude da obra reside no seu poder de dizer. Pouco importa que aquilo que é dito não se deixe medir pelos critérios ordinários do verdadeiro e do falso. A verdade da obra está sempre no dizer do sentido. E a tarefa fundamental da crítica parece ser a explicitação desse sentido.

Essa tarefa deve ser orientada por dois caracteres do sentido para os quais a fenomenologia chama nossa atenção: ele é imanente ao sensível e vivido por uma consciência singular. Examinemos esses dois pontos. É evidente que a obra literária tem um sentido porque a linguagem é portadora de significações. Mas como isso ocorre? Aqui é necessário introduzir uma distinção entre duas formas e dois usos da linguagem: prosa e poesia. No uso cotidiano da linguagem prosaica parece que o pensamento precede a fala; a linguagem é tratada como uma ferramenta, ao mesmo tempo tão disponível e tão eficaz que desaparece no uso que dela se faz; ninguém pensa em dicionário ou na gramática quando fala ou escuta; vai diretamente à idéia através das palavras e as palavras têm somente uma existência discreta, transparente, inconsistente. Mas para quem lê poesia ou, antes, a recita com o respeito que lhe é devido, as palavras repentinamente adquirem consistência e brilho. Eis que as palavras são degustadas por si mesmas ou pela felicidade que elas dão à voz que as profere. Elas são restituídas à natureza, carregadas de qualidades sensíveis, e reencontram a espontaneidade dos seres naturais: libertam-se das regras usuais e associam-se para formar as figuras mais imprevisíveis. Simultaneamente o sentido se transforma: ele não é mais aquilo que se dava à compreensão *através* das palavras, ele se forma *nas palavras,* como uma imagem assume forma na superfície da água antes agitada; é um sentido indeterminado, mas insistente; um sentido que não pode ser dominado mas cuja riqueza é experimentada; um sentido que se dá antes para sentir do que para pensar. Esse sentido habita a palavra como a essência o fenômeno: ele está ali, preso nas palavras, mas não lhes pode ser arrancado para ser traduzido ou conceitualizado. Uma nova dimensão se lhe acrescenta: à representação acrescenta-se a expressão.

O que dizemos da poesia se pode dizer, em certa medida, de toda obra literária. O que a define, o que a opõe à reportagem, à obra científica ou ao tratado filosófico é que nela o sentido permanece imanente à linguagem e à estrutura formal da obra. Por ser inseparável do estilo, o sentido assume tanto a densidade, quanto a opacidade das coisas; como as coisas, ele manifesta aquilo que Husserl chama de um horizonte interior: ele se limita e descortina um mundo. Um mundo ao qual o sentimento logo dá acesso, mas que a reflexão jamais acabou de explorar. A essência singular da obra está no infinito: o que se pode dizer de todo objeto percebido, e singularmente do objeto estético, pode ser dito também desse sentido imanente ao sensível para o qual cada leitura é uma *Abschattung* que, ao mesmo tempo, nos satisfaz e nos frustra. O objeto representado, doravante subordinado ao objeto expresso, torna-se símbolo, como esses arquétipos que os mitos desenvolvem, como a imagem da nódoa que se exprime no mito do pecado original ou a imagem do poeta no mito de Orfeu. Toda grande obra é um mito, o desabrochamento de um símbolo num mundo. E se o símbolo dá a pensar, como diz Kant, ele também se recusa ao pensamento. O cúmulo do sentido parece ser um nada de sentido, como se o sentido se anulasse ao se ilimitar.

Daí vem que certos críticos, como Blanchot, retomam, num contexto heideggeriano, as teses hegelianas da identidade do ser e do nada e da morte da arte. A obra, então, parece se transcender ela mesma para sua própria negação; e se, pelo contrário, ela se instala no ser para se tornar um objeto substancial, dir-se-á que ela se trai, a menos que essa objetivação ainda não ateste a potência do nada, como a rigidez cadavérica atesta a morte. O sentido da obra consiste em não ter sentido; o seu ser está além de toda determinação, não numa positividade gloriosa, mas na incessante negação de toda positividade. A arte vive da morte das obras de arte, como a história vive da morte dos homens, e a fenomenologia da obra empolga-se na tarefa de descobrir nela a presença ativa do nada. Muitas justificativas poderiam ser encontradas nessa estranha empresa: no estatuto do objeto estético que existe como um quase-sujeito para o qual toda objetivação é, ao mesmo tempo, realização e alienação; ou na inacessibilidade do sentido cuja plenitude e indistinção frustram qualquer exegese. Creio, contudo, que somente um injustificável deslize de sentido permite confundir uma positividade que foge do contacto com uma negatividade, e que a plenitude da obra na irradiação do sensível deve ser fruída por si mesma e não como uma mensagem de morte: a força silenciosa do possível que justifica as interpretações e as metamorfoses da obra não provém do nada; o possível é uma potencialidade inscrita no ser e proposta ao leitor.

Todavia, a principal justificativa do niilismo estético reside em certa concepção do ato de escrever. O sentido, com efeito, é vivido pelo escritor numa aventura espiritual da qual a obra traz os vestígios. O escritor, aqui, não é o homem empírico sujeito a uma psicologia; ele é, antes, este autor fenomenal que invocamos, ao qual a obra nos convida a atribuir certa experiência. Pelo menos certas obras, pois parece que Blanchot funda uma teoria do escrever em algumas obras privilegiadas: a obra de Kafka, Hoelderlin, Mallarmé, Rilke.

Nesse caso a aspiração da obra ao nada funda-se menos no seu estatuto que na experiência do nada vivida pelo escritor. O escritor, hoje, sabe que toda obra é um fracasso, e ele o deseja, pois quer situar-se naquele ponto da linguagem onde tudo começa, mas sem ir além do começo, quando a fala é um possível que não se atualiza. Misturam-se, aqui, temas comoventes mas distintos: o retorno da linguagem à sua origem, que é a fala poética; a experiência da inspiração como uma prova quase mística na qual é necessário atravessar a noite árida dos sentidos e do espírito; a obsessão da morte onde, tudo se consumindo numa espécie de êxtase, só permanece a presença grave e plena das coisas; a experiência da imagem como não-ser onde a coisa se realiza em sua ausência, como se o real só se entregasse pela magia do irreal. Esses temas são suscitados pela leitura de certas obras dilaceradas, violentas, inacabadas, nas quais, parece, com efeito, que o escritor tenha de algum modo recusado realizar-se para não renunciar ao contato perturbador com a profundidade, como Orfeu optou olhar Eurídice na noite e perdê-la para sempre. Poder-se-ia dizer de toda arte contemporânea que ela manifesta a mesma ambição, o mesmo desejo de morte; ao se refletir, a arte quer ir além de si mesma, aspira a uma pureza mortal e se convence de sua própria impossibilidade. Mas talvez ela se engane a respeito de si mesma e daquilo que a inspira. O escritor que pretende viver uma aventura espiritual, — isto foi muito bem observado por Maritain[9] —, tal cuidado o expõe aos maiores perigos. Salva-o o fato dele permanecer escritor: escrevendo, ele trapaceia com o nada. Orfeu remonta ao dia e canta; se as Mênades o despedaçam, ele não o quis. A vertigem do silêncio anula-se na alegria do dizer. E, finalmente, atravessados o deserto e a noite — se essa prova era necessária — não é sempre o "murmúrio inexaurível" do nada que inspira o escritor, talvez seja a voz clara do dia, as imagens gloriosas da Natureza. É Rilke quem escreve: *Hiersein ist herrlich* (Estar aqui é sublime).

Longe, portanto, do escritor se anular na obra, a obra diz-nos aquilo que ele é. E ele não é outra coisa para nós que a resposta a certo apelo que o provoca a

---

(9) Maritain, *Creative Intuition in Art and Poetry*, p. 234 e ss.

revelar certo mundo; esse mundo define o seu *a priori* existencial, porque exprime os semblantes do mundo aos quais o escritor foi sensível. Pouco importa a experiência vivida pelo escritor — por mais importante que ela seja para o homem que a vive ou para o psicólogo que a estuda — a experiência que leva Rimbaud a ser "o vidente": tal experiência seria muito equívoca se não estivesse garantida pela obra. Importa-nos o que Rimbaud viu: "e eu vi, algumas vezes, aquilo que o homem acreditou ver", porque sua obra o diz. O sentido da criança não está nas dores do parto: há partos sem dor. O sentido da obra está no que ela diz e ela diz sempre mais do que a experiência da qual saiu e da qual se liberta para ser: a obra diz um mundo.

Que mundo é esse? Também aqui a fenomenologia, ou uma ontologia fenomenológica, pode nos esclarecer. Ela pode mostrar como uma consciência inspirada está aberta a certos possíveis, que não são possíveis lógicos, mas potencialidades inscritas naquilo que pode ser chamado de Natureza. Cada mundo possível assinado por um autor não é um mundo irreal inventado pela imaginação criadora, é um possível da Natureza, um aspecto do real inexaurível que quer se atualizar na obra. Algo da Natureza é dito em cada obra. E se fosse necessário distinguir entre poesia e literatura, eu sugeriria que a poesia diz propriamente o inefável: a Natureza antes do homem, a profundidade, a densidade e a potência do ser; a obra em prosa fala do homem mas do homem enquanto faz parte da Natureza, isto é, enquanto a força do ser nele se manifesta: não o homem real, nem mesmo um homem imaginário, mas o homem possível, cuja possibilidade reside na Natureza como foco de todos os possíveis. A referência a uma Natureza inspiradora assegura a verdade da obra.

Mas a tarefa do crítico consiste mais em aclarar o sentido do que em filosofar sobre a verdade do sentido. Como aclará-lo? Como dizer melhor do que o escritor aquilo que o escritor quer dizer? Acaso o crítico não é finalmente denegado? Não. Pois se ele não pode, com efeito, acrescentar algo à obra, ao menos pode falar de si. Leitor, ele pode nos comunicar sua experiência de leitor. Pouco importa que essa experiência seja pessoal: C. E. Magny denunciou, com razão, "a ilusão do observador absoluto", segundo a qual "a crítica verdadeira seria objetiva e universal"[10]. Para fazer justiça à obra é suficiente que o crítico diga o que ela lhe inspira. Pois uma obra só é inspirada por ser inspiradora: o estado poético — Valéry gostava de dizer — é para o leitor do poema e não para o poeta. O crítico, portanto, não trai a obra ao dizer o que ela lhe inspira. Como isso seria possível?

Ele pode simplesmente, ao ler um poema, sonhar com o poema: é o partido que toma Bachelard. Deixa-se, de algum modo, invadir pela imagem, degusta-a como um fruto proibido ao sábio, diz como o encanto age sobre si. Contentando-se em sonhar, ele se condenaria ao silêncio; mas ele diz o seu próprio devaneio e quais as imagens do mundo que se lhe revelam; sua fenomenologia é uma cosmologia sonhada, a descrição de um mundo preso nas armadilhas da linguagem poética.

Se o crítico não dissocia nitidamente em si o sonhador e o raciocinador, ele pode explicitar a visão do mundo latente na obra. É, por exemplo, o que faz Alain em seus *Propos de littérature*. O escritor não empreendeu essa elaboração abstrata do sentido: ele sentiu, não concebeu, o sentido e deixou-o indeterminado — por excesso e não por falta — ao exprimi-lo. A reflexão sobre a obra que enaltece e desenvolve um sentido não é uma traição, pois a obra, nós o dissemos, ao se encarnar no leitor, se objetiva e se abre a uma história, cada leitor a mantém nessa história em que o seu sentido não cessa de se enriquecer. Mais exatamente: cada leitura descobre parcialmente a riqueza desse sentido. Assim o crítico não se acrescenta à obra mas acrescenta a obra a si mesmo.

Enfim, pode acontecer que a obra em prosa estimule a ação em nós. Mesmo se, como observa Magny, "nós nos rimos de Dom Quixote que toma a sério os romances de cavalaria"[11], a literatura não nos propõe uma experiência só imaginária ou gratuita. Sabemos quanto Sartre tem insistido nesse ponto: o escritor não se dirige a uma posteridade incerta, ele é uma liberdade

---

(10) *Les sandales d'Empédocle*, p. 11.
(11) *Ibid.*, p. 272.

que pretende se comunicar com outras liberdades para convocá-las a uma empresa comum; ele pode despertar no homem um olhar novo para o mundo convocando-o a se sentir engajado, a tomar consciência de sua responsabilidade, a trabalhar na libertação do homem em todos os homens. O crítico pode dizer como ele recebe esse apelo, como lhe aparece que o mundo do escritor é também uma tarefa para o leitor, como ele se sente convidado para essa tarefa. Ver, antes de fazer, já é uma tarefa: o crítico pode dizer o que a obra lhe dá para ver e como essa visão pode orientar e estimular a vontade.

Assim a fenomenologia não deixa o crítico sem emprego. Das três funções que tínhamos distinguido: esclarecer, explicar, julgar, ela justifica, antes de tudo, a primeira, que deve orientar as outras. Ela não desaprova a segunda, mas convida a distinguir entre uma explicação subjetivante, que procura a origem da obra num autor já definido pela obra, e uma explicação objetivante que submete a criação à psicologia e à história; ela não enfraquece essa segunda forma de explicação visto que a própria obra tende a se objetivar, mas a fenomenologia revela sua insuficiência. E o que dizer, por fim, do juízo? O crítico não renuncia de bom grado a essa função que lhe confere autoridade e prestígio! A fenomenologia não lhe interdita, mas restringe o seu exercício e modera a presunção.

Julgar, com efeito, pode ser, em primeiro lugar, apreciar o modo pelo qual a obra foi feita. Nesse caso a questão é: a obra é verdadeiramente o que ela quer ser? A peça de teatro ultrapassa a ribalta? O poema é realmente poético? O perigo, aqui, consiste em medir a obra com uma concepção preestabelecida do que ela deve ser. Em tal caso, toda novidade corre o perigo de não ser reconhecida ou, então, de ser condenada. O crítico deve aceitar que a obra seja sua própria norma a si mesma, e a questão que ele coloca é saber se ela atualiza verdadeiramente sua essência singular, em particular se ela diz o que quer dizer, se a forma é adequada ao sentido, se se realiza a imanência do sentido ao sensível que caracteriza a obra de arte. Contudo, é verdade que a essência singular está ordenada para uma essência geral, como a essência do vermelho está ordenada para a essência da cor, e que há uma essência do romance, do drama ou do poema que fixa condições gerais à obra. Mas é necessário, em seguida, admitir que essas condições são assaz gerais para não impor uma técnicca ou estilo determinados e para autorizar a floração de formas novas; elas determinam somente a natureza de um gênero e os meios pelos quais a obra pode ter acesso à consciência do leitor. Para tomar apenas um exemplo, eu gostaria de mostrar, se fosse crítico, que o novo romance corre o risco de faltar à sua finalidade, primeiramente porque ele não é aquilo que quer ser, a saber: a relação objetiva de um mundo cuja única significação é não ter significação e, em segundo lugar, porque desconcerta inutilmente o leitor por não respeitar a estrutura geral da narrativa.

Mas julgar também pode ser comparar e classificar as obras. A dificuldade, então, consiste em estabelecer uma hierarquia respeitando sempre o princípio pelo qual a obra é sua própria norma para si mesma e, por conseguinte, se deve comparar a si mesma com outras. Parece-me que, aqui, o único critério que pode ser instituído é o da profundidade e, primeiramente, da estatura das obras. Uma comédia, um madrigal, uma música ligeira podem ser acabados e, portanto, belos a seu modo e em sua categoria, sem, com isso, serem grandes obras. Mas toda grande obra tende a ser profunda assim como uma consciência é profunda: por sua relação com um mundo também profundo, isto é, carregado de ser e de sentido. Penetrar nesse mundo é, tanto para o escritor, quanto para o leitor, viver uma aventura mais ou menos grave, mais ou menos comprometedora. A qualidade dessa experiência é provada imediatamente pelo leitor: ao exprimi-la, ele julga a obra e, ainda uma vez, julga-a sobre aquilo que ela é; ela se julga nele se ele sabe se abrir a ela. Deixar a obra ser é, portanto, a tarefa do crítico. E não é uma tarefa fácil.

A PROPÓSITO DE PÍNDARO

Um livro recente, mui erudito e penetrante, de Jacqueline Duchemin sobre *Pindare poète et prophète*[1] sugeriu-me, e aqui quero agradecer à Autora, algumas reflexões sobre a poesia lírica. Não é fácil definir o lírico e talvez toda definição de um gênero seja arbitrária se cada obra é um caso de espécie. Eu gostaria, entretanto, de situar o lírico a meio caminho entre o épico e o elegíaco. O épico é a poesia do destino, e a poesia como destino, pois a epopéia avança no ritmo da ação que narra, com uma intrépida simplicidade, como diz Alain: o homem pertence ao mundo e se identifica com o ato que o mundo apela. O elegíaco é a

(1) *Les Belles-Lettres*, Paris, 1955.

poesia da subjetividade que se interroga sobre si mesma, mede a distância entre si mesma e o mundo que se esquiva, medita a diferença entre essência e aparência. O lírico é a poesia do acordo: acordo do homem com o mundo, acordo do mundo consigo mesmo; o momento clássico, em linguagem hegeliana, da poesia, mas também, talvez, o primeiro momento.

Disso se pode procurar uma ilustração em Píndaro. Isso ainda é uma imagem alterada pelo tempo; nosso Píndaro é para o Píndaro autêntico o que a estátua branca é para a estátua policroma, a ruína para o monumento; pois o lirismo grego, ode pindárica ou coro dramático, relembra-o J. Duchemin após M. Séchan, "é dança tanto quanto poesia e música" (p. 80). Mas para que serve exibir nossa ignorância a respeito da orquestração e da música gregas? Resta-nos o *logos* da obra, e melhor do que uma idéia, visto que o sentido permanece ataviado com todos os prestígios do verbo; se o que os gregos conheceram foi outra obra, ela se basta a si mesma, e basta que seja grega para nós.

Ora, o que impressiona em Píndaro é "o infinito jorrar das imagens" (p. 229). E J. Duchemin suspeita que "essas evocações... são ora a expressão de realidades profundas, ora mesmo como a realização pelo poeta de transformações maravilhosas". Mas antes de empreender essa interpretação, faz-se mister compilar as seguintes imagens: a luz, o ouro, a púrpura, o marfim, o fragor dos timbres musicais e das figuras coreográficas, a flor, o tosão. Numa palavra: tudo o que exalta a glória do sensível. E, igualmente, tudo o que enobrece o objeto ou o gesto imediatos: a alimentação é o néctar ou a ambrosia; a água, a fonte vivificante; a casa, o palácio de colunas de ouro; a estrada, a via luminosa. Em toda a parte, o objeto é, se não sacralizado, ao menos heroicizado. O que poderia ser mais natural numa poesia que celebra vitórias? Mas o contexto sociológico do Epinício não exaure o seu sentido; ele se associa à festa, ele não se explica todo por si. Mesmo se a vitória é heróica, nada obriga — e Baquílides o atesta — a substituir tão rapidamente a narrativa dessa vitória pelo mito do herói. E, ao menos, convém perguntar-se primeiramente: por que a festa?

J. Duchemin sugere que a origem dos Jogos Olímpicos poderia estar nas provas impostas aos adolescentes por ocasião das cerimônias de iniciação. De qualquer modo, a festa aqui, de preferência a autorizar a orgia e constituir uma válvula de segurança para as tensões suscitadas pela existência social, garante a integração do indivíduo na cidade e, talvez, das cidades na federação; ela realiza a comunhão por aquilo que Durkheim chamava de efervescência. Mas é notável que, no poema, a epifania do social sempre esteja ordenada para a epifania da natureza. A cidade é mais uma ninfa do que uma pátria, "Tebas do escudo de ouro, amada por Zeus", ou uma flor, Rodes "a rosa que surgiu no fundo do mar espumante", Delos "planta encantadora que abrigou os filhos de Leto". Além de seus aspectos físicos, a alma da cidade também está associada à natureza: Têmis, a qual é, sob certos aspectos, "uma verdadeira personificação da consciência coletiva" (p. 137), é também "a mãe das Estações de diadema de ouro, de frutos esplêndidos". Em resumo: Píndaro jamais exalta o social por si mesmo, mas somente associando-o às potências e ao esplendor da natureza. A natureza, isto é, a vida. E isso não significa que a sociedade vive de uma vida própria mas, antes, que ela só vive como episódio ou forma da vida; sua beleza que orienta a festa diz a mesma expansão da vida que o esforço do atleta ou a graça da flor. Ousaríamos dizer que o biologismo, aqui, absorve o sociologismo. Para promover a idéia de uma autonomia do social será necessário ou uma reflexão sobre a racionalidade do Estado e o caráter matemático da justiça, que se liberta do equívoco pitagórico, ou uma reflexão sobre o ser da história, que se liberta do prestígio das mitologias. E será preciso jamais esquecer que se o homem se enraíza na cidade, a cidade anteriormente se enraíza na vida e que a vocação da cidade talvez seja manifestar a beleza assim como encarnar o espírito; o teórico do *Contrat social* é também o homem que admira as vinhas de Clarens.

Assim a instituição da festa tanto pretende estreitar o liame social, quanto associar os homens à glória do mundo. O lirismo é a expressão dessa glória: o verbo se faz retumbante para dizer o brilho das coisas; ele é poético para designar um mundo poético, cujos objetos que o compendiam têm suficientes dimensões secretas para engendrar metáforas incessantes. Ora, J.

Duchemin observou muito bem que as imagens pindáricas gravitam em torno "do tema da vida florescente, quer vegetal, quer humana ou divina" (p. 270). Contudo, um outro tema, também descoberto por ela, parece fazer concorrência àquele: o tema da luz ou do brilho dos metais preciosos. É necessário, em primeiro lugar, fazer-lhe justiça. J. Duchemin segue por suas pegadas, fora do mundo grego, nas cosmologias anteriores; é certamente apaixonante explorar as vias que unem a cultura grega à mentalidade primitiva, mas sob a condição de descobrir, em troca, a promessa do moderno no primitivo. Pois não é conveniente acreditar que a idéia de uma sacralidade da luz seja demasiado ingênua. J. Duchemin, com muita justeza, evoca Platão a esse propósito e também poderiam ser evocados aqueles pré-socráticos que uma filosofia contemporânea comenta com devoção. Será, por acaso, a filosofia que se torna ingênua ao encontrar as mitologias através das primeiras filosofias? Mas algo se exprime, nos mitos e ritos mais antigos, pela dialética do luminoso e do obscuro: uma primeira apreensão da consciência como abertura para o mundo, do mundo como aberto para uma consciência. É a vida que se deslumbra, no homem, com esse extraordinário advento da reflexão, pelo qual um conhecimento se torna possível e, de algum modo, por iniciativa do mundo mesmo, pois se o homem tem sentidos também as coisas têm um sentido. Quando Einstein declara que o que é ininteligível é que o mundo seja inteligível, ele faz eco ao antiqüíssimo deslumbramento do homem que descobre sua relação com o mundo como capaz de verdade, quando a sensação deixa de ser o que ela era no alvorecer da vida animal, um "símbolo biológico de forças exteriores", segundo a palavra de Piéron, para tornar-se a revelação de um sentido pelos sentidos, o surgimento de uma imagem do mundo. A beleza do mundo é, antes de tudo, sua realização no olhar que se iguala ao mundo: a forma espontânea de seu desvelamento e a promessa de sua inteligibilidade. O fato de habitar o mundo, equivaler a conhecê-lo é, sem dúvida, belo. Talvez esse advento da consciência para fora das trevas do gesto imediato tenha sido sempre celebrado pelas hierofanias da luz.

A linguagem da poesia propõe-se então naturalmente. Pois o conhecimento, antes de ser regulado pela *praxis,* é primeiramente poesia. A percepção, com efeito, é sempre a apreensão de um objeto intersensorial, na interseção dos diversos campos que — conforme foi longamente mostrado por Merleau-Ponty — a sinergia do corpo põe em comunicação segundo uma espécie de síntese animal. Situado no ponto de convergência das sinestesias, o objeto solicita as metáforas proferidas pela linguagem poética. Procuramos mostrar alhures, e já a propósito da experiência estética, que a passagem da presença à representação se operava por intermédio da imaginação que desperta o possível no real. Mas é necessário dizer, com mais precisão, que o imaginário é imanente ao real e constitui "um mundo de uma realidade mais intensa" (p. 263). Poético é o objeto cuja riqueza e impenetrabilidade se manifestam pelas "correspondências" das quais ele é o centro. Poético é o mundo que a poesia pode reunir, como diz Claudel, porque, pela mediação da sinergia corporal, ele se propõe como uno através da diversidade sempre sugerida e sempre sobrepujada do sensível[2].

Em resumo: o lirismo, como a Jovem Parca na aurora, exprime primeiramente o impulso da consciência que desperta e saúda o dia que lhe desvela o mundo. A partir disso, a ordem do mundo será logo expressa em termos que associam as forças naturais às operações da consciência: o *mana,* sob todas as formas, significa a coesão do mundo, ao mesmo tempo que ele assegura ao homem, ao descortinar as vias da magia, uma apreensão do imprevisível. Mas não é para essa direção que se orienta o lirismo, particularmente o de Píndaro; é para o tema, já indicado, do desabrochar da vida.

(2) Uma fenomenologia da imaginação desse tipo pode ignorar uma psicanálise: sabemos o que pensa a respeito disso o autor de *La poétique de l'espace.* Mas é preciso também reservar à fabulação a sua parte, quando a imaginação se arrebata ou prolifera em vaso fechado; Bergson mostrou-o muito bem e já Hume ao observar que a imaginação também pode ser delírio; a palavra, então, está à disposição da psicanálise. Por outro lado, fica em suspenso o problema de saber como a consciência pode ter acesso e experimentar a verdade do sentido das imagens; talvez seja preciso invocar, além da sinergia do corpo que produz as imagens, uma comunicação do corpo e do mundo que faz a imagem compreensível. Logo mais diremos uma palavra sobre isso. Mas talvez fosse necessário também se perguntar se é sempre unicamente do corpo que se trata, e se não é o caso de invocar alguns *a prior* da imaginação que assegurem, num plano em que não é aceitável a distinção do corpo e da consciência, a consubstancialidade do homem e do mundo.

As forças da natureza não são as forças físicas que a técnica pode subjugar ou a magia esconjurar, são as forças biológicas que se desdobram no impulso vegetal ou no esforço atlético e que a poesia pode cantar. Disso dá testemunho a função privilegiada, minuciosamente descrita por J. Duchemin, que as Cárites assumem na obra pindárica: "Aglaia, a Brilhante; Eufrosina, a Alegria e Talia, a Floração exaltam tanto as potências do poeta, quanto as da natureza" (p. 93). Igualmente as Musas — não se sabe bem se o nome relembra a memória ou a montanha — parecem divindades tanto ctônicas, quanto intelectuais, muitas vezes associadas às Horas e às estações, e "evocadas com a ajuda de imagens agrestes" (p. 288): a inteligência, como faculdade de memória e de invenção, retenção e protensão é, antes de tudo, em todos os sentidos da palavra, a inteligência da vida: a vida conhecendo-se na inteligência que ela promove.

Assim se conjugam os temas da luz e da vida: o mundo revelado pela luz é um mundo no qual reina a vida; é a primavera, festa vegetal da qual a festa social é o eco. Mas a associação da luz e da vida talvez tenha uma origem mais profunda que requer a superação, embora sem a recusar, da significação puramente biológica da vida. Em primeiro lugar, o espetáculo da vida fora responde à experiência da vida no vivente. Não que o vivente tenha propriamente consciência de viver; mas, antes, sente a vida que o conduz e o chama, sente-se momento dessa vida que ele sente em toda a parte porque ele é vida. Se a vida se revela na luz, isto é, no surgimento da consciência, é à vida que se revela a luz porque a consciência surge da vida. Mas então "a vida primordial", como diz J. Duchemin, celebrada pelo poeta, esse espaço que a luz ocupa, não é somente o desdobramento do elã vital, é o lugar de encontro do homem e do mundo. Ela é fonte antes de ser força. Ela é a unidade originária que a fenomenologia somente pode discernir quando fala da *Lebenswelt* ou do presente vivente. Antes mesmo que a consciência, como capaz de verdade, reivindique sua especificidade, é aí que se funda a verdade. Aí se estabelece o pacto do homem e do mundo, aí se prova, anteriormente a toda síntese cognitiva, a síntese vital e que não pressupõe nenhuma análise, não a síntese animal que se opera no interior do corpo, mas uma síntese pela qual um corpo, que já é consciência, é fundamentalmente ajustado ao mundo. É aí também que nasce a linguagem e que se produzem as metáforas; não só aquelas que supõem a comunicação dos campos sensoriais, mas aquelas que, supondo a conaturalidade do homem e do mundo, dizem a baixeza do baixo ou a nobreza do alto; numa palavra: a humanidade do mundo.

A poesia diz a vida porque a vida é poética: ela é o espaço no qual a consciência descobre e frui o mundo sem se colocar ainda como consciência, no qual se consome um monismo impensável que a irrecusável prosa do dualismo virá logo destruir. O lirismo é esse retorno às fontes, à vida como fonte. Provavelmente é isso que o poeta experimenta: "Obedecendo ao apelo de meu coração, como a criança que se precipita para junto de sua querida mãe, eu desço para o bosque de Apolo". Daí sua alegria e que esteja "ele mesmo engajado no seu canto" (p. 93). O poeta é esse vivente no qual a vida se pode dizer, segundo uma palavra que é una com seu objeto. Pode por isso julgar-se investido de uma missão: ao cantar o mundo, participa da sacralidade da vida e administra um sacramento. Mas — e é aí que nos separaríamos de J. Duchemin quando sugere aproximar a palavra poética dos ritos da imortalidade — não cremos que ele invoque e anuncie uma sobrevivência. "Magra imortalidade, negra e dourada", poderia dizer também Píndaro. O tempo da presença é demasiado pleno para que lhe oponhamos a eternidade, o mundo é demasiado belo para que lhe oponhamos um outro mundo.

A imagem da morte, por certo, não está ausente nos Epinícios; e J. Duchemin observou muito bem "a ambivalência profunda do funerário e do triunfal... que é uma das formas da eterna ambivalência da morte e da vida" (p. 282). Talvez já, portanto, como ainda na Jovem Parca, a vida se reflita no vivente que se descobre mortal, já a sombra apareça como a triste metade da luz: o nada desponta no ser. Mas é a vida que carrega a morte e sem que uma outra vida a negue. Provavelmente também "a floração das seitas na época de Píndaro atesta... que todos os seus contemporâneos esperam e buscam a salvação pessoal anunciada por Orfeu ou prometida pelos hierofantes de Elêusis" (p. 322). O herói pindárico é igualmente destinado a uma felicidade sobrenatural na morada dos Bem-aventurados descrita na segunda Olímpica. Correr-se-ia o risco de dizer, porém, que a linguagem de Píndaro é convencional, como no recurso às alegorias. Será necessário compreender os mitos pelos mistérios, e os mistérios pela mística cristã? Por acaso o lirismo ainda não está demasiado próximo da origem para ser interpretado segundo o Cristianismo? O sentido dos mistérios, se Píndaro a eles se refere, é menos para anunciar um mundo misterioso do que para exprimir o mistério desse mundo, no qual o mito ainda não está separado da realidade, o além não está separado do aqui. É sempre um monismo que procura se exprimir: o sagrado, longe de transcendê-lo, consagra o profano; a glória do herói associa-se à glória do mundo; as ilhas afortunadas são acessíveis; a beatitude não é a recompensa da virtude num outro mundo, é a própria virtude.

A "espiritualidade" de Píndaro, diríamos nós, não consiste numa intenção escatológica, mas na glorificação dessa vida. A "transformação maravilhosa" que o poema opera não é um ato de imortalização, é a realização mesma da "realidade profunda" na qual o homem está presente, e que vem à consciência pelo homem ao mesmo tempo que o homem vem à consciência por ela. Ele não propõe uma doutrina de salvação, ele saúda sua pátria, esse reino da vida originária que se desdobra na luz, que anima o herói e que a festa renova: "Mas eis aí que o belo semblante da lua, de sua claridade encantadora, iluminou a noite, e todo o santuário ressoava com alegres festins, com cantos sobre o mundo triunfal. Fiéis a esse primeiro exemplo, também nós, ao cantar o hino cujo nome relembra a altiva vitória, celebraremos o trovão e o dardo de fogo lançado pela mão retumbante de Zeus, o raio ardente em que toda força está encerrada: e a voz das flautas misturar-se-á com os cantos magníficos..."

III
A ARTE HODIERNA

MAL DO SÉCULO? MORTE DA ARTE?

À *enquête* apresentada pela *Revue d'Esthétique* gostaria de dar minha resposta. Mas, para fazê-lo, escolherei uma perspectiva um pouco diferente, procurando como certas formas da arte de hoje exprimem certos traços de nossa época. Falou-se muito da modernidade. Entretanto, o meio que evocarei não é exatamente representável, nem mesmo percebido como tal por aqueles que o vivem; trata-se, antes, de uma atmosfera que nos envolve, nos conduz e nos inspira logo que a respiramos. Por esse motivo, a relação do indivíduo com esse meio é uma relação de expressão, no sentido em que Leibniz, afirmando que cada mônada exprime todo o sistema das mônadas — sem que essa harmonia seja necessariamente preestabelecida. Uma espécie de isomorfismo estabelece-se assim entre o indivíduo e a cultura. Nada proíbe de se procurar a gênese disso em linguagem causal, contanto que essa linguagem seja abrandada e dialetizada; mas podemos simplesmente descrevê-la conforme ela se manifesta, sem procurar saber como o meio já é o resultante de atos individuais, nem segundo quais mecanismos ela influencia o indivíduo. Apenas se supõe que aquilo que se exprime no comportamento do indivíduo o tenha investido sem que disso tenha consciência. Reflexo invisível da cor do tempo, a alma do meio é o que há de mais presente, de mais insistente, de mais indiscernível também por força de proximidades. Entretanto, é necessário tentar apreendê-la.

Isto é tanto mais difícil quanto ela é agitada por movimentos contrários. Nossa cultura não é homogênea; não está ordenada para um sistema de valores, conceitos ou atitudes coerente e estruturado. A tal ponto que certos antropólogos têm atribuído muitas neuroses do nosso tempo ao antagonismo dos imperativos culturais. É verdade que algumas dessas contradições são de todos os tempos, sobretudo as que opõem as normas às práticas e que são, no mais das vezes, cuidadosamente dissimuladas por uma espécie de hipocrisia social, como certa nação que se orgulha de ser um país livre e em todo o mundo encoraja os regimes de opressão, ou aqueloutra que reivindica os direitos do homem e fecha os olhos diante da tortura.

De fato, uma incoerência fundamental parece afetar o estatuto que a civilização ocidental outorga à pessoa. Teoricamente, vivemos sempre sob o signo do humanismo: o homem é fim em si e meios sempre mais consideráveis são postos à sua disposição para realizar seus fins, para se libertar da urgência das necessidades, da tirania dos impulsos. Praticamente, o homem se esvazia e se aliena: após o pára-quedista, o *blouson noir* tende a se tornar exemplar, cuja vontade de potência atesta a indigência mental e a impotência moral. Essa perda de substância às vezes atinge o homem em suas obras vivas: não mais pode pronunciar o *cogito;* não mais tem linguagem para fazê-lo — disso dão testemunho o teatro de Ionesco e o diálogo de *Mépris;* não sabe mais falar porque não sabe mais pensar. É assaltado, de todos os lados, por imagens que não lhe concedem lazer para pensar, por impressos que o isentam de pensar, por mitos que o desencorajam de pensar. Confia o cuidado de pensar a outros — aos entendidos e aos políticos — dos quais ele, de bom grado, faz feiticeiros, e é um jogo ao qual os interessados se prestam de bom grado! Destarte, em lugar do discurso, como diria Eric Weil, tende a reinar a violência [1]. Sob todas as suas formas, as mais brutais ou as mais insidiosas: da magia à tortura, da publicidade ao armamento atômico.

Não enegreçamos, porém, o quadro. As próprias causas dessa deteriorização do humano sugerem-nos que ela é transitória e traz em si o seu antídoto. Será realmente necessário atribuí-la ao individualismo? Mas há muito tempo que estão distendidos os laços que cingiam o herói grego e o integravam na Cidade. Será pelo impulso e com o prestígio da tecnologia? Não diretamente, em todo o caso; pois é necessário saber o que suscitou esse impulso e, além disso, não é verdade que a técnica treina o homem para a violência porque ela faria violência à natureza; Simondon mostrou muito bem que a técnica, de preferência, conspira com a natureza, que a revela à sua maneira, como faz a arte, e que engaja o pensamento na via de uma nova cultura [2]. Para um materialismo larvado? Também não. Os empreendimentos de desmistificação operados por certas filosofias são essencialmente sadios e, além do mais, as Igrejas conservam os seus fiéis e os espiritualismos, os seus devotos. Mas os filósofos experimentam sua impotência às vezes, eles se refugiam no seu Aventino para lançar oráculos; às vezes, desertam; os combates de idéias não mais mobilizam nenhum Rimbaud e aqueles que perseveram, em lugar de filosofar, se deixam importunar pela questão: como é possível a filosofia?

Isso não significa que o pensamento abdique, mas ele cai em sua própria armadilha. E talvez seja preciso procurar a causa profunda da presente desordem no próprio movimento do pensamento e na instrumenta-

(1) Cf. a introdução à *Logique de la philosophie*, intitulada: "filosofia e violência".
(2) *Du mode d'existence des objets techniques*, p. 187.

ção conceitual por ele elaborada. Com efeito, o pensamento moderno enfrenta, hoje, em todos os domínios, um objeto difícil entre todos: a totalidade, cuja consideração foi introduzida ao mesmo tempo pela física do campo, pela filosofia da forma assim como pela biologia e pela história. Um aspecto da totalidade que aqui deve reter nossa atenção é esse ajuntamento das artes e estilos de todos os lugares e de todas as épocas no que Malraux chama de museu imaginário. E, precisamente, o modo último da totalidade é o próprio mundo em que nós vivemos. Hoje, finalmente, a terra é redonda. O universal concreto, evocado por Hegel, se nos oferece — Hyppolite lembrava recentemente [3] — como um fenômeno cujo sentido deve ser elucidado. Pesada responsabilidade é ter de se igualar ao universal e, em primeiro lugar, ao totalizar um saber sempre mais preciso e mais abundante (daí a urgência de reformas da educação). Eis-nos chamados a ser cidadãos do mundo! E isso é menos fácil que no tempo dos estóicos porque esse mundo é mais vasto, porque a demiurgia humana substituiu o fogo divino e nele introduziu a precariedade e a ininteligibilidade do histórico.

Pois essa unificação dos meios humanos só se realiza pela transformação sempre acelerada dos conceitos, das técnicas e de certas instituições. O progresso relega a ordem ao segundo plano. Mas para onde vai o progresso? Para onde fazê-lo ir? A história não é mais manipulável com facilidade: na confusão criada pela inércia de certas instituições e pela mobilidade de outras, a ação hesita em se propor metas; quando não é inspirada por algum messianismo, logo fica desconcertada ou desencorajada. Nossa época certamente está em plena gestação; mas que será que a montanha dará à luz? Aqueles que não têm de orientar o devir se refugiam de bom grado na indiferença ou no conformismo; outros, segundo a palavra que parodia Heidegger, estão resolvidos a ser resolutos. Indubiamente, o existencialismo, com Sartre, agora dá à liberdade um conteúdo que não é somente a própria liberdade, mas as condições sociais de sua atualização. Mas como em toda a parte os conteúdos são contestados, muitas vezes

(3) Nas conferências do Instituto Internacional de Filosofia, em Áquila, em setembro de 1964.

se opõe à passividade apenas uma atividade sem finalidade — que é, por vezes, também a atividade da criação artística.

Sucede assim, que o homem não mais consiga tomar pé nos redemoinhos da história. O mesmo ocorre com o pensamento. Esse universal móvel e confuso é dificilmente governável: o uno não cessa de ser reabsorvido no múltiplo, o mesmo no outro. Ou o pensamento retorna à particularidade e nela se enterra, ou — e isso dá o tom à nossa época — aceita o desafio da totalidade dando impulso ao pensamento formal. Ao universal concreto, o pensamento responde alçando-se a um universal abstrato, como se só pudesse apreender o todo detendo o seu movimento e eliminando o seu conteúdo, privilegiando a sincronia e a estrutura formal. Assim o pensamento político oscila entre o nacionalismo preocupado com independência ou grandeza e a afirmação formal da solidariedade planetária. Igualmente, diante do Panteão dos sistemas, o pensamento filosófico hesita entre a erudição histórica que se apega a cada sistema por si mesmo e a renúncia a todo sistema em favor de uma análise formal da linguagem e da ciência. Igualmente, diante do museu imaginário, a reflexão estética tende a se dividir entre a história da arte que, de bom grado, é imperialista e uma morfologia que, confrontando as obras de um ponto de vista formal, ignora sua idade e negligencia o seu sentido historicamente vivido.

Acabamos de jogar com a palavra formal; mas, talvez, todos os seus sentidos convirjam. Em todo o caso, talvez o traço mais marcante do pensamento moderno seja a importância sempre maior que assume a formalização, no sentido preciso entendido pelos lógicos. Essa tendência tem dupla relação com o universal. Por um lado, é na medida em que se formalizou que o pensamento se universalizou e ganhou em eficácia para promover uma tecnologia universalizante. Por outro lado, é para pensar o universal que o pensamento se formalizou. Pois o todo — como também no nível molecular — se quisermos ir além da percepção que o distingue como figura, deve ser pensado como um sistema de relações que prevalece sobre os termos que estrutura. E são técnicas saídas da formalização que permitem prosseguir o empreendimento da universalização e, por exemplo, superar a confusão das línguas, das economias ou das estratégias.

Ora, o primeiro processo da formalização — aquele que pesará primeiramente sobre o destino da arte — é a abstração: ao mesmo tempo, para revelar ou estabelecer a estrutura, a eliminação do conteúdo intuitivo e, no manejo da estrutura, a subordinação do estruturado ao estruturante, do termo à relação, da matéria à forma. Certamente a formalização é um desvio para retornar ao real; mas isto não aparece imediatamente e, além do mais, o real que ela alcança é ele mesmo abstrato, recriado pelo pensamento e pela máquina: o fenômeno, dizia Bachelard, é o produto duma fenomenotécnica. Assim a ciência moderna parece ter dissolvido o objeto. Falávamos da perda de substância: é toda substância que se perdeu. O real para a microfísica é o campo no qual o objeto brinca de esconder com o observador. A matéria é um sistema de forças, "sombra de números", dizia ainda Bachelard. A matematização da física parece romper a relação forçada que, segundo a palavra de Canguilhem, a ciência tem com a percepção. As abelhas, é certo, fazem sempre um mel virgiliano e os homens percebem sempre o sol ptolemaico que se levanta e se põe; mas eles obscuramente têm consciência de ceder à ilusão. Raros são aqueles que sabem viver em dois registros, como Bachelard, e também é o mundo lírico do imaginário que Bachelard de preferência conjugava com o universo da ciência. Aqueles que não fazem profissão de sabedoria vivem sempre no mundo percebido, mas graças a um benefício de inventário; eles sentem que o real não é mais à sua medida e perdeu algo de seu sabor e de sua riqueza. A natureza não fala mais ao homem e ainda é necessário que ele tenha férias para a reencontrar. E a técnica ainda não lhe fala: ela encontra demasiada ignorância no profano e, nos outros, ela diz ainda por demais a improvisação e a violência capitalista.

Assim, o sentido espontaneamente vivido se esquiva. E, num outro plano, a epistemologia do sentido encoraja essa deserção. Sabemos que lugar nisso o estruturalismo ocupa. Também ele tende a reabsorver o objeto no sistema e desapossá-lo do sentido que lhe garantia a autonomia. Em lingüística, o objeto fonológico só se define por suas diferenças e todo o sistema dos signos que constitui a língua é caracterizado por esse jogo das diferenças. Esse sistema é governado por leis que asseguram sua permanência através da história, às quais os indivíduos falantes obedecem sem disso tomarem consciência. O espírito aqui é saudado, mas relegado ao inconsciente e, longe da língua ser-lhe uma ferramenta, é ele quem se colocou ao seu serviço. Simultaneamente, a fala não é mais considerada em seu ato como a expressão de um sentido comunicável, segundo a intenção que a suscita. A forma da permuta premia o conteúdo, a semântica se reabsorve na sintaxe. E, por certo, no nível da linguagem lógica, o conteúdo tende a se reduzir ao arranjo sintático: "o objeto ou a operação se deixam integralmente exprimir pelas regras da sintaxe que regem seus signos"[4]; o objeto é o produto duma operação e o seu sentido é o sentido da operação que se harmoniza com as regras sintáticas. E o objeto real? O seu sentido conhece um semelhante avatar quando a estruturalização, decidindo que a linguagem é "o protótipo de todas as organizações", aplica o mesmo método abstrato à permuta das mulheres no grupo social ou à permuta dos símbolos no discurso mítico. "A condição desta generalização do modelo lingüístico é esvaziar os conteúdos, eliminar o sentido para só tomar em consideração o arranjo"[5].

Não se trata, aqui, de recusar a abordagem estrutural mas de indicar os seus limites: até onde se pode tratar uma mulher, um mitema e mesmo uma palavra ("eu digo: uma flor...") como um signo que não significa nada por si mesmo? Por acaso não será necessário, para fazer justiça ao objeto, acrescentar à abordagem estrutural de sua função uma abordagem fenomenológica do sentido que ele carrega em si?

Ao mesmo tempo que o objeto vivido e da mesma maneira: à força de sutileza se esfuma o objeto pensado; tanto o objeto formal da lógica, quanto o objeto metafísico da filosofia. Os filósofos perderam a ingenuidade: eles não mais podem acreditar nas lições de papai que se referiam a uma ciência hoje ultrapassada.

(4) Granger. "Logique, langage, communication", *Hommage à Bachelard*, p. 46.
(5) Ricoeur. "Le symbolisme et l'explication structurale", *Cahiers Internationaux du symbolisme*, nº 4, 1964, p. 88.

Os lógicos parecem arrebatados num éter mais e mais rarefeito sobre as asas dum pensamento que se embriaga de sua própria potência. Esse pensamento, cujo espantoso impulso anima nossa *Weltanschauung*, parece abolir, ao mesmo tempo que o objeto, o próprio sujeito: ele não é o pensamento de ninguém e porque elabora um cálculo sem objeto que não encontra o obstáculo do real pode se confiar a máquinas. O mito da máquina pensante simboliza o mal do século, quero dizer o pesar que o homem experimenta ao se pensar pensante e volitivo num mundo que foge do seu contato e onde ele não mais sente suas raízes.

De fato, o pensamento moderno institui uma relação análoga àquela do objeto e do campo entre o vivente e seu ambiente, como também entre o homem e o meio, entre o homem e a história. Uma relação autenticamente dialética deveria fazer justiça igual aos termos que une; mas o ensinamento salutar de Sartre não é ouvido e nossa época só parece assumir a dialética enaltecendo um dos termos em detrimento do outro: dissolvendo o sujeito como há pouco foi dissolvido o objeto. O átomo social, para Moreno, não é o indivíduo, é um feixe de relações; e, para o psicanalista, é o lugar onde se defrontam instâncias antagônicas: salvar o homem é adaptá-lo ao meio (Freud não quisera isto!), com o risco de nele estancar o poder de afirmação e de invenção. A dialética do uno e do múltiplo joga-se em proveito do múltiplo: a salvação está no conformismo. Durante este tempo, ciência e técnica indubiamente não cessam de inventar para adaptar o mundo ao homem. Parece, porém, que o homem não acompanha: ele se adapta ao progresso, deixando-se conduzir por seus promotores. Com efeito, o progresso parece se realizar sem ele, como no seio de uma equipe anônima, a ponto de se poder prevê-lo como um acontecimento natural. Em todo o caso, os grandes homens dispensam os pequenos de serem homens: eles pensam por eles.

Acontece que os filósofos sem querer se fazem cúmplices desta passividade quando desapossam o homem em favor de entidades com maiúsculas: quando colocam o artista a serviço da Arte, o pensador a serviço do Pensamento, o ente a serviço do Ser. É assim que, fundamentado em alguns exemplos, aliás prestigiosos e soberbamente analisados, Blanchot assegura que o artista desaparece em sua obra, que ele a quer como um fracasso e que toda inspiração procede duma experiência e duma nostalgia do nada [6]. Mas será necessário crer que o sentido, visado e revelado pelo dizer e pelo fazer, recebe sua profundidade de sua opacidade e só se realiza no não-sentido? O silêncio não é o fim da fala, nem a dissimulação a força da verdade, nem a morte o coroamento da vida...

Contudo, é verdade que o homem pode ser ultrapassado por sua obra e, no seu ato, pode ser inspirado até a alienação. Há muitos modos para o homem se perder, como também para perder o objeto. Ao situar o pensamento formal no coração de nossa visão do mundo, parece que o tornamos responsável por certa desumanização e, talvez, seja realmente necessário equilibrá-lo com a poesia, a qual retorna ao imediato. Mas seria absurdo não ver igualmente as promessas que o pensamento formal encerra, que não cessa de manter e, autorizando tantas esperanças, nos proíbem de brincar de Cassandra. Pois se ele desorienta o homem ao liquidar o objeto e ao despovoar o mundo, isto não é num primeiro momento: talvez ele não rompa jamais completamente o pacto original que liga o homem à natureza; e, em todo o caso, ele também se choca com objetos que, por serem ideais, não são menos opacos e resistentes, desde que as operações que os constroem não mais podem ser executadas num número finito de processos de sorte que, então, excede, de novo, a sintaxe. Além disso, todo sistema formal visa, em última instância, ao real; é por isso que, de si mesmo, ela apela para uma "interpretação"; como lembra Ladrière, "a questão da relação entre o formal e o sensível jamais pode ser evitada"[7], nem o contato com o sensível perdido, nem a arte negada.

Entretanto, a arte contemporânea me parece exprimir a situação criada para o homem pelo advento do pensamento formal e estar marcada pela mesma contradição que marca a cultura: enriquecimento e empobrecimento ao mesmo tempo, exaltação e renún-

(6) Cf. "Crítica literária e fenomenologia" nesta coletânea.
(7) "Le symbolisme opératoire", *Cahiers internationaux du symbolisme*, 3, p. 45.

cia do indivíduo, conquista do formal e perda do real às vezes até a recusa do mundo e a autodestruição da obra. Essa arte, com efeito, se produz sob o signo da reflexão. Nunca os artistas escreveram tanto, jamais tiveram acesso a uma tão aguda consciência de si, jamais tiveram a impressão tão viva de estar empenhados numa aventura espiritual exemplar![8] A arte é refletida até ser reflexiva; desde Mallarmé os poetas fazem a poesia da poesia. Genêt, após o Pirandello de *Henri IV* e o Sartre das *Mouches*, leva ao teatro a teatralização das relações humanas. As artes plásticas, quando não mas são figurativas, são para se figurarem a si mesmas: a *action-painting* pinta o ato de pintar, o escultor esculpe o seu próprio gesto.

Os artistas estão, aqui, na situação dos filósofos, atormentados pela mesma questão: como a arte é possível? Provavelmente essa questão é de todas as épocas, neles despertada pelo fenômeno da inspiração. Mas, hoje, ela é provocada mais diretamente pela tomada de consciência do universal e do histórico. Como os filósofos não mais podem crer em Descartes ou em Hegel, assim os artistas em Rafael ou em Racine; admirá-los sim, repeti-los não. Aliás, não é fácil se integrar no universal sem nele se perder, increver-se numa continuidade permanecendo aquilo que se é; é mais fácil afirmar anarquicamente sua singularidade. É por isso que a resposta à questão colocada pela presença inumerável das obras de arte no museu imaginário é a busca incessante da novidade. Há qualquer coisa de frenético neste sobrelanço de invenções que sem cessar acelera a usura e a substituição dos estilos. Parece que o artista, perdido no dédalo da história, quando decide um empreendimento, se liga mais ao ato do que ao seu produto. Daí o caráter apressado e, por vezes, bárbaro de sua criação como se a obra não passasse de uma tentativa[9], o vestígio desprezível do fazer, uma etapa logo ultrapassada num empreendimento sem fim. Pouco importam os testemunhos legados se esta aventura é singular e apaixonada. Para alguns, pelo fato de aspirarem, como Mallarmé, a uma pureza impossível ou a

---

(8) Encontrar-se-á o melhor testemunho disto no livro de Maritain: *Creative Intuition in Art and Poetry*.

(9) Esta palavra está no próprio título de um excelente artigo de Mouillaud que terei outras ocasiões de citar: "Le nouveau roman", *Revue d'Esthétique*, agosto-dezembro, 1964.

uma profundidade sufocante, a obra chega ao silêncio, à renúncia: Clavel suicidou-se. Mas, em outros, a exaltação da busca parece revelar também um desejo de morte, como se a arte contemporânea quisesse dar razão a Hegel; em que direção essa arte se sente forçada a se superar a si mesma senão para a impossível metamorfose na qual o homem e a obra desaparecessem para se realizarem?

Do mesmo modo que o artista, tão atento à experiência que vive, não tem mais sua atenção solicitada pelo meio natural e humano. Em torno dele, vive-se tantas vezes imprevidentemente, sem saber para onde se vai; nenhuma missão lhe é confiada a não ser, às vezes, num tom autoritário que o paralisa ou revolta. Dissolveu-se o objeto que poderia dizer a poesia da Natureza, o mundo não é mais do que prosa. Nesta solidão desolada, para que serve ainda construir um objeto glorioso e significante? E que sentido lhe dar? O real não mais apela para a representação: a arte contemporânea é não-figurativa em grande escala e a própria linguagem por vezes nela se vê negar sua virtude semântica e recusar suas regras de sintaxe. Aliás, é mérito dessa arte ter-nos ensinado a distinguir o objeto estético e o objeto representado. Mas resta saber se a representação não deve, ao menos, ser substituída pela expressão porque, sob uma ou outra forma, a significação deve exercer uma função constituinte em face do objeto estético.

Parece, porém, que o artista freqüentemente não quer reivindicar para o objeto estético as virtudes elementares do objeto percebido: a permanência, a unidade, o esplendor. Hoje, poucos monumentos reclamam ser *aere perennius*. A arquitetura tem dificuldade para encontrar novas fórmulas de monumentalidade, como a poesia o tem para encontrar novas fórmulas de ode ou de elegia (P. Emmanuel e La Tour du Pin da velha escola); e, freqüentemente, como nos Estados Unidos, se constrói para vinte anos, assim como o escritor (vide *Qu'est-ce que la littérature?*) só escreve para os seus contemporâneos. Os "mobiles" só existem no instante graças a uma criação continuada que não é o fato do escultor. As colagens e os conjuntos não desafiarão os séculos como o óleo dos Van Eyck (e os poemas obtidos pela reunião de títulos recortados nos jornais, dos quais Breton deu exemplos em *le Poisson soluble* são, com efeito, facilmente solúveis). Precário, o objeto estético também pode parecer mal acabado. Pensemos na *Pop Art*. Nela o profano mal distingue a necessidade rigorosa que estrutura o sensível nas obras de outro tempo e, mesmo diante das obras assaz meditadas, ele não pode fugir duma impressão de arbitrário. Por que, numa tela de Mondrian, este círculo está aqui de preferência a estar acolá? Por que, numa composição serial, tal dissonância que não prepara uma modulação? Por que, em tal romance, este transtorno da cronologia que não se inscreve num monólogo interior? O sensível perde, ao mesmo tempo, o rigor e o brilho. Muitas esculturas desdenham os materiais nobres e o miserabilismo em pintura é contagiante. Do claro-esscuro de Rembrandt ao escuro de Soulages, do empastamento de Van Gogh às pastas de Dubuffet há uma grande distância: parece que o pintor, em seu elã para a pintura, a tenha ultrapassado. Em que direção? Quando o sensível ainda é exaltado, mas selvagemente e sem medida, como, por exemplo, nas obras do grupo Cobra que, de bom grado, serão chamadas de expressionistas pelo seu contraste com obras voluntariamente despojadas, neutras e, às vezes, sem brilho, essas obras fazem pensar naquilo que Hegel dizia das naturezas mortas holandesas nas quais o espírito abandona à objetividade um mundo do qual se retirou.

Mas esse quadro é demasiado rápido e sombrio. O desejo de morte que agita a arte é um pouco como uma hipertelia: a forma extrema e aberrante duma vitalidade que não pode não conquistar um novo sentido e um novo brilho para o objeto estético. É necessário também que distingamos essas conquistas de uma reflexão e de uma busca apaixonadas. Para isso, é-nos necessário olhar melhor e discernir, mui sumariamente ainda, dois semblantes aparentemente bem diferentes, um selvagem e o outro civilizado, dessa arte contemporânea, onde Pollock confina com Mondrian, Beckett com Robbe-Grillet, Lipchitz com Barbara Hepworth, F. L. Wright com Mies van der Rohe. O informal e o formal: dois eixos ao longo dos quais se agarram, cada vez, a vida e a morte.

Essa dualidade talvez esteja ordenada à reflexão do artista, conforme se refira mais precisamente a ele ou à sua obra. Se se referir a ele, existe a possibilidade da arte ser informal, entregue às potências aparentemente incontroláveis do delírio. Pois o artista, então, pode se sentir perdido — ou tentado a se perder. Isso provavelmente é, como dissemos, de todas as épocas. Interrogando-se a respeito do seu ato, o artista aí se experimenta provocado por alguma força estranha. Toda busca de um novo estilo, diz muito bem Michelis, tem um caráter divinatório: ela é o fato da Pítia possuída pelo Deus [10]. Mas o artista clássico, mesmo atormentado por essa visitação, não se perde inteiramente nem diante de nossos olhos, nem em si mesmo. Diante de nossos olhos: porque sua obra, entregando-nos o seu mundo, fala por ele; em si mesmo: porque Dionísio se alia com Apolo e ele permanece o artesão lúcido e voluntário de sua obra. O artista moderno corre o risco de se perder mais profundamente: diante de nossos olhos, em primeiro lugar, se sua obra só nos desvela um mundo não identificável. Mundo selvagem da gênese, do informe, do inominável? Seja, mas esse mundo da criação não é criado verdadeiramente se a obra permanece no estado de esboço. E sobretudo, em si mesmo, porque nada no mundo o convoca a esse empreendimento ao qual é impelido, de sorte que ele se sente mais alienado do que inspirado. Qual o Deus, hoje, que possui a Pítia? Apolo está morto e o artista nem sequer cogita em invocar uma Natureza naturante que a natureza naturada lhe oculta. Mui freqüentemente o seu Deus é o acaso, este "murmúrio inesgotável", denominado por Breton, este "cortejo inumerável de passos", denominado por Cadou.

Então a reflexão, caso não desespere da criação, leva a se confiar, ao menos aparentemente, ao aleatório. Assim a respeito da escrita automática, da "rapidez de execução", da *action-painting,* as múltiplas expressões duma espontaneidade entregue a si mesma. Provavelmente querem que o acaso também esteja carregado de sentido e seja revelador de redemoinhos in-

---

(10) "La Pizia, l'oracolo e la divinazione nell'arte contemporanea", *Studi di Estetica,* 16, p. 12.

teriores ou de forças ocultas. A arte pretende situar-se num ponto em que o homem, libertado do artifício, esteja unido à natureza e a deixe falar em si. Mas que natureza? O mundo interior só interessa à psicanálise, o mundo percebido não tem mais voz e o universo científico só recorre a uma linguagem abstrata. Outros artistas, em vez do acaso, se entregam às máquinas; disso há um testemunho muito interessante neste número (da revista). O acaso, então, é formalizado, como no cálculo das probabilidades: a mecanização é a continuação natural da formalização. São, assim, as leis de uma natureza formalizada, reduzida ao provável, que se manifestam na produção das imagens ou sons. Música das esferas? Mas de esferas reguladas pela tecnologia, e essa harmonia lógica nem sempre ressoa com felicidade no sensível; também esteticamente os resultados do aleatório são aleatórios.

Mas será necessário dizer que o artista que os registra tenha abdicado totalmente? Caso pretender, ele trapaceia. Pois, primeiramente, ele não cessa de controlar os seus resultados, e o seu juízo último sempre pode lançar ao limbo aqueles que são indignos de serem promovidos à dignidade de obras. Em segundo lugar, ele já está, na maioria das vezes, presente na elaboração desses resultados. Em música — voltaremos a isto — a aparelhagem técnica serve, sobretudo, para produzir e estocar os sons, cuja organização sintática o compositor se reserva o direito de dirigir segundo os esquemas que prescreve à máquina. Quanto ao gesto do pintor ou do escritor, sua espontaneidade é a de uma natureza lentamente informada pela cultura e sempre conservada sob domínio; a felicidade que ele conhece é preparada e meditada: esse gesto sábio mantém no informal certo formalismo que o preserva, através de seus arrebatamentos, de se destruir a si mesmo.

De fato, o informal não é somente, nos melhores casos, controlado pelo gosto, ele apela para uma nova estratégia da consciência: uma consciência ardilosa, que joga com o inconsciente e só finge perder-se para se ganhar, para reencontrar uma espécie de virgindade lúcida. Pode acontecer que ela atire a culpa sobre seu próprio jogo ou, mesmo, que sua manobra seja uma impostura. Mas nos artistas autênticos, essa artimanha, nova busca de inspiração, visa a descobrir um sentido primeiro, geralmente recoberto pelo manto de idéias que a consciência racional lança sobre o mundo. Portanto, não é preciso dizer que o informal tende sempre a se destruir porque ele recusa o sentido. Recusa-o necessariamente quando ele é não-figurativo? Às vezes, sim, quando a obra quer ser somente a expressão duma subjetividade incomunicável, ou o produto de um acaso anônimo, que não diz nada; mais freqüentemente, talvez, em certos formalistas, a abstração significa que o artista, recusando todo um mundo onde não se sente a gosto, entende que a obra se basta a si mesma, com risco de nada dizer e de se aniquilar no silêncio. Contudo, toda arte, mesmo abstrata, pode ser também figurativa. E de duas maneiras, como muito bem observa R. Barilli [11]: por um lado, pelo fato de o objeto estético se afirmar e se figurar ele mesmo, "assegurando sua própria salvação"; por outro lado, pelo fato de ser "dotado de uma intencionalidade, de uma força contrária, centrífuga, que o leva a se fazer imagem de uma realidade exterior". Essas duas forças também podem atuar na arte informal.

Com efeito, se a arte é não-figurativa, isto pode ser porque a arte se liga ao percebido, e à força de querer figurá-lo. As "deformações" trazidas ao objeto pelo impressionismo e talvez pelo primeiro cubismo antes da geometrização sistemática provinham dessa intenção: era necessário restituir à percepção seu viço e sua impetuosidade. "Minha pequena sensação", dizia Cézanne. O abstrato, quando é expressionista (ou, ao menos, expressivo) como em Manessier ou Lapoujade, vai no mesmo sentido; ele quer produzir um contato original com o mundo, uma verdade primeira do percebido [12]. Inventando o abstrato, Kandinsky e Malevitch tentaram remontar ao concreto. Igualmente Saarinen em suas últimas obras, Zehrfuss ou Kahn, dando ao concreto

(11) Num recente opúsculo sobre *Dubuffet matériologue*, p. 5.
(12) É assaz notável que, ao contrário, a arte surrealista tenha sido, no mais das vezes, minuciosamente realista. É que ela se liga menos à presença que à significação do mundo ou, antes, ao poder de oferecer signos. Com *Nadja*, Breton faz a caça aos signos, ele fotografa uma luva ou um terraço de café como os romanos teriam fotografado um vôo de corvos ou as entranhas de uma vítima. Chírico ou Dali também são fotógrafos, que fixam signos que lhes são dirigidos pelo sonho ou o acaso. Eles são os únicos intérpretes do sentido desses signos e os únicos juízes de seu interesse. Quanto a nós...

uma densidade e agilidade verdadeiramente expressivas. Schaeffer e Philippot também, indo buscar o som até no ruído. E igualmente Céline, Joyce e Beckett remontam ao concreto humano, ao estado de uma consciência primitiva, ainda imersa no sonho, atravessada por forças elementares, quase incapaz de uma linguagem articulada. E que dizer da poesia? Os seus fiéis sempre se dividiram entre laboriosos e inspirados. Parece, hoje, que estes estão à frente daqueles e fazem prevalecer o informal, às vezes arrebatados pela borrasca às margens da morte. "A poesia, diz Sarte, especificando que se trata da poesia contemporânea, é quem perde ganha. E o poeta autêntico escolhe perder-se até morrer para ganhar." [13] Ele quer o extremo:

Ça a toujours kèkechose d'extrême
Un poème."

(Queneau)

e o extremo é a morte sob o "fragor dos obuses de Musa" (Audiberti).

A morte da linguagem cotidiana, a morte do mundo prosaico, a morte do artista que morre para este mundo. Mas quem perde, ganha; essa morte pode ser transfiguração, advento de uma surrealidade e de um novo sentido. Se o poeta desconfia das construções racionais [14], pode ser em nome de um surrealismo que se engaja nas duas vias exploradas por Bachelard: a via duma epistemologia não-cartesiana, a via também — a única que o concerne — duma poesia aberta para um mundo onde o real permanece ainda ligado à imaginação, o mundo da origem onde é a Natureza que imagina. Então a poesia "desvela em toda a força do termo... o espaço com um brilho, nós *vemos* um cão, um fiacre, uma casa *pela primeira vez"* [15]. Há maiores imagens, aquelas que atormentam Saint-John Perse ou Eluard! Mas existem também as mais humildes: quando Ponge "aceita o desafio das coisas à linguagem", é para "desprender as qualidades verdadeira-

---

(13) "Qu'est-ce que la littérature?", *Situations* II, p. 15.
(14) "É preciso não deixar os intelectuais brincar com fósforos:
  Quand on le laisse seul
  Le monde mental
    Ment
  Monumentalement". (Prévert)
(15) Cocteau. *Le secret professionnel.*

mente particulares das coisas mais ordinárias" e para restaurar um mundo abismado pela percepção utilitária. "Restaurador atento da lagosta ou do limão, do cântaro ou da compoteira, tal é o artista moderno." [16] O informal, correndo o risco de se formalizar, serve aqui à causa do existencialismo. Quantos novos domínios assim anexados à arte e no prolongamento daqueles que tinha conquistado? Como não admirar a fé destes Argonautas e o ouro dos Tosões trazidos pelos mais felizes? A arte informal não se realiza inteiramente sob o signo da angústia e o retorno à origem a dissuade de buscar sua própria morte.

A arte formal também tem dois semblantes. Ela manifesta a mesma vontade de superação que a arte informal mas procede, antes, duma reflexão sobre a própria obra da qual o artista quer a autonomia e medita a produção segundo um processo análogo àquele do pensamento formal... costeando os perigos aos quais expõe a redução do formal ao abstrato. A palavra formal, por certo, é equívoca. Acaso a forma estética, que informa o sensível, pode se confundir com a forma lógica que o pensamento formalizante desprende do sensível? Acaso um formalismo estético, que é um sistema de normas destinadas a dar praticamente uma forma ao objeto material, pode se confundir com um formalismo lógico, que constrói um objeto ideal, um sistema teórico de enunciados analíticos? Durante muito tempo a tradição vetou essa confusão. O formalismo fora colocado a serviço do realismo para promover, assim como a beleza, a veracidade de um objeto ao mesmo tempo fortemente estruturado e fiel ao real: a geometria da perspectiva visa a representar o espaço percebido, as regras da tragédia a representar o evento, as regras da harmonia a imitar, diria Eupalinos, a arquitetura, cujos princípios visam eles mesmos, até o *modulor* de Le Corbusier, a imitar as proporções do modelo humano.

Mas o formalismo da arte contemporânea não procede da mesma intenção e autoriza uma aproximação com o pensamento lógico. Antes de tudo, é um fato geral que a arte moderna tomou consciência da ciência. Se a arquitetura sempre foi informada pela mecânica, é somente hoje que a música e a pintura, em

(16) *Le grand Recueil, Méthodes.*

lugar de manifestar sem o saberem as leis da acústica e da ótica, utilizam deliberadamente técnicas que requerem o conhecimento dessas leis. E as artes plásticas talvez se proponham representar essas leis ao invés de as aplicar; o que as inspira obscuramente não é, por acaso, a visão científica do universo sob o signo do campo e da estrutura, como se as grades cada vez mais finas de Tobey fossem uma ilustração da geometria das grades e as estruturas de Giacometti uma ilustração da análise estrutural? Um lógico, é certo, com razão julgaria ilusória essa materialização do formal, que signos exangues são os únicos habilitados para representar. Mas se a arte formal opera uma materialização é com dificuldade, visto estar tão empenhada em dominar, até o esgotamento, o sensível.

E é nisso que ela parece imitar o processo do pensamento formal. Indubiamente, nas obras em que o material é convidativo, a arte formal suscita sempre obras fortemente organizadas, cuja estrutura é brilhante; penso nas obras inspiradas pela *Bauhaus,* nas construções cubistas de Le Corbusier e Neutra, nas telas de Braque ou de Juan Gris, nas esculturas de Pevsner ou de Arp; em toda a parte, o rigor das formas confere à obra uma espantosa "presença", uma plenitude sensível. Mas, alhures, o formalismo parece enaltecer a estrutura em detrimento do que ela organiza a ponto de parecer não ter mais nada para estruturar. Assim, diz Michelis, "o racionalismo arquitetural se transforma em mito irracional da forma pura" [17], uma forma "tornada abstrata até a amorfia". Enquanto que no limite da arte informal a matéria é sem forma — e por vezes sem nobreza — aqui a forma é sem matéria e, portanto, sem necessidade. A pintura presta-se mais do que a escultura para essa escamoteação: basta citar Mondrian; mas certos escultores de "relevos", como Sophie Arp ou Nicholson, vão no mesmo sentido; e também certas arquiteturas unicamente preocupadas com racionalidade funcional. Pensemos ainda na rarefação da matéria em tal peça musical que dura um minuto, ou aqueloutra tecida de pausas. Essa arte se proíbe de ter um sentido para tê-lo em demasia, como se o pensamento, para ser puro, se libertasse de todo objeto.

(17) "Contemplation et expérience esthétique", número especial da *Revue d'Esthétique,* julho-dezembro de 1962, p. 238.

Pois somente o objeto pode ter um sentido onde a forma vem informar uma matéria (e mesmo em lógica, não o esqueçamos, uma estrutura liga os elementos dum conjunto ou os indivíduos dum domínio). Pouco importa que a arte seja ou não figurativa; é necessário, porém, que o objeto não seja enfraquecido a ponto de perder toda expressividade.

Poder-se-ia dizer a mesma coisa do "novo romance" (e eu serei mais severo que Mouillaud no qual, entretanto, eu me inspiro). O formalismo de Robbe--Grillet provém, como em Flaubert, duma espécie de desconfiança ou ódio em relação ao objeto, que é descrito tão minuciosamente só para ser recolocado no lugar, fora de alcance, inapreensível e não-significante; e em relação a toda natureza, quer a concebamos como um sistema de essências ou como uma potência nutriente. Todo o ser se reduz à obra; *esse est narrari,* e a obra parece reduzida ao não-sentido; nada de tempo contínuo, nada de distâncias fixas, nada de objetos constantes ou de acontecimentos estáveis (sem que, como em Joyce ou Faulkner, essa incoerência seja o fato de uma consciência da qual a narrativa adotaria a ótica singular). Provavelmente se pode supor, com Mouillaud, que esse empreendimento é inspirado por certos conceitos do formalismo científico; que os elementos objetivamente descritos são associados em conjuntos estruturados e oscilam em torno de uma posição de equilíbrio, com um coeficiente de incerteza tal que jamais um objeto ou um fato podem ser determinados ou fixados. Mas por que introduzir a microfísica no mundo percebido? A ambigüidade ou a contradição não tem o mesmo sentido em história, ou numa história — e em física. Identificar as duas concepções é destituir o mundo vivido de seu sentido. Para quê? E por que escrever um romance que é um não-romance, em lugar de levar a sério a mecânica quântica?

Poder-se-ia responder a essa questão que a construção de estruturas aparentemente não-significantes acaba por conquistar um sentido novo e ainda oferece um semblante do mundo: o mundo incerto e móvel que ainda corre após o seu sentido. Seja, sem dúvida isso é verdade onde o formalismo se torna expressivo, quando ele se deixa atrair pelo encanto da inspiração e se conjuga com o informal. De fato, nossa análise isolou, talvez injustamente, casos extremos. Na maior parte das vezes, a ordem e a desordem se corrigem reciprocamente; a estrutura e o sensível se aliam para interditar a autodestruição do objeto estético. Isso ocorre em todas as artes. Existem artes nas quais o material é imediatamente disponível e o gesto criador pode ser improvisado ou fortuito. Assim a poesia e as artes plásticas que através disso se prestam aos jogos do informal. Entretanto aqui, nós o dissemos, um controle pode se exercer ao menos sobre os produtos do automatismo ou da máquina, para só promover à dignidade de obra o que se compõe segundo alguma lei e assume um ar de necessidade.

No lado oposto, as artes onde o material deve ser conquistado, o gesto aprendido e a obra premeditada, são tentadas pela ascese reflexiva e pelo formalismo. Assim acreditaríamos demasiado rapidamente que o sensível se expande sem coação na música como em certas pinturas. O inaudito, quer nos encante, quer nos desconcerte, longe de ser deixado à improvisação — impossível, além disso, quando não há mais executantes — é obtido seja por uma extensão sistemática do campo da harmonia tradicional, seja, para ir mais longe ainda, por processos técnicos que impõem a definição do som pelos seus efeitos e "assim substituir o som por uma morfologia"[18]. Além do mais, esse material sonoro é tratado por esquemas bem determinados que são sempre, até o presente, tomados por empréstimo da música clássica. Há, portanto, tanto formalismo na música moderna, quanto havia antes do dodecafonismo, como há tanto nas primeiras obras tumultuosas e barrocas de Stravinsky, quanto em suas últimas obras pacificadas e doutas. Mais: a cilada que espreita essa música é de se confundir na aparelhagem de uma construção laboriosa e de não poder se abandonar ao estado de verve própria, como diz Jankélévitch, à rapsódia. Contudo, a exuberância do sensível lhe dá um ar de espontancidade e certos compositores, após os primeiros ensaios, reencontram o lirismo da inspiração.

De modo que se descobrirá em muitas obras musicais contemporâneas uma curiosa aliança do forma-

(18) Revault d'Allonnes. "Technique et langage de la musique concrète", *Journal de Psychologie*, 4, 1963. Esse artigo introduz admiravelmente ao estudo da música moderna.

lismo mais rigoroso com conjunturas totalmente inesperadas. Em Boulez, cujas *Structures pour deux pianos* deixam aos intérpretes a liberdade da *ordem* de passagens inteiramente escritas; em Pousseur, que pode sortear a ordem de entrada dos instrumentos, mas numa partitura preexistente; em Gilbert Amy etc.

O mesmo ocorre com a arquitetura. Mesmo quando as desafia, como nas idades barrocas, a arquitetura não poderia ignorar as leis abstratas da mecânica. Nem hoje, sobretudo, os imperativos da funcionalidade que, unidos às exigências da economia, têm suscitado a estruturação miserabilista da "célula" anônima indefinidamente reproduzida em série; fisionomia moderna do casebre do qual Marx denunciaria também o poder alienante [19]. Entretanto, a industrialização da construção, o recurso ao metal de usina ou concreto armado não impõem necessariamente esse formalismo paralisante que, no limite e às vezes sob pretexto de funcionalidade, tira do *habitat* seu sentido vital e sua beleza ingênua. Os arquitetos e os urbanistas sabem, hoje, que é preciso construir também "edifícios que não respondem a necessidades objetivamente definíveis, mas que nos são necessários para permanecermos homens e os quais, tal como as flores, não queremos dispensar" [20]. Alguns dentre eles contornam felizmente o obstáculo do funcional; na sede da O.N.U., na Art Gallery edificada por Kahn em Yale, não somente os elementos estruturais, mas também os equipamentos mecânicos estão expostos com tal franqueza (a brutalidade da qual trazem uma recomendação os "brutais") que constituem, sem perder sua forma significante, um elemento que gostaríamos de chamar de decorativo se o termo não tivesse se tornado pejorativo para muitos. Mais: a ironia, tão sensível em Le Corbusier em Ronchamp ou Chandigar, às vezes faz brilhar a racionalidade duma arquitetura que, ao querer se ligar com muita razão à indústria, foi por ela lograda. A poesia é saudada por urbanistas como Aillaud; ela se insinua, com acordes mais discretos que no barroco de Gaudi, nos grandes conjuntos como nos monumentos ou casas particulares. O arquiteto

---

(19) Cf. Françoise Choay. "Industrie et bâtiment", *L'architecture actuelle dans le monde*, número especial da *Revue d'Esthétique*, julho--dezembro de 1962.
(20) Otto. "Construction légère et architecture", *ibid.*, p. 328.

reencontra o gesto dionisíaco do pintor; Zevi, invocando o museu Guggenheim, propõe a palavra *action-architecture* [21]; assim Michelis dizia, há pouco, que o excesso de rigor formal pode transbordar para o informal. Em todo o caso, importa que a fantasia anime o formalismo e nele reintroduza um sentido justificável da interpretação "semântico-simbólica" que Dorfles propõe. Talvez este seja o preço da salvação da arte.

O profano, que sempre está em atraso de um estilo, desconcertado com certas formas da arte moderna, acusa-a por vezes de impostura. Tal queixa é absurda; o objeto estético não é um falso que quereria nos enganar; ele só o seria em relação a uma essência eterna ou a uma norma absoluta, e toda arte contemporânea recusa essas noções. Cada obra é sua própria norma para si mesma, conquistada no imprevisível por uma insaciável liberdade viva.

Em direção de que futuro essa liberdade se engaja? Porventura a arte sonha sua própria morte, como a Jovem Parca "cega com os dedos abertos evitando a esperança"? Se ela devesse se perder, seria à força de se buscar; morrer, à força de vitalidade. Ela enfrenta o mesmo problema que a civilização moderna. Os progressos da reflexão e da mecanização podem instaurar o reino do impessoal, do abstrato e do inumano; mas também podem instaurar a libertação e a regeneração do homem: a planificação combate a raridade, abrandam-se os regimes autoritários, o mundo que forja a técnica é um mundo no qual o homem ainda pode se sentir em casa, se a educação e o regime social lhe permitem tornar-se o sujeito da cultura ao invés de ser o objeto, porque é um mundo que, longe de dissimular ou de destruir a Natureza, ainda a revela, como o batiscafo revela a profundidade dos mares e o avião o cimo das montanhas, e nisso se realiza. O que aliena o homem é não ser igual àquilo que ele faz: situação transitória que pode desaparecer com a automatização e a educação completas, dando lugar a uma nova forma de familiaridade

(21) *Ibid.*, p. 276.

entre o homem e o mundo. E isso sem que a antiga forma e a arte que a exaltava desapareçam.

Pois o destino da arte também pode ser feliz. A arte, é certo, pode abdicar, seja enfraquecendo-se à força de rigor, seja entregando-se à orgia sem medida. Mas o extremo da busca não é forçosamente estéril e o acaso ou o delírio podem permanecer sob controle. Além disso, pode ser estabelecido um pacto entre o formal e o informal. Então a arte permanece no mundo ou, antes, retorna às fontes do mundo. Ela se mantém e nos mantém sobre esta terra que, dizia Husserl, "como *Urarké* permanece imóvel". O formalismo ou a abstração não são mais um fim, mas, como para a ciência, o meio de assediar o real e, para a arte, de celebrar os possíveis do real com objetos gloriosos, que se ajustam ao lugar e ao homem. Assim, o prédio que Saarinen construiu para a T.W.A. no aeroporto John Kennedy diz, ao mesmo tempo, o vôo e o retorno ao porto, como o templo dórico diz a paisagem grega. A sintaxe, por mais refinada que seja, está a serviço da semântica, um sentido está imanente ao sensível e tanto mais pleno quanto o sensível é mais rico.

Talvez isso seja o próprio sentido do mundo que vivemos. A arte sempre pode exprimir esse mundo, não só porque ela o povoa, não só porque assume as suas exigências e dele utiliza as técnicas, mas porque mostra o que não pode ser dito: aquilo pelo qual esse mundo ainda é um semblante da Natureza. Sim, nesse mundo, aparentemente artificial que, para sua edificação, parece convocar um pensamento puramente formal e a negação de toda singularidade concreta, de modo que o seu criador parece espoliado de sua criação, uma paisagem de pedra, de concreto ou de aço é ainda uma paisagem, os números e as estruturas cantam ainda, e a realização laboriosa do Universal concreto representa a unidade poética do fundo. E também o homem ainda é um ser de Natureza, transpassado por desejos e paixões, sempre sensível às imagens pelas quais a Natureza se desvela. A arte é sempre a primeira resposta do homem à Natureza. Como tal, através de incertezas e discórdias, no seio de um mundo em plena gestação, a arte ainda pode ser feliz — e carregada de porvir.

OBJETO ESTÉTICO E OBJETO TÉCNICO

Atividade técnica e atividade estética constituem dois modos fundamentais da *praxis*. Modos distinguíveis, mas nem sempre divergentes e muitas vezes solidários: por acaso, a cerâmica neolítica não descobre, à sua maneira, antes mesmo de serem elaborados os conceitos do belo e do útil, os problemas da estética industrial? À sua maneira, pois pensa o ceramista o seu vaso como o engenheiro pensa uma ponte ou um automóvel? Pensa-o mesmo como hoje o pensa o visitante do museu? Esse vaso é solidário da intenção que presidiu à sua produção? Assim, duas encruzilhadas se propõem à reflexão: por um lado, podemos examinar ou as próprias atividades ou o seu produto.

Por outro lado, para estudar as relações entre esses termos, podemos operar seja uma análise genética, seja uma análise fenomenológica. Aliás, essas escolhas não são, de forma alguma, exclusivas: não se pode estudar uma atividade sem examinar o que ela produz, como também a análise noética das intenções, como diria Husserl, não pode dispensar a análise noemática do objeto. Igualmente, que a fenomenologia se faça ou não genética, sempre uma gênese implica uma fenomenologia, e tanto mais no caso do objeto estético que, se propondo à percepção, esse objeto é fenômeno por excelência.

Faz-se mister, entretanto, escolher uma via; é a via de uma fenomenologia dos objetos que eu seguirei aqui, de muito perto. Mas, antes de tudo, eu gostaria de dizer algumas palavras a respeito de um trabalho notável no qual freqüentemente me inspirarei. G. Simondon, em seu livro *Du mode d'existence des objets techniques*, escolhe, ao contrário, a abordagem genética: após ter estudado "a gênese e a evolução dos objetos técnicos", ele chega, numa parte sobre a essência da tecnicidade, à "gênese da tecnicidade", para situar o "pensamento técnico" em relação, entre outros, ao "pensamento estético". Ora, essa genética não somente coloca em jogo análises fenomenológicas muito ricas dos objetos, como também ela pressupõe um tema que está no coração da fenomenologia e, em particular, da obra de Merleau-Ponty, a saber: que o fundamento é o acordo do homem e do mundo, "a hipótese geral que fazemos sobre o sentido do devir da relação do homem ao mundo consiste em considerar como um sistema o conjunto formado pelo homem e o mundo"[1]. Pouco importa que a idéia se exprima, aqui, na linguagem de uma física, pois é o vivido que é chamado a dar testemunho dessa unidade do homem e do mundo e de seu devir.

Com efeito, a primeira fase desse devir, que corresponderia àquilo que a percepção é para Merleau-Ponty, é para G. Simondon "a fase mágica", forma primitiva do ser-no-mundo que "define um universo ao mesmo tempo subjetivo e objetivo, anterior a toda distinção do sujeito e do objeto". Mas já fora dessa

(1) Simondon, *op. cit.*, p. 159.

indistinção primeira emerge o objeto, "pelo isolamento e a fragmentação da mediação entre o homem e o mundo"[2]: a primeira estrutura é um entrelaçamento de pontos privilegiados — pontos-chave, lugares altos, como o fundo das águas, o cume da montanha, o coração da floresta — através dos quais se efetuam as trocas entre o homem e o mundo; os primeiros objetos são, portanto, figuras singulares que aderem ainda ao fundo do qual elas se desprendem e do qual puxam toda a força, como "o pico é o senhor da montanha". Esta estrutura reticular se desnivela e, ao mesmo tempo que o homem toma distância em relação ao mundo, a separação da figura e do fundo dá origem à dualidade da técnica e da religião. "A mediação objetiva-se na técnica e subjetiva-se na religião, fazendo aparecer no objeto técnico o primeiro objeto e na divindade o primeiro sujeito, enquanto só havia, anteriormente, uma unidade do vivente e de seu meio."[3] Os pontos-chave tornaram-se os objetos técnicos, fragmentos desprendidos do mundo, abstratos e transportáveis e, em toda a parte, eficazes: a técnica manifesta uma primeira objetivação do mundo que será retomada pela ciência por sua conta, ou, mais exatamente, pois o mundo permanece uma unidade, ela assinala uma vinda dos objetos ao mundo, como intermediários entre o mundo e o sujeito. Quanto à atividade estética, ela retorna ao desdobramento e lembra "a unidade perdida", — unidade do mundo, unidade do homem e do mundo. "O caráter estético de um ato ou de uma coisa é sua função de totalidade, sua existência, ao mesmo tempo subjetiva e objetiva, como ponto notável."[4] A obra de arte, é certo, não reconstrói realmente o universo mágico primitivo; mas ela entretém e preserva a capacidade de experimentar a impressão estética.

Desde então — e aqui eu prolongo Simondon sem o seguir — uma dialética se estabelece entre técnica e estética. Compreende-se que a experiência estética seja, ao mesmo tempo, muito antiga e muito recente. Muito cedo apareceu a nostalgia da unidade perdida que despertou a impressão estética no homem

(2) *Ibid.*, p. 164.
(3) *Ibid.*, p. 168.
(4) *Ibid.*, p. 181.

e impeliu o pensamento técnico e o pensamento religioso a renunciar à sua abstração e a se exprimir na linguagem da beleza: o útil então toma espontaneamente a forma do belo. Mais tarde, aparece uma consciência do belo separada e exclusiva, ciumenta. Hipertelia aberrante, sugere Simondon, pois o que tinha vocação de concreto retorna, por aí, ao abstrato; justificada, contudo, pois é o momento em que a técnica, exasperando-se, faz violência ao mundo natural, em que o trabalho, tornado inumano, produz feiúra: a técnica, ao se afirmar, realizou-se no terror. Então a arte, que já se tinha proposto à religião pascaliana como divertimento, torna-se evasão. Mas não é a última palavra: a arte, tomando consciência de si, aprende que se renuncia ao se realizar; ela é potência de mundo, e esse mundo que ela revela é uma expressão do mundo; de modo que o artista não pode não estar ele mesmo no mundo, no mundo natural como lhe recorda Merleau-Ponty criticando Malraux, no mundo social como lhe recorda Sartre. Destarte, a arte reencontra, hoje, sua função de mediação entre o homem e o mundo. E, ao mesmo tempo, a técnica se humaniza, tanto nas condições de trabalho, quanto na forma de seus produtos: ambas vão lado a lado, como o testemunha a experiência da Olivetti. A busca de uma estética industrial tem uma significação considerável: o homem, aprendendo a viver o progresso técnico, pode dominar o mundo sem romper com ele, também pode habitá-lo como sua pátria, pode permanecer no fundamento sem deixar de produzir sua história.

Mas para melhor compreender o sentido dessa reconciliação entre técnica e estética, será preciso, em primeiro lugar, abandonando a perspectiva genética, endurecer sua oposição. Antes, porém, introduzamos algumas distinções. O objeto técnico não se define facilmente; há um longo percurso do bastão de cavar ao arado, da serra e do martelo à fabricação em série. A mesma essência técnica — a condução assimétrica que define o díodo, a máquina a vapor —, além de não nascer do nada, desencadeia, quando inventada, uma história no curso da qual, para propriamente se concretizar, ela se manifesta em múltiplos objetos. Simondon distingue, além disso, diversas formas do objeto: o elemento (a válvula), o indivíduo (o motor), o conjunto (o complexo industrial), a isso se pode acrescentar todo o meio técnico. Mas se pode propor, ainda, outra distinção: a do objeto técnico e do objeto de uso. Por um lado, a ferramenta, a máquina, a usina; por outro lado, o vestuário, a mobília, a casa. Esses dois tipos de objetos têm em comum o fato de serem fabricados, atestarem a tecnicidade e servirem como meios a fins. O que os diferencia é que, enquanto os segundos constituem já produtos que encontram seu fim imediato na consumação e fruição, os primeiros inscrevem-se no circuito da produção e servem a uma ação que visa a outros fins; é por isso que solicitam também o conhecimento e como que a cumplicidade do homem, o qual deve servi-los ao mesmo tempo que eles o servem: o operário deve poder dirigir e manter sua máquina, como o cavaleiro almofaça e sela ele mesmo o seu cavalo antes de montá-lo; isso não significa que ele deva ser seu escravo: essa relação inumana, recusada pela tecnicidade autêntica, se foi tornada possível, graças a um certo estágio do desenvolvimento técnico, só foi imposta ao operário pelo sistema social, pela violência capitalista. O estatuto das obras de arte seria o intermediário entre esses dois objetos, como uma rota ou um molhe, que se propõem a uma fruição ativa e não passiva. Por outro lado, o objeto técnico pode se tornar objeto de uso: um navio ou um automóvel, que são objetos técnicos não somente para os construtores, mas também para o marinheiro ou o garagista, isto é, para o homem que os conhece e os serve, torna-se exclusivamente objeto de uso para o usuário indiferente ou preguiçoso, que ignora sua estrutura e se fia nos automatismos, e ainda mais para aqueles que só se preocupam com consumação ostentativa. Adivinha-se que é o objeto de uso que mais facilmente pode procurar agradar, unindo ao útil o agradável e talvez o belo, enquanto o objeto técnico, mais rigorosamente sujeito a exigências funcionais em sua fabricação e em seu emprego, só pode ser belo por acréscimo, embora não sem premeditação.

Mas é necessário também distinguir o objeto estético e o objeto belo. O objeto estético é a obra de arte que pretende exclusivamente a beleza e que provoca a percepção estética onde essa beleza será realizada e consagrada, na falta da qual a obra não é mais do que um objeto qualquer e, por exemplo, um objeto comercial ou um objeto de luxo. O objeto belo pode ser belo sem o querer, isto é sem solicitar sua estetização e, também, sem perder suas outras virtudes — encanto, funcionalidade, inteligibilidade —, quando ele é estetizado, pois ele então as exprime no sensível. Posso achar belo um canto de pássaro que me agrada o ouvido e me diz a espontaneidade animal; não é da mesma maneira que é bela tal compilação de Messiaen: ela não é concedida ao azul do céu ou ao perfume da terra como os gritos da cotovia, ela é princípio de um mundo que guarda inteiramente em reserva e recusa toda associação, mesmo em idéia, com outros sensíveis; ela não quer ter o seu sentido somente de si mesma. Adivinha-se também que o objeto técnico pode ser belo sem se identificar com um objeto estético, sem se tornar uma obra de arte.

Mas salientemos, em primeiro lugar, as diferenças. O objeto técnico é, à primeira vista, anônimo e abstrato. Anônimo mesmo se leva o nome de um inventor. Pois não é a mesma coisa para Diesel inventar um motor e para Van Gogh um novo estilo pictórico. O próprio advento do objeto na história difere nos dois casos: o objeto estético surge no instante de maneira imprevisível; não fora de toda história, pois ele fixa o semblante de um povo e de uma época assim como se interioriza no artista que o vive, e ele descortina um porvir, ele mesmo imprevisível e sinuoso porque depende da acolhida do público e da retomada da obra na consciência singular de outros artistas. Pois o artista se engaja inteiramente no seu fazer e é sob essa condição que a obra tem algo de sentido e exprime um mundo que dá testemunho do mundo; o belo é sem conceito mas procede do sentimento no qual a pessoa toda se concentra. O objeto técnico, pelo contrário, procede do conceito, desde que ele não é mais o produto duma *praxis* espontânea; ele só apela para a inteligência do inventor, sem engajar toda a pessoa. É por isso que ele se inscreve numa história lógica (e, ao mesmo tempo, internacional antes que nacional). Sua gênese, como Simondon mostra profundamente, se inscreve nele: "a unidade do objeto técnico, sua individualidade, sua especificidade, são os caracteres de consistência e de convergência de sua gênese" (p. 20). À contingência de um momento histórico singular se opõe aqui, sob as vicissitudes do acontecimento, a necessidade de um devir lógico que a cultura técnica não deve ignorar.

Mas o objeto técnico apesar disto não é abstrato de dois modos? Em primeiro lugar, naquilo que, como o fim servido por ele, a norma que o governa lhe é exterior: o seu sentido não é necessário, imanente, à sua forma. Enquanto o objeto de uso pode nos falar — uma poltrona convida-nos ao repouso ou uma igreja ao recolhimento — um motor não diz nada ao ignorante; se ele fala ao mecânico, é com sua estrutura e não com o seu próprio mostrar-se; ele não faz signo, ele é um sistema de signos cuja significação é necessário conhecer de antemão. Em segundo lugar, ele é abstrato porque se separa do mundo e, para dominá-lo, tende a fazer-lhe violência; o machado racha a madeira, o carro corta o espaço, a via férrea rasga a montanha. Quando ele serve mais diretamente ao conhecimento, como a luneta, o microscópio ou o contador Geiger, é um conhecimento que visa, ele mesmo, a nos dar o domínio do mundo e que substitui a natureza naturante que inspira o adivinho ou o poeta por uma natureza naturada regulada pelo engenheiro. E, em toda a parte, a técnica é violenta: quando se construiu aquela via férrea no Congo, como Gide relatava, cada dormente custou a vida de um homem[5]. A verdadeira violência, denunciada pela ética, é certo se desdobra nas relações intersubjetivas mas talvez já amadureça na relação do homem com a natureza, quando a natureza se torna natureza naturada, matéria conceitualizada e trabalhada, essa estrangeira que se volta contra o homem no momento em que ele procura lhe impor sua marca e nela se reencontrar. Na vida técnica, o homem entra em processo com o mundo, —

(5) Se o Castelo de Versailles custou caro também em vidas humanas, como as pirâmides, é na medida mesma em que a obra arquitetônica é, ao mesmo tempo, um objeto de uso cuja edificação põe em jogo uma técnica.

e com o próprio objeto técnico: essa relação de associação e como que de familiaridade, preconizada por Simondon, raramente foi estabelecida até o presente e, provavelmente, só pode nascer graças a novas estruturas sociais e culturais, sempre sob a condição do homem conservar a iniciativa e o controle.

Ao contrário, a vida estética, por mais trágica que possa ser para o criador, é uma vida feliz para o consumidor. O objeto estético é concreto: ele existe plenamente, definitivamente, segundo uma necessidade intrínseca, na glória do sensível. O sensível, é certo, se produz no ponto de convergência de quem sente e do sentido; o objeto estético só se realiza na percepção estética; de resto, não é isso verdade de toda coisa percebida? Essa epifania efetua-se tanto mais facilmente quanto se produz, na maior parte das vezes, em vaso fechado. Quer isso dizer que o objeto estético é, nesse sentido, também abstrato? Sartre, numa linguagem diferente, chama-o um irreal porque ele requer a neutralização do mundo real; mas talvez Sartre esteja mais atento ao assunto da obra do que à sua matéria: se, com efeito, Carlos VIII é irreal, o seu retrato não o é. Se o objeto estético se separa do mundo é para reivindicar uma atenção exclusiva e porque leva em si um mundo que é um sentido ou um possível do mundo real. Todavia, ele pode muito bem vir habitar este mundo e se ajustar a ele sem lhe fazer violência: se é preferível ouvir Mozart na sala de concerto a ouvi-lo jantando num parque como o arcebispo de Salzburg, é preferível ver a estátua no parque a vê-la no museu[6], e Merleau-Ponty tem razão em denunciar na atmosfera pensativa do museu "um recolhimento de necrópole", e na história que o museu apresenta condensada "os prazeres sombrios da retrospecção". É, talvez, quando a obra de arte pode se situar no mundo que ela atesta melhor não só o trabalho que a engendrou, mas também que ela é um sentido possível desse mundo.

Em todo o caso, se o objeto estético solicita, para se realizar, que nos associemos a ele, que reaprendamos o gesto do criador e que penetremos no seu mundo, ele apela para o sentimento em nós e não para a

---

(6) As telas que eu vejo no museu, eu as veria de bom grado em minhas paredes! Eu faço justiça àquelas que tenho aqui e, para mim, elas se realizam tão bem quanto no museu.

ação: o bom uso da arte não suscita uma dialética, muito menos uma antidialética, segundo a qual seríamos possuídos pelo resultado de nossa própria operação. A relação com o objeto estético é uma relação feliz porque é um luxo — como o amor, afinal, quando não se reduz a um gesto vital —; mas ela nos engaja profundamente e pode acontecer que nos transforme: esse luxo não é supérfluo nem superficial. É conveniente que, aquém das modificações suscitadas pela técnica, nas quais se desdobra a dialética do homem e do mundo, retornemos àquilo que é o fundamento dessa dialética, à unidade do homem e do mundo, talvez perdida para sempre, desde que o homem tem acesso à linguagem e a figura se separa do fundo, mas mais próxima à idade da magia, e aproximada de nós pela magia da arte.

Vê-se, portanto, a diferença entre a técnica e a estética: o objeto técnico é ao mesmo tempo, em relação ao mundo, separado e separante, e ele mesmo também separado, enquanto o objeto estético é uno e nos convida para uma nova unidade com o mundo. Contudo esta análise é parcial. E o que nos leva a retomá-la é tanto a existência desses objetos intermediários que são os objetos de uso, quanto a aproximação que, hoje, se institui deliberadamente entre técnica e arte.

Os objetos de uso não são objetos técnicos; mas sua produção põe em ação técnicas por vezes bastante elaboradas, como o forno, a tecedura, o concreto. Ora, eles podem ser belos espontaneamente como pode ser bela uma granja ou uma couraça e, às vezes, à maneira do objeto estético, com premeditação, como são belos um veludo, uma ânfora ou um palácio; falar-se-á, então, de artes menores ou mesmo, como para a arquitetura, de artes maiores: qual é a parte da técnica e qual a parte da arte em sua produção?

Igual problema é colocado pelo objeto técnico propriamente dito. Sua aproximação ao objeto estético pode ser concebida de dois modos. Em primeiro lugar, o objeto estético poderia tender a se tornar objeto técnico. Ora, isso não sucede na medida em que se define o objeto técnico estritamente como o meio de uma ação sobre a matéria, inscrito no circuito da produção. (O fato de nos servirmos da música para abrandar os costumes ou da pintura para descobrir a loucura, além de ser um uso marginal das obras de arte, essas técnicas pedagógicas ou psiquiátricas não pertencem à técnica no sentido preciso em que a entendemos.) E se compreende a razão: o belo, como diz Kant, é desinteressado, a experiência estética exige a neutralização do mundo real e recusa todo empreendimento imediato neste mundo por meio do objeto estético. Tudo que se pode dizer — mas isto é essencial —, é que o objeto estético recorre sempre mais aos meios técnicos para sua produção. Evocarei dois exemplos: a arquitetura e a música concreta, — sem contar as técnicas de reprodução ou de gravação que, além de permitirem a difusão das obras, lhes dão às vezes um novo semblante, como Malraux mostrou muito bem a respeito do objeto pictórico cujos detalhes significantes são isolados e aumentados pela câmara, e como se poderia mostrar a respeito da poesia que a gravação realiza como fala. A música experimental solicita mais da técnica, isto é, o fornecimento duma nova matéria; os ruídos são filtrados, convertidos em sons, estocados, e o músico trabalha diretamente neles em lugar de trabalhar num instrumento — o qual já fora, ele mesmo, um objeto técnico — ou mesmo, se sua memória auditiva é assaz viva, no papel. Evidentemente, essa extensão do espaço sonoro pode conferir nova orientação à música: para novo vocabulário, nova sintaxe e, talvez, nova semântica. Mas, com isso, o ato criador não é radicalmente mudado: entre os possíveis que se propõem à medida que a obra se constitui, é sempre o gosto que decide soberanamente em função da vocação da obra, a qual é ser ela mesma fruída. Quanto à arquitetura, ela produz objetos de uso que, às vezes, pretendem ser objetos estéticos. Para essa produção emprega técnicas de fabricação e da manipulação do material mais e mais elaboradas que impõem novas formas e, quando a consciência dessas possibilidades é bastante clara, sugerem um novo estilo, como foi a descoberta do óleo para a pintura.

Tal é, em toda a parte, a incidência da técnica: ela fornece novos meios, mas esses meios, por sua vez, sugerem fins e, igualmente, fins estéticos. O seu desenvolvimento descortina novos horizontes à arte, e não somente à atividade do artista, que é dotado de novos meios de expressão, mas também à sensibilidade do espectador, que descobre novos domínios. O avião ou o batiscafo solicitam a experiência estética; uma cidade ou uma paisagem que se sobrevoa, o azul do verdadeiro céu acima das nuvens podem nos falar assim como as belezas naturais vistas ao nível da terra. O escafandro faz de todos nós um batel ébrio, capaz "de ver, algumas vezes, o que o homem acreditou ver". Assim a técnica nos abre mais as portas do mundo: nossa vontade de potência pode ser satisfeita, mas a sensibilidade estética também pode se utilizar disto. Tanto mais que a vontade de potência jamais é a única em questão: o esforço técnico também é suscitado pela velha amizade que experimentamos originalmente para com o mundo e que se exprime mais espontaneamente na contemplação estética do que na curiosidade científica.

Assim a arte, freqüentemente, tem necessidade das técnicas e despertam as técnicas novas pesquisas artísticas? Mas o problema que deve reter nossa atenção é aquele que hoje coloca, com o advento de uma estética industrial, a tendência do objeto técnico a se oferecer como objeto estético. Aliás, essa tendência sempre se manifestou no objeto de uso, como atesta a arquitetura. Ora, em que condições muito gerais um objeto qualquer pode ser belo? A impossibilidade mesma de formular um cânone do belo nos ensina uma primeira condição: se o belo deve ser encontrado e experimentado fora de todas as normas numa experiência cada vez singular é que ele se impõe, cada vez, com uma espécie de necessidade: é assim, não pode ser de outro modo, e perfeito. O belo é o acabado. E o que nos convence dessa plenitude e desse acabamento é a percepção: a necessidade é sentida porque reside no sensível, no reino das formas, das cores ou dos sons. Este declive do teto, esta altura do mastro, esta modulação das tonalidades, este acordo de cores, este lustro de sílex talhado, é isto... tão simples, tão evidente: era suficiente fazê-lo... Mas, afinal, qual é essa necessidade? É uma necessidade no sensível, não é uma necessidade sensível como a do fato bruto, de não importa qual presença inerte e opaca, que se identifica com a pura contingência, e não mais uma necessidade lógica, como a do raciocínio, que abole o sensível.

É necessário, portanto — e é a segunda condição do belo — que um sentido apareça no sensível, totalmente imanente a ele. Que sentido? O ser mesmo do objeto, sua essência singular, enquanto ela se oferece à evidência. A essência do objeto estético, quando ele não tem função prática, reside toda na mensagem que ele comunica, mais no que ele exprime e menos no que representa quando se trata de arte figurativa: ele exprime um mundo no qual o artista, por sua vez, se exprime. Mas o objeto de uso ou o objeto técnico estão ordenados para certa função e não destinados à contemplação. O sentido que aparece neles deve ser este uso: a função deve manifestar-se na estrutura. Assim Valéry distingue, entre os edifícios, aqueles que não dizem nada, aqueles que falam e aqueles que cantam. Mas o que significa cantar? A palavra sugere que tudo seja dito em meia palavra, na apoteose graciosa do sensível. O elemento de gratuidade pode ser introduzido pelo ornamento, o elemento de graça pela medida. Pois a necessidade, que é a primeira condição do belo, não significa que o objeto seja reduzido ao necessário: é preciso fazer justiça ao *flamboyant* ou ao barroco. Mas a justa medida é dada pelo homem que percebe: esteticamente ao menos, o homem é a medida de todas as coisas[7]; o canto é sempre para o ouvido, um ouvido inteligente e que se fecha a uma proliferação do ornamento, como quando o canto abafa a fala.

Mas a fala aqui, que é para o homem, também é do mundo. A relação ao mundo impõe à beleza uma terceira condição. Quando o objeto belo não tem a iniciativa dessa relação e não abre um mundo que lhe seja próprio, ao menos ele deve se ajustar ao mundo exterior. Assim o telhado de ardósia se ajusta ao vale do Loire, o templo de Posêidon ao cabo Súnio, a flecha de Chartres à planície da Beauce, como um copo de cristal à mesa e aos convivas ataviados: o objeto

(7) Sucede que, diante do objeto estético, o espectador se sente como que esmagado: então ele faz a experiência do sublime e talvez haja algo de sublime em toda grande arte. Mas o sublime que exerce as possibilidades do homem ainda é, por isso, à sua medida, se não é o inumano.

arquitetônico torna-se o lugar mágico que ordena a si a rede das vias de peregrinação, o qual, ao mesmo tempo, concentra em si a força do lugar e a alma de uma cultura, o espaço geográfico e o momento histórico, o mundo dado e o mundo vivido. E é esse mundo que atesta a necessidade do objeto, como se ele mesmo o tivesse suscitado, para se explicitar e se perpetuar.

Podem essas três condições ser satisfeitas pelo objeto técnico? Duas observações prévias: em primeiro lugar, o objeto técnico não pode, sem se negar, identificar-se com o objeto estético, isto é, com um objeto votado unicamente à contemplação. Ele não se torna objeto estético a não ser desvitalizado, privado de emprego, desarraigado do seu meio: assim quando ele é levado para um museu, no mais das vezes aliás, com finalidade de conhecimento e não de prazer estético. O que ele pode pretender é ser belo segundo sua natureza e no seu exercício.

Mas a apreensão de sua beleza supõe, ao menos, que ele seja estetizado por nós. Ora, podemos, ao mesmo tempo, ser agentes para fazer justiça à vocação do objeto e espectadores para fazer justiça à sua pretensão estética? A vela enfunada pelo vento é igualmente bela para o marinheiro e para o homem da terra? A máquina, bela para o engenheiro quando ele a contempla, é bela também para o operário que a utiliza? Ela é bela da mesma maneira para o engenheiro que a conhece e para o operário que admira sua forma, potência ou sutileza? O mesmo problema se coloca, de resto, para o objeto de uso: o palácio é belo da mesma maneira para o príncipe que o habita e para o viajante que o visita, a igreja para quem nela reza ou para quem nela passeia? E igualmente para o objeto natural: a montanha é bela da mesma maneira para quem a escala e para quem a contempla? Vê-se o que inspiram essas questões: é a idéia que, em toda a parte, a contemplação da obra de arte fornece a norma da experiência estética. De minha parte, aceito essa idéia[8]. Mas ela não exclui a realidade e o valor de certas experiências acessórias, mais ambíguas, mais incertas, porém mais ricas, nas quais a beleza nos é

---

(8) G. Simondon a contesta: "A arte instituída, a arte artificial, é apenas uma preparação e uma linguagem para descobrir a impressão estética verdadeira" (p. 196).

revelada num contato ora mais intelectual, ora mais carnal com o objeto. É em tais experiências que o objeto técnico pode se estetizar para nós: como o alpinista se comunica melhor com a montanha quando, ao mesmo tempo, a galga e a contempla, assim podemos, às vezes ao mesmo tempo, manejar e contemplar o objeto técnico e, em todo o caso, devemos saber como manejá-lo. A cultura técnica é um elemento necessário da experiência estética, como sublinha Simondon: "A descoberta da beleza dos objetos técnicos não pode ser deixada unicamente à percepção"[9]. É verdade; mas, inversamente, só o conhecimento da função e do funcionamento não basta para despertar o sentimento da beleza. Como o objeto natural pode se furtar à experiência estética verdadeira à força de solicitar sensações vivas, aprazíveis ou não — pois o belo não é o agradável —, assim sucede com o objeto técnico, à força de solicitar o intelecto — pois o belo não é o inteligível —. A beleza jamais é sensual, ela é sempre sensível; e o objeto técnico deve falar à vista para ser belo, como fala à mão para ser útil, ou à inteligência para ser compreendido.

Se a estetização desse objeto requer de nós certa atitude, talvez difícil de manter, também requer do objeto que se acomode às condições que enunciamos. E, antes de tudo, que ele tenha esta presença irrecusável e triunfante do que é acabado. Que se afirme, ele mesmo, no sensível. Acerca disso, as cores mais vivas, alegres ou repousantes, com as quais hoje se pintam as máquinas e os edifícios industriais não são sem interesse, mesmo se sua função principal é encorajar o trabalho e evitar acidentes; de fato, humanização e estetização vão lado a lado. Mas é necessário, sobretudo, que o objeto se afirme segundo o seu ser. Em primeiro lugar, que ele não sinta vergonha de si mesmo: que não se dissimule sob o ornamento, como certos carros sob o cromo ou certos castelos de água sob um disfarce gótico. O ornamento pode ser justificado, por exemplo em arquitetura, não tanto pelo que atesta de virtuosidade, quanto por manifestar, contra a lei mecânica à qual está submetido o material, uma ordem humana que comanda à natureza obede-

(9) *Op. cit.*, p. 186.

cendo-lhe. Aqui, nada o justifica: ele é somente acrescentado, arbitrário e ostensivo. E. J. Vienot podia dizer com razão: "Não gostamos das cédulas do Banco da França, dos monumentos aos mortos em zinco, da caixa econômica em banha de porco, da salamandra Luís XV, da vila 'Meu sonho', do cubismo em série. Como em arquitetura, é a matéria que deve impor a forma e que, como diz um esteta, 'permite sentir o estilo' ".[10]

É necessário também que esse objeto manifeste sua função. Ele está a serviço do homem; que o proclame em alta voz. Se ele deve ser diretamente manejado, que seja conforme à dimensão do usuário, que se ofereça à apreensão: assim o isqueiro Flaminaire vem se alojar na palma da mão e se propor aos dedos que o acionam. O esteta, no estudo de uma máquina-ferramenta, preocupa-se, antes de tudo, com a ergonomia: "posição do homem ou dos homens que terão de trabalhar, altura dos comandos, visibilidade dos quadrantes e das ferramentas"[11]. Até o grafismo dos signos ou das inscrições gravadas na máquina, não há detalhe que não tenha sua importância. Como para o condicionamento dos produtos de consumação, o belo é, primeiramente, o legível. É provável que os conjuntos industriais não mais estejam à altura do homem: mais que o sentimento do belo, é o sentimento do sublime que eles podem despertar. Mas sob a condição de que alguma coisa de humano ainda se manifeste neles, não só nos elementos aos quais o indivíduo permanece associado, como igualmente na lógica que preside à organização do conjunto e que pode, também ela, aparecer. A função aparece eloqüentemente nos objetos mais simples, nos mais facilmente belos — uma jarra, uma foice, um machado —; ela aparece também nos objetos nos quais o uso profano relega a tecnicidade ao segundo plano, como o Citroen D.S. ou o Caravelle; mas ela não aparece mais tão bem nas máquinas cujo uso é reservado aos técnicos. É aqui que certa cultura técnica é necessária para apreciar o objeto; mas se só se trata de apreciar sua eficácia ou seu rigor, o objeto ainda está sujeito ao juízo de gosto? É necessário, igualmente, que o conceito se encarne no sensível, que

(10) *L'esthétique industrielle*, por D. Huisman e G. Patrix, p. 97.
(11) *Ibid.*, p. 97.

o formalismo fale à vista sem ser um disfarce inútil, como fala a abóbada romana ou o arcobotante. Assim a velocidade se manifesta numa linha aerodinâmica como um sentimento se lê num semblante; trata-se só daquilo que pode ser imediatamente expresso: não o modo de emprego do objeto, que deve ser conhecido, mas o resultado, que pode ser experimentado sem que os meios de sua produção sejam conhecidos.

O que pode fazer aqui o esteta? Se ele se recusa a fazer um trabalho de "carroceiro", a vir depois vestir um objeto já fabricado, ele ao menos aceita ser projetista de carroceria para os objetos cujo uso requer uma carroceria. Mas ele não pretende impor normas arbitrárias ao engenheiro. "Em suas primeiras tentativas, ele experimenta não cristalizar demasiadamente as formas mas, antes, pôr ordem nos órgãos."[12] O seu papel é, sobretudo, levar o objeto a se exprimir ele mesmo. E é preciso afirmar que, em certo grau de maturidade, o objeto espontaneamente chega a isto. Como Simondon observou profundamente, esse objeto, que antes era artificial, que era somente "a tradução física de um sistema intelectual", tende a organizar-se, fechar-se, impor-se ao meio, isto é, reencontrar a necessidade soberana da natureza. Além de sua função, ele manifesta sua própria história e aí afirma sua necessidade intrínseca; ele cessa de ser abstrato: "O objeto técnico concreto, isto é, evoluído, aproxima-se do modo de existência dos objetos naturais, tende para a coerência interna, para o encerramento do sistema das causas e dos efeitos que se exerce circularmente no interior do seu recinto e, além disso, incorpora uma parte do mundo natural que intervém como condição de funcionamento e, destarte, faz parte do sistema das causas e dos efeitos"[13]. No termo de sua gênese, para a própria percepção, contanto que ela seja aclarada pelo saber, ei-lo tal como, enfim, a tecnicidade em si mesmo o transforma.

E, simultaneamente, em sua relação ao mundo, ele pode reivindicar a propriedade do objeto estético. Já, enquanto expressivo, ele traz em si um mundo para desvelá-lo! não o mundo de Mozart ou de Matis-

(12) *Ibid.*, p. 97.
(13) *Op. cit.*, p. 46.

se, ordenado para certos *a priori* afetivos, mas o mundo da tecnicidade, correlato de certa abertura humana, e que não é menos verdadeiro para ser ordenado à *praxis* de preferência ao sentimento: assim o Caravelle diz altaneiramente o espaço que conquista, como o viaduto diz o vale sobre o qual passa por cima. Mas, sobretudo, o objeto técnico pode se inscrever no mundo e ele não tende a tomar distância como certos objetos estéticos. Como alguns outros, pelo contrário, ajusta-se ao seu ambiente; primeiro, ao meio técnico, como Simondon também observa: "O objeto concretizado liberta-se do laboratório associado original, e o incorpora dinamicamente a si no jogo de suas funções; é sua relação aos outros objetos, técnicos ou naturais, que se torna reguladora e permite a automanutenção das condições do funcionamento"[14]. O mesmo ocorre com o mundo natural: "As técnicas, após ter mobilizado e separado do mundo as figuras esquemáticas do mundo mágico, voltam-se ao mundo para com ele se aliar pela coincidência do cimento e da rocha, do cabo e do vale, do pilar e da colina; uma nova rede se institui dando um privilégio a certos lugares do mundo, numa aliança sinérgica dos esquemas técnicos e dos poderes naturais"[15].

É essa inserção no mundo que estetiza definitivamente o objeto técnico: ele é belo ao encontrar um fundo que lhe convém, ao completar e exprimir o mundo. É por isso que ele é belo em ação quando o vento enfuna a vela, quando a forja crepita, quando a vereda galga a garganta. A operação muda da técnica desvela um semblante do mundo que sem ela não teria podido vir à expressão. A única diferença que aqui se deve assinalar entre o objeto estético e o objeto técnico é que o objeto estético exerce um imperialismo soberano: ele neutraliza seu ambiente para estetizá-lo; o parque torna-se um cenário para a estátua como o muro um fundo para o afresco. Enquanto o objeto técnico recebe sua propriedade estética sobretudo do mundo, quando a ele se integra, é na natureza e por ela que ele acaba de se tornar natural; o objeto estético, por sua vez, ao manifestar essa necessidade gloriosa do sensível, é imediatamente natureza, e mais natureza do que

(14) *Op. cit.*, p. 47.
(15) *Op. cit.*, p. 181.

natureza: assim ele atrai para si a natureza e a irrealiza ao mesmo tempo em que a exprime. Sob certos aspectos, porém, é o objeto técnico que reanima em nós o sentimento da natureza.

Assim as relações entre o objeto técnico e o objeto estético não são recíprocas: é o objeto técnico que tende a se tornar estético. Mas isso não implica, absolutamente, que haja entre eles uma diferença de dignidade e que a técnica seja menos nobre do que a arte. Ao contrário, é preciso observar que o belo só pode se acrescentar ao eficaz, como a flor à juventude, sob a condição do objeto técnico se afirmar sem embaraço, segundo a lógica própria de seu desenvolvimento: ele não se estetiza ao se negar, mas ao se realizar.

Seria necessário dizer a mesma coisa da técnica como comportamento ou como instituição. E seria, então, interessante confrontar a reflexão de Simondon com a de Heidegger. Ambos procuram "o essencial", ambos superam a idéia de que a técnica está a serviço do homem. Simondon poderia, à primeira vista, subscrever esta fórmula de Heidegger: "Enquanto nos representamos a técnica como um instrumento, permanecemos empolgados pela vontade de dominá-la. Passamos ao lado de sua essência"[16]. Mas é na explicitação dessa fórmula que veríamos a oposição entre um pensamento místico e um pensamento sério. A essência da técnica, para Heidegger, é ambígua: a instrumentabilidade, que crê desvendar, na realidade, oculta, limitando o desvelamento ao engajamento no mundo das coisas; mas ela só pode fazê-lo no interior mesmo do desvelamento: assim a técnica é salva, contanto que se renuncie; ela só é verdadeira por aquilo que não é ela mesma. "A essência da técnica não tem nada de técnico"[17], e Heidegger sugere que é necessário procurá-la na arte (contanto que a própria arte se renuncie...). Finalmente, a elucidação de uma essência da técnica, e porque essa essência é procurada no passado e não no porvir, serve para denunciar a técnica existente: esquecendo o ser, a técnica se dedica ao ente e o suspende no vazio, ela é "organização da penúria"[18]. Para Simondon, ao

(16) *Essais et Conférences*, p. 44.
(17) *Ibid.*, p. 47.
(18) *Ibid.*, p. 111.

contrário se a essência da técnica não é realmente a demiurgia, mas antes a instauração de uma nova amizade entre o homem e o mundo, não é ao se renunciar em favor da mediação que a técnica realiza sua essência mas, ao invés, efetuando-se; e a tarefa do filósofo consiste em compreendê-la e não em julgá-la, de fora, em nome de um pressuposto ontológico. Mas, talvez, para isso seja preciso não procurar chifre em cabeça de cavalo e crer que todo destino se realiza no espaço de movimento que o acordo do homem e do mundo dirige.

DA EXPRESSIVIDADE DO ABSTRATO

A Propósito de uma Exposição de Lapoujade

Eu gostaria de dar forma, aqui, a algumas reflexões que acabam de ser acordadas ou despertadas em mim por uma notável exposição de Lapoujade. É um fato, do qual é preciso partir, que grande parte da pintura contemporânea é, como se diz, abstrata. Sei muito bem que numerosos pintores recusam dar valor à distinção do figurativo e do não-figurativo: a pintura, dizem eles (penso em Lapique ou em Lambert-Naudin), deve ser pintura; como tal, e conforme obedece ou não à sua vocação, ela pode ser boa ou má, mas pouco importa que seja abstrata ou não. Contudo, o público não julga assim: ele conhece estados variáveis da pintura; desde as primeiras deformações sistematicamente introduzidas há um século, ele sabe que a pintura cada vez menos se tem ligado à exatidão da figuração e que, por vezes, é difícil distinguir o assunto já numa tela impressionista; entretanto, ele não hesita, ordinariamente, em operar a distinção, experimentada como uma evidência, entre o figurativo e o não-figurativo. Acaso o público está errado? O importante talvez seja não confundir não-figuração e ausência de assunto.

Mas é preciso, antes de tudo, fazer justiça à objeção dos pintores que recusam manter como decisiva a presença ou ausência do assunto. Com isso eles afirmam que a tarefa da pintura não é "imitar a bela natureza", como se dizia na Academia Real do século XVII — nem sua virtude é fazer parecido — mas criar um objeto pictórico que tenha valor por si mesmo. E, precisamente, é essa exigência que conduziu certos pintores à abstração. O motivo principal do empreendimento deles é, com efeito, o desejo de consagrar a autonomia da pintura. A história da pintura aparece-lhes como uma lenta tomada de consciência de si mesma por parte da pintura, na medida em que ela se liberta, ao mesmo tempo, socialmente da autoridade dos poderes, mecenas ou academias (que pagam, de fato, para obter uma parecença, quanto possível lisonjeira, não só nos retratos, mas também na representação dos temas religiosos nos quais eles crêem e fazem crer, e duma Natureza, humana ou física, à qual estão apegados na medida em que não os desconcerta), e esteticamente da tirania de um assunto que ainda impõe a parecença como norma. Não há dúvida que isto caracteriza a arte de nossa época (a poesia e a música do mesmo modo que a pintura): ela pensa e quer ela mesma, e manifesta sua autonomia formalizando-se, como as ciências que se axiomatizam desde que se refletem. Nos dois casos, a formalização procede à mesma liquidação do conteúdo intuitivo e visa a constituir uma linguagem que se baste a si mesma: os elementos lexicais da lógica simbólica recebem todo o seu sentido das regras sintáticas às quais estão submetidos e que permitem um cálculo; do mesmo modo a pintura quer constituir um objeto que exclui toda referência a uma realidade imitável; ela quer ser a linguagem pura que carrega em si o seu sentido e é o próprio fim para si mesma. O discurso pictórico, que é apenas o próprio objeto pictórico (é nisso que a arte difere da linguagem: ela diz tudo em bloco), reivindica os mesmos caracteres que o discurso lógico: coerência e saturação.

O quadro pretende, com efeito, obedecer a uma necessidade interna. A Beleza é tão-somente a apoteose dessa necessidade no sensível. A obra está acabada — diz-nos o pintor — quando ela lhe dá o sentimento de um acordo definitivo e irrefutável: totalidade fechada, aberta somente ao olhar que a anima, que qualquer retoque haveria de desnaturar, mas também que qualquer confronto com uma realidade exterior haveria de trair. O pintor faz a experiência dessa plenitude ao depor seus pincéis; mas ele também quer no-la comunicar.

Há, igualmente, um segundo motivo para a abstração; o pintor recusa-nos a imagem, o acessório, para nos poupar a tentação de vaguear e para nos forçar a ir diretamente ao essencial: à pintura. O que ele nos oferece para a visão é exatamente na ordem do visível o que o músico nos oferece para a audição: os ritmos e as harmonias que tecem a melodia das cores. E é necessário convir que temos sido sensíveis a essa lição. Se há, na história da pintura, uma espécie de lógica interna que a conduziu para a abstração na medida em que tomava consciência mais vivamente de si mesma, como uma idêntica lógica conduziu o pensamento lógico-matemático para as axiomatizações modernas, inversamente, quando lemos essa história em sentido contrário com a visão dada por nossa época, descobrimos a pintura nas obras de pintores que não tinham consciência de tê-la descoberto. A abstração é para nós uma luz que aclara retrospectivamente o passado, como a álgebra aclarou a aritmética.

Todavia, surge aqui a primeira dificuldade. Por mais dóceis que sejamos ao ensinamento dos pintores, jamais estamos seguros de perceber suas obras como eles as percebem e não nos sentimos sempre à vontade para exercer nosso juízo diante de uma tela abstrata. De minha parte, confesso que diante de certas telas sistematicamente despojadas como as de Mondrian, sistematicamente brutais como as de Soulage, ou sistematicamente enlameadas como as de Pollock, não posso evitar uma impressão de arbitrário: não experimento o sentimento do acabado, do irrefutável, do incorruptível; choco-me no muro pictórico como na necessidade do aleatório e não do perfeito; diante do informal, nem sempre estou seguro de que o pintor tenha composto, com o jogo das cores, uma "bela forma", como diz a psicologia da forma, a única forma possível na ocorrência. Enquanto isso, sinto-me geralmente mais à vontade diante de uma obra figurativa, na qual o acordo que devo experimentar não se processa somente no interior do sensível, mas entre o sensível e o assunto, entre a forma e o conteúdo: um conteúdo transfigurado pela forma sem dúvida, mas também uma forma ordenada — até em seu livre desdobramento — a esse conteúdo.

Provavelmente esse argumento não é decisivo: afinal, ele só invoca minha incompetência. Mas há algo de mais grave. Pois, supondo que eu tenha sabido apreciar uma obra sem assunto, o que ele me terá proposto? Ratificar, através do meu prazer, a qualidade e a consistência do sensível que me provoca. Será isso tudo o que a pintura deve visar? Então ela se reduz voluntariamente à decoração: é possível que agrade, mas não atinge a Beleza. Pois, nesse caso, ela não leva em conta nenhuma das definições clássicas da Beleza, nem — que me seja escusado pedir o comparecimento dos filósofos — a definição kantiana: o belo é aquilo que solicita em nós o livre acordo da imaginação e do intelecto, visto que ela nada concede ao intelecto e ao seu poder de identificação e de reconhecimento; nem leva em conta a definição hegeliana: o belo é a idéia encarnada no sensível, visto que ela afasta a idéia. E, de fato, os pintores rechaçam com horror a sugestão de que o pictórico possa se reduzir ao decorativo. Notemos que aí está uma cilada que não é armada à música e cuja ameaça deveria bastar para evitar a tentadora analogia entre a música, que é naturalmente pura, e a pintura que almeja ser pura.

Ora, sob que condição pode a pintura ser pura? O que a separa absolutamente da decoração? a significação. Se os pintores definem de tão boa vontade a pintura como linguagem é para sublinhar sua função semântica: falamos para dizer alguma coisa e não para proferir sons; mesmo o balbuciar infantil já pretende ser significante. Mas geralmente servimo-nos da linguagem como de uma ferramenta que de algum modo desaparece no uso que dela se faz: é o sentido ao qual visamos através das palavras e sem nelas nos determos. Ao contrário, o que especifica a significação própria do objeto estético é que ela é totalmente imanente ao sensível de sorte que, para apreendê-la deveremos deter-nos nos signos. Podemos retornar, por um instante ainda, ao confronto que instituímos com a lógica: pois a linguagem lógica é realmente significante e o sentido inteiramente determinado pelas regras de procedimento que definem os símbolos, como o sentido das figuras no jogo de xadrez é totalmente determinado pelas regras do jogo. Do mesmo modo, é a gramática do sensível — as regras que presidem ao arranjo das linhas e das cores — que determina o sentido do objeto pictórico. A que se refere esse sentido? Ao mundo. Aqui, sem dúvida, divergem as vias da lógica e da arte, pois o sentido em lógica diz respeito a um objeto ideal, inteira e arbitrariamente elaborado pelo lógico. Ainda que o formal seja, talvez, também ele um semblante do real: o que se tem chamado de "as limitações internas dos formalismos" por acaso não mostram que a referência a uma realidade intuitiva não pode ser radicalmente excluída pela lógica, de modo que também ela diz alguma coisa do mundo, enquanto o mundo é conceitual e tecnicamente manejado pelo homem? Essas limitações, encontradas por uma lógica pura, isto é, nominalista, também são análogas àquelas encontradas por uma pintura pura: pois essa pintura quisera ter um domínio total sobre seu objeto, a ponto de recusar qualquer assunto, mas se faz mister igualmente, sob pena de se perder no decorativo, que ela se refira ao mundo para dizê-lo.

Ela pode dizê-lo sem se renegar: é suficiente, repitamo-lo, que o sentido, isto é, o assunto, seja totalmente imanente ao sensível. E é esse tipo de significação que propomos chamar de expressão. Importa, primeiramente, ver que essa significação não nos reconduz à representação clássica do assunto. O que é representado numa obra figurativa não é o que é expresso. Cézanne ao pintar a montanha Sainte-Victoire não nos dá uma lição de geografia; mas o que ela expressa? a potência de uma natureza mineral? a nudez de um mundo que a luz restitui ao elementar? a cumplicidade secreta que o inerte encontra numa alma que se despoja? Não podemos dizer: somente Cézanne o diz, numa linguagem intraduzível que apenas podemos escutar. Mas é certo que nos convida a viver com ele certa experiência do mundo. Essa experiência, em si mesma, não é verdadeira nem falsa: ela é irrecusável; mas se o pintor que no-la propõe está, ele mesmo, em ressonância com o mundo, ou com alguns de seus aspectos, ela nos introduz na verdade, ao menos numa verdade do mundo.

A arte abstrata, portanto, pode revogar a representação do assunto, com isso ela não se condena à não-significação: ela pode ser expressiva. Eu diria mesmo: ela deve sê-lo, visto ter fechado qualquer outra saída. E, talvez, ela tenha as melhores oportunidades para poder ser expressiva. Pois se a veracidade da expressão não se mede pela exatidão da representação é porque ela não revela um universo objetivado como o conhecido pela ciência, mas a verdade de um mundo experimentado por uma subjetividade: o que ela diz é um mundo para o homem, um mundo visto de dentro e tal que não entra em questão copiá-lo. Indubiamente se deve renunciar à idéia de que toda expressão é expressão de si: nada temos com esses indiscretos que se desabafam em público; de maneira que se eles são bem sucedidos será à custa da Beleza: eles se terão entregue aos automatismos ou a algum elã sem controle, e só terão produzido algo aleatório: sujeito à psicologia, não à arte. Além do mais, a expressão mais autêntica não é o grito do coração ou o elã lírico, é o reconhecimento insistente e discreto do mundo que se vive. O artista que se diz verdadeiramente artista nos fala de seu mundo: um mundo que é, de fato, o mundo exterior, mas vivido interiormente, um mundo inimitável ao qual só o sentimento nos dará acesso. A arte abstrata pode despertar em nós esse sentimento e, por aí, nos introduzir nesse mundo vivido que é um sentido possível do mundo real, sem se deixar enredar nas malhas de um mundo sem alma, quero dizer de um universo que não é vivido por ninguém.

E é aqui que Lapoujade me parece exemplar. Com outros Argonautas da pintura, ele se deixou orientar pelo movimento da história e percorreu o caminho que conduz à abstração. Ele pretende realizar a pintura: de fato, as suas obras são belas. Mas por quê? Evidentemente, porque ele tem as virtudes do pintor, o gosto da cor, a paixão do detalhe, o sentido da unidade na superabundância (mas deixo aos críticos o cuidado de analisar sua obra). Mas também porque recusa enfraquecer a pintura à força de pureza: ele quer que ela permaneça significante e promove o abstrato à dignidade do expressivo. O que ele exprime? Este novo expressionismo, que está muito longe do expressionismo figurativo dos alemães de antes da guerra, não nos dá imagens para serem decifradas como um enigma. Lapoujade joga francamente, ele dá um tema à sua exposição: os tumultos; um título às suas telas: a rua, a execução, a tortura, Hiroshima. Mas o quê? Ele não nos mostra uma cidade arrasada, homens fulminados, carrascos que se encarniçam lugubremente sobre uma vítima? Não. Um homem de boa família não pode falar de tortura a sangue-frio, sem tomar o partido da vítima; e, supondo que ele conserve uma impossível neutralidade, como dizer com os meios da figuração esta monstruosa invasão do homem pelo insuportável? Igualmente, como dizer o que é a multidão para quem está na multidão, homem entre os homens um momento seus semelhantes, totalmente investido por essa presença maciça e totalmente livre, segura de si como dos outros? E como dizer o que é a rua para esta multidão poderosa e desarmada, no momento em que o serviço da ordem cerra suas fileiras e avança, o espaço instantâneo ameaçador e nu como um corpo sem defesa? Eis o que Lapoujade nos quer comunicar, eis em que ele nos quer mudar um instante ao nos descortinar esse mundo do terror no qual uma liberdade pode ser encurralada. E não podemos nos enganar a respeito de sua intenção: instrui-nos o título que dá às suas telas.

O título tem dupla função. Em primeiro lugar, adverte-nos para o que inspirou a obra. O pintor não arrostou a sua tela como um problema de fracassos, para nada, para se distrair colocando e resolvendo um problema pictórico. Ele quis se libertar de uma mensagem que provavelmente lhe causava obsessão porque o fato de ser pintor não o impede de ser homem, sensível a certo mundo, a esse semblante de nosso mundo composto pelo sofrimento das vítimas e crueldade dos algozes. O seu trabalho — diz-me ele — desde então tem sido comandado por uma dupla exigência: a do tema que é necessário exprimir, deste mundo que é necessário restituir; a da obra que se forma sob sua mão; ele não cessa de escutar docilmente uma e outra voz, e o milagre é que ele acaba por conciliar os dois imperativos. Milagre laborioso, de resto, pois cada tela quantas vezes tem sido recomeçada antes de, afinal, ser julgada bela e significante, plena desta presença que atormenta o pintor.

Mas esse milagre requer o nosso concurso: o objeto estético somente "assume" e dá o seu sentido através do olhar que o atualiza. O título é, então, uma indicação que orienta nossa percepção entregando-nos o assunto: substituto da figuração. Logo surgem as objeções: por que esse ato de autoridade? Por que não nos deixar livres para interpretar a obra segundo o nosso gosto? e, afinal, por que um assunto? É que Lapoujade de fato nos recusa o direito ao sonho: ele não pinta somente para o prazer dos olhos, ele fala e quer que o escutemos. Sim, o objeto estético não se realiza como significante. Mas, então, se o que ele diz é assaz manifesto, para que serve um título redundante? É que o abstrato não é equívoco, mas desconcertante; e o pintor sabe muito bem que é necessário orientar a percepção se não quisermos que ela se extravie numa espécie de nevoeiro ou se perca no sonho; pois a arte não é mais para o sonho do que unicamente para o deleite. O que o pintor afirma, ao escrever o título, é que se procurarmos a tortura ou Hiroshima na tela, ali as encontraremos; encontraremos a verdade pictórica, que é a expressão da realidade vivida. Derradeira objeção: e se não a encontrarmos? Se preferirmos ver na tela intitulada Hiroshima uma paisagem de outono ou, simplesmente, um estudo de pinceladas quebradas? Então, de duas coisas uma: ou o pintor ou nós falhamos, pois sempre pode acontecer — se não agirmos de má fé — que sejamos cegos.

Sou de parecer que Lapoujade foi perfeitamente bem sucedido em seu empreendimento; sua exposição convenceu-me de que o abstrato pode ser expressivo. Ele diz bem o que quer dizer. Visto que a pintura é intraduzível numa outra linguagem (se não, por que pintar?), por certo sempre se pode trapacear. De minha parte, as cores suntuosas nas quais culmina o painel central do tríptico sobre a tortura dizem-me mais a glória do supliciado que a abjeção de sua prova, embora eu sinta essa prova pesar sobre mim com o descaimento das linhas horizontais de baixo. Igualmente as estrias que turbilhonam e se elevam no painel da esquerda dizem-me tanto uma assunção, quanto o desvario de uma carne eriçada que se esquiva; em toda a parte o brilhante se mistura com o sinistro; mas é suficiente — tenho para mim — que eu experimente isso, aquém mesmo das palavras, para comungar com Lapoujade e, por meio dele, com o inumano.

Em todo o caso, o pintor abstrato, quando assume a responsabilidade da expressão, joga aberto e aposta muito: ele nos adverte do que quer dizer e confia em nós para decidir se, de fato, o disse; pede nossa colaboração e se submete ao nosso juízo. A pintura figurativa corre menos riscos: ela impõe ao espectador um assunto cuja presença não poderá ser contestada por ele. Mas ela corre um outro risco: é que o assunto, açambarcando a atenção do espectador, se torna para ele o único fim da pintura, em tal caso não se trata mais da beleza da obra, mas somente de sua verossimilhança. E imediatamente a verossimilhança exclui a verdade; pois a verdade exigida por toda obra autêntica não é a verdade da representação mas, um passo além, a verdade da expressão: a abertura de um mundo singular que o sentimento reconhece como verdadeiro. O objeto representado está aí somente para se ilimitar nas dimensões desse mundo e esconjurar sua presença na obra. Como o título, ele anuncia o assunto, ele não é o assunto.

Podemos, ao menos, perguntar se ele não executa essa função assim como o título. Pois, como agora os pintores nos descobriram o campo da pintura (e o não-figurativo foi um momento necessário dessa descoberta), não mais corremos o risco de nos deixar enredar pelas ciladas da figuração. Tornamo-nos sensíveis à expressão ao mesmo tempo que à beleza pictórica, e talvez não mais seja necessário que aí sejamos solicitados pela abstração. Hoje, talvez o não-figurativo não mais tenha necessidade de se opor ao figurativo como único paladino da pintura. Contudo, não poderia ele, ainda, reivindicar um privilégio? É ele o único que pode dizer o mundo enquanto vivido? Sugere-o Sartre num belo prefácio escrito para a exposição de Lapoujade, dizendo que "a ordem abstrata, que parecia primeiramente limitativa, descobre ao contrário um novo domínio para a pintura e novas funções". Creio, entretanto, que os grandes pintores, mesmo sem o saber e graças à pintura, sempre nos introduziram num mundo que não era objetivado pela figuração, mas experimentado como um sentido possível do mundo real: eles sempre se elevaram à expressividade.

Mas se o não-figurativo não mais nos aparece como necessário é na medida em que, graças a Lapoujade e a alguns outros, atingiu a expressão e encontrou sua verdade buscando a verdade. Aguardo com impaciência a exposição na qual Lapoujade trabalha presentemente: retratos não-figurativos. Se tal exposição mantiver as promessas da precedente, nela verificaremos a antiga idéia aristotélica de que a alma é a forma do corpo, pois é a alma que nos será dada para ver, além da parecença que apenas dá o corpo, por força da expressão. Isto será belo.

FILOSOFIA NA PERSPECTIVA

Socialismo Utópico
  Martin Buber (D031)
...losofia em Nova Chave
  Susanne K. Langer (D033)
...rtre
  Gerd A. Bornheim (D036)
Visível e o Invisível
  M. Merleau-Ponty (D040)
...nguagem e Mito
  Ernst Cassirer (D050)
...ito e Realidade
  Mircea Eliade (D052)
Linguagem do Espaço e do Tempo
  Hugh M. Lacey (D059)
...tética e Filosofia
  Mikel Dufrenne (D069)
...nomenologia e Estruturalismo
  Andrea Bonomi (D089)
Cabala e seu Simbolismo
  Gershom Scholem (D128)
...o Diálogo e do Dialógico
  Martin Buber (D158)
...isão Filosófica do Mundo
  Max Scheler (D191)

Conhecimento, Linguagem, Ideologia
  Marcelo Dascal (org.) (D213)
Notas para uma Definição de Cultura
  T. S. Eliot (D215)
Dewey: Filosofia e Experiência Democrática
  Maria Nazaré de C. Pacheco Amaral (D229)
Romantismo e Messianismo
  Michel Löwy (D234)
Correspondência
  Walter Benjamin e Gershom Scholem (D249)
Isaiah Berlin: Com Toda a Liberdade
  Ramin Jahanbegloo (D263)
Existência em Decisão
  Ricardo Timm de Souza (D276)
Metafísica e Finitude
  Gerd A. Bornheim (D280)
O Caldeirão de Medéia
  Roberto Romano (D283)
George Steiner: À Luz de Si Mesmo
  Ramin Jahanbegloo (D291)
Um Ofício Perigoso
  Luciano Canfora (D292)

O Desafio do Islã e Outros Desafios
  Roberto Romano (D294)
Adeus a Emmanuel Lévinas
  Jacques Derrida (D296)
Platão: Uma Poética para a Filosofia
  Paulo Butti de Lima (D297)
Ética e Cultura
  Danilo Santos de Miranda (D299)
Emmanuel Lévinas: Ensaios e Entrevistas
  François Poirié (D309)
Preconceito, Racismo e Política
  Anatol Rosenfeld (D322)
Razão de Estado e Outros Estados da Razão
  Roberto Romano
Homo Ludens
  Joan Huizinga (E004)
Gramatologia
  Jacques Derrida (E016)
Filosofia da Nova Música
  T. W. Adorno (E026)
Filosofia do Estilo
  Gilles Geston Granger (E029)
Lógica do Sentido
  Gilles Deleuze (E035)
O Lugar de Todos os Lugares
  Evaldo Coutinho (E055)
História da Loucura
  Michel Foucault (E061)
Teoria Crítica I
  Max Horkheimer (E077)
A Artisticidade do Ser
  Evaldo Coutinho (E097)
Dilthey: Um Conceito de Vida e uma Pedagogia
  Maria Nazaré de C. P. Amaral (E102)
Tempo e Religião
  Walter I. Rehfeld (E106)
Kósmos Noetós
  Ivo Assad Ibri (E130)
História e Narração em Walter Benjamin
  Jeanne Marie Gagnebin (E142)
Cabala: Novas Perspectivas
  Moshe Idel (E154)
O Tempo Não-Reconciliado
  Peter Pál Pelbart (E160)
Jesus
  David Flusser (E176)
Avicena: A Viagem da Alma
  Rosalie Helena de S. Pereira (E179)
Nas Sendas do Judaísmo
  Walter I. Rehfeld (E198)
Cabala e Contra-História: Gershom Scholem
  David Biale (E202)
Nietzsche e a Justiça
  Eduardo Rezende Melo (E205)
Ética contra Estética
  Amelia Valcárcel (E210)
O Umbral da Sombra
  Nuccio Ordine (E218)
Ensaios Filosóficos
  Walter I. Rehfeld (E246)
Filosofia do Judaísmo em Abraham Joshua Heschel
  Glória Hazan (E250)
A Escritura e a Diferença
  Jacques Derrida (E271)
Mística e Razão: Dialética no Pensamento Judaico. De Speculis Heschel
  Alexandre Leone (E289)
A Simulação da Morte
  Lúcio Vaz (E293)
Judeus Heterodoxos: Messianismo, Romantismo, Utopia
  Michael Löwy (E298)
Estética da Contradição
  João Ricardo Carneiro Moderno (E313)
Pessoa Humana e Singularidade em Edith Stei
  Francesco Alfieri (E328)
Ensaios sobre a Liberdade
  Celso Lafer (EL038)
O Schabat
  Abraham J. Heschel (EL049)
O Homem no Universo
  Frithjof Schuon (EL050)
Quatro Leituras Talmúdicas
  Emmanuel Levinas (EL051)
Yossel Rakover Dirige-se a Deus
  Zvi Kolitz (EL052)
Sobre a Construção do Sentido
  Ricardo Timm de Souza (EL053)
A Paz Perpétua
  J. Guinsburg (org.) (EL055)
O Segredo Guardado
  Ili Gorlizki (EL058)

Nomes do Ódio
  Roberto Romano (EL062)
Kafka: A Justiça, O Veredicto e a Colônia Penal
  Ricardo Timm de Souza (EL063)
Culto Moderno dos Monumentos
  Alois Riegl (EL064)
Filosofia do Judaísmo
  Julius Guttmann (PERS)
Averróis, a Arte de Governar
  Rosalie Helena de Souza Pereira (PERS)
Testemunhas do Futuro
  Pierre Bouretz (PERS)
Brasil Filosófico
  Ricardo Timm de Souza (K022)
Diderot: Obras I – Filosofia e Política
  J. Guinsburg (org.) (T012-I)
Diderot: Obras II – Estética, Poética e Contos
  J. Guinsburg (org.) (T012-II)
Diderot: Obras III – O Sobrinho de Rameau
  J. Guinsburg (org.) (T012-III)
Diderot: Obras IV – Jacques, o Fatalista, e Seu Amo
  J. Guinsburg (org.) (T012-IV)
Diderot: Obras V – O Filho Natural
  J. Guinsburg (org.) (T012-V)
Diderot: Obras VI (1) – O Enciclopedista – História da Filosofia I
  J. Guinsburg e Roberto Romano (orgs.) (T012-VI)
Diderot: Obras VI (2) – O Enciclopedista – História da Filosofia II
  J. Guinsburg e Roberto Romano (orgs.) (T012-VI)
Diderot: Obras VI (3) – O Enciclopedista – Arte, Filosofia e Política
  J. Guinsburg e Roberto Romano (orgs.) (T012-VI)
Diderot: Obras VII – A Religiosa
  J. Guinsburg (org.) (T012-VII)
Platão: República – Obras I
  J. Guinsburg (org.) (T019-I)
Platão: Górgias – Obras II
  Daniel R. N. Lopes (intr., trad. e notas) (T019-II)
Hegel e o Estado
  Franz Rosenzweig (T021)
Descartes: Obras Escolhidas
  J. Guinsburg, Roberto Romano e Newton Cunha (orgs.) (T024)
Spinoza, Obra Completa I: (Breve) Tratado e Outros Escritos
  J. Guinsburg; N. Cunha e R. Romano (orgs.) (T029)
Spinoza, Obra Completa II: Correspondência Completa e Vida
  J. Guinsburg; N. Cunha e R. Romano (orgs.) (T029)
Spinoza, Obra Completa III: Tratado Teológico-Político
  J. Guinsburg; N. Cunha e R. Romano (orgs.) (T029)
Spinoza, Obra Completa IV: Ética e Compêndio de Gramática da Língua Hebraica
  J. Guinsburg; N. Cunha e R. Romano (orgs.) (T029)
Comentário Sobre a República
  Averróis (T30)
As Ilhas
  Jean Grenier (LSC)

Este livro foi impresso na cidade de Cotia,
nas oficinas da Meta Brasil,
para a Editora Perspectiva.